Processo criativo em Gestalt-terapia

Dados Internacionais de Catalogação na Publicação (CIP)
(Câmara Brasileira do Livro, SP, Brasil)

Zinker, Joseph
  Processo criativo em Gestalt-terapia / Joseph Zinker; [tradução de Maria Silvia Mourão Netto]. – 2.ed. – São Paulo: Summus, 2007.
  Título original: Creative process in Gestalt therapy.

  Bibliografia.
  ISBN 978-85-323-0853-5

  1. Gestalt-terapia 2. Habilidade criativa 3. Psicoterapia I. Título.

07-4793   CDD-616.89143
                                           NLM-WM 420

Índice para catálogo sistemático:

1. Gestalt : Psicoterapia : Medicina   616.89143

Compre em lugar de fotocopiar.
Cada real que você dá por um livro recompensa seus autores
e os convida a produzir mais sobre o tema;
incentiva seus editores a encomendar, traduzir e publicar
outras obras sobre o assunto;
e paga aos livreiros por estocar e levar até você livros
para a sua informação e o seu entretenimento.
Cada real que você dá pela fotocópia não autorizada de um livro
financia o crime e ajuda a matar a produção intelectual de seu país.

Joseph Zinker

Processo criativo em Gestalt-terapia

summus editorial

Do original em língua inglesa
CREATIVE PROCESS IN GESTALT THERAPY
Copyright © 1977 by Joseph Zinker
Direitos desta tradução reservados por Summus Editorial

Editora executiva: **Soraia Bini Cury**
Assistentes editoriais: **Bibiana Leme e Martha Lopes**
Tradução: **Maria Silvia Mourão Netto**
Revisão técnica: **Lilian Meyer Frazão**
Capa: **Camila Mesquita**
Projeto gráfico e diagramação: **Casa de Idéias**

Summus Editorial
Departamento editorial:
Rua Itapicuru, 613 – 7º andar
05006-000 – São Paulo – SP
Fone: (11) 3872-3322
http://www.summus.com.br
e-mail: summus@summus.com.br

Atendimento ao consumidor:
Summus Editorial
Fone: (11) 3865-9890

Vendas por atacado:
Fone: (11) 3873-8638
e-mail: vendas@summus.com.br

Impresso no Brasil

*Aos meus pais.
Pelo riso e pelas canções, pela alegria
de viver que me ensinaram.*

Agradecimentos

Sinto-me como o astronauta que expressou gratidão e reconhecimento pela contribuição de centenas de pessoas que colaboraram para sua viagem até a Lua. Muitas pessoas me amaram bastante, suportaram minha loucura e deram apoio concreto à realização deste projeto. Entre elas, naturalmente, estão os membros de minha família: Florence, minha esposa, e Judy e Karen, minhas filhas. Myrna Freedman, minha secretária, encorajou-me e ajudou muito, além de ter digitado largos trechos do manuscrito. Viki Williams contribuiu com a edição inicial do trabalho. Foi muito importante a participação de Shirley Loffer, que realizou uma primorosa organização do manuscrito, editando e digitando a versão final do texto.

Também quero expressar meus agradecimentos pelas contribuições dos artistas Barbara Balbot, Tomi Ungerer e Greta Waldas. Por fim, quero agradecer o apoio, a ajuda e as idéias – que tanto enriqueceram este trabalho – da equipe profissional do Instituto de Gestalt de Cleveland, em especial meus amigos Julian Leon, Erving, Miriam e Sarah Polster.

Sumário

Prefácio à edição brasileira 9

Prefácio do autor 13

1. Permissão para ser criativo 15
2. O salto criativo 33
3. A postura criativa 51
4. Raízes e pressupostos 93
5. Metas e aspirações 113
6. O experimento 141
7. Grupos como comunidades criativas 177
8. Polaridades e conflitos 217
9. Arte em Gestalt-terapia 259
10. A visão de Castañeda 283

Apêndice 295

Referências bibliográficas 299

Prefácio à
Edição Brasileira

Quando vi Joseph Zinker pela primeira vez, no *hall* de um hotel em Boston (EUA), durante um encontro do *Gestalt Journal*, encantei-me com aquele homem elegante, de cabelo e barba grisalhos, olhos brilhantes, um sorriso acolhedor e muita vitalidade. Para além de uma primeira impressão, essas características do autor transparecem em cada página deste livro.

Joseph Zinker é, além de psicoterapeuta, um amante das artes, homem talentoso e criativo, faz uso de ricas imagens de diversos campos da arte: música, pintura e poesia.

Descreve o trabalho terapêutico com a delicadeza, a criatividade e a elegância que lhe são peculiares.

Neste livro, o autor apresenta de forma didática e organizada – útil para terapeutas iniciantes e para terapeutas mais experientes – as diversas nuances e modalidades do trabalho experiencial em Gestalt-terapia, visando iluminar e focalizar o potencial humano em suas múltiplas possibilidades, preocupando-se em ilustrar suas colocações por meio de exemplos ricos e minuciosos.

Nos capítulos iniciais, o autor focaliza a utilização de recursos plásticos e criativos no trabalho psicoterápico, enfatizando a capacidade e a habilidade com as quais cada um de nós é dotado e que muitas vezes fica obscurecida por nossas fantasias, temores e resistências.

Paralelamente a isso, amplia o campo e a compreensão dos recursos criativos e sua aplicabilidade no contexto psicoterápico, de forma a estimular no psicoterapeuta a possibilidade de criar situações que favoreçam o crescimento, o desenvolvimento e a aprendizagem do cliente.

Descreve de forma poética e elegante o que ocorre com o terapeuta na condição de testemunha e co-participante do processo terapêutico.

Embora enfatize principalmente os aspectos criativos do trabalho psicoterápico, Zinker assinala também que o processo criativo demanda organização e estruturação, que decorrem dos construtos teóricos do terapeuta – os quais dão não apenas suporte, mas também elegância ao trabalho.

Trata das metas e aspirações do trabalho psicoterápico na abordagem gestáltica e da maneira como essas metas podem ser alcançadas (capítulo 5), tendo por base o ciclo de contato criado por Perls, Hefferline e Goodman, constituído pelas etapas de pré-contato, contato e pós-contato. Zinker dá a esse ciclo – e a suas interrupções – uma forma gráfica e seqüencial (o que levou alguns Gestalt-terapeutas a chamarem de "curva de Zinker" o que na realidade é o ciclo de contato do qual falam os criadores da abordagem gestáltica).

Citando Rogers, o autor diz que "o mundo fenomenológico é o mundo experienciado" (p. 94), e é justamente o mundo tal como experienciado pela pessoa que constitui o ponto de partida para o experimento, que ele aborda no capítulo 6, falando de seus objetivos e de sua constituição, bem como das diferentes etapas por meio das quais se desenvolve.

As questões trazidas pelo autor não se referem somente ao trabalho individual, mas também ao trabalho com grupos, questão que aborda no capitulo 7, distinguindo diferentes modelos de trabalho grupal – rogeriano, no estilo James Simkin, psicodramático e gestáltico, atendo-se particularmente a esse último.

Neste livro, Joseph Zinker também traz a questão das polaridades e do conflito, chamando nossa atenção para os conflitos de natureza saudável e criativa e os de natureza confluente e improdutiva.

Finalmente, no último capítulo, ele faz uma interessante distinção entre as diferentes formas de olhar do psicoterapeuta. Disponibilizar esta obra em português é uma contribuição significativa para os estudiosos da abordagem gestáltica no Brasil.

Lilian Meyer Frazão
Maio, 2007

Professora do Departamento de Psicologia Clínica do Instituto de Psicologia da Universidade de São Paulo

Coordenadora do Setor de Projetos do Departamento de Gestalt-terapia do Instituto Sedes Sapientiae

Prefácio do Autor

Tornou-se praticamente uma tradição entre os psicólogos clínicos escrever livros sobre a natureza da criatividade e do processo criativo de grandes artistas. Freud produziu alguns trabalhos sobre arte e criatividade. Dois outros livros que descrevem a natureza do processo criativo são as obras de Rollo May, *The courage to create**, e Silvano Arieti, *Creativity*. Esses três autores são – ou foram – psicoterapeutas que se empenharam a fundo para compreender o mundo do artista e como ele produz suas obras. Entretanto, parece ser um sintoma comum entre os terapeutas não considerar a *si mesmos* como artistas envolvidos num processo criativo.

Este livro é uma exceção. Baseei-o em minha experiência como terapeuta, no âmbito da criatividade do processo terapêutico. Gostei muito de tê-lo criado. Aprendi a escrever melhor, a esclarecer minhas idéias. Foi um grande prazer realizar alguns dos desenhos que ilustram o trabalho e contar com a ajuda de alguns amigos artistas, que também contribuíram com sua arte.

Espero que a leitura estimule cada um de vocês a se tornar mais criativo em seu trabalho.

Joseph Zinker
Janeiro, 1977

---

* Em português: *A coragem de criar*. Rio de Janeiro: Nova Fronteira, 1982. (N.T.)

Capítulo 1

Permissão para ser criativo

A criatividade é a celebração da grandeza de uma pessoa, a sensação de que ela pode tornar qualquer coisa possível. A criatividade é a celebração da vida – *minha* celebração da vida. É uma declaração ousada: eu estou aqui! Eu amo a vida! Eu me amo! Posso ser qualquer coisa! Posso fazer qualquer coisa!

A criatividade não é somente a concepção; é o ato em si, a realização do que é urgente, do que exige ser anunciado. Não é apenas a expressão de toda a gama de experiências de um indivíduo e de sua sensação de singularidade, mas também um ato social – o compartilhamento dessa celebração, dessa afirmação de viver uma vida plena, com seus semelhantes.

A criatividade é a expressão da presença de Deus em minhas mãos, em meus olhos, em meu cérebro – em tudo que sou. A criação é a afirmação da divindade de cada um, de sua transcendência para além da luta diária por sobrevivência e do fardo da mortalidade, um clamor de angústia e celebração.

A criatividade representa a ruptura dos limites, a afirmação da vida além da vida – a vida se encaminhando para algo além de si própria. Em sua própria integridade, a vida pede para confirmarmos nossa natureza intrínseca, nossa essência como seres humanos.

Por fim, a criatividade é um ato de coragem que diz: estou disposto a me arriscar ao ridículo e ao fracasso para experienciar este dia como uma novidade, como algo inédito. A pessoa que ousa criar, romper limites, não apenas participa de um milagre como também percebe que, em seu processo de ser, ela *é* um milagre.

Não importa de que campo de atuação estejamos falando. Em todos, o ato de celebração é o mesmo, a plenitude de manifestação que justifica a razão de viver é a mesma.

Meu objetivo como terapeuta e como pessoa é tratar a totalidade da minha vida – a maneira de me movimentar, trabalhar, amar e viver – como arte, como um processo criativo. Cada ato criativo é uma unidade de inspiração e expiração; é a expressividade da plenitude da vida, bem como o suporte para a vitalidade. Cada criação é o resultado comportamental expresso de uma multidão de imagens, fantasias, conjecturas e pensamentos. É o desejo de experiências e manifestações mais completas e aguçadas.

Assim também em meu trabalho como terapeuta. Cada sessão tem fluxo e estrutura próprios. Começa com a simples troca de *awareness*, que vai se afunilando até que se constele um tema significativo. Esse tema é elaborado e, mais tarde, transformado numa nova noção ou conduta. Participar desse processo, mesmo que na menor das escalas, proporciona-me um enorme prazer. A mera tradução da metáfora de uma pessoa para novas experiências concretas auxilia-a a se revelar para si mesma. Se o cliente pega um cinzeiro e comenta sobre sua beleza simples e despretensiosa, peço que imagine aquele cinzeiro como um espelho e experimente os atributos "simples", "despretensioso" e "belo" como autodescrições. O processo subseqüente pode ser emocionante.

Cada unidade de trabalho se transforma num fórum para a investigação de temas de vida, num ambiente ao mesmo tempo congruente e desafiador para o cliente, mantendo-o animado em seu processo de crescimento. No entanto, a obra de arte nunca está definitivamente completa; ela alcança um ponto de maturidade que, a partir de dado momento, seu criador não consegue mais aperfeiçoar. Um poema pode ser reescrito mil vezes e, a cada tentativa, ser uma nova maneira de experienciar os próprios pensamentos. As novas palavras, por sua vez, modificam a experiência de uma pessoa – suas idéias, palavras e imagens. Analogias e metáforas movem-se com fluidez umas para dentro das outras, como em uma conversa de bons amigos. Cada poema reescrito, assim como cada unidade de um relacionamento em curso, tem sua própria validade interna.

ASPECTOS DA TERAPIA CRIATIVA

A terapia é um processo de mudança da *awareness* e do comportamento. O *sine qua non* do processo criativo é a mudança: a conversão de uma forma em outra, de um símbolo num *insight*, de um gesto num novo conjunto de condutas, de um sonho num desempenho emocionante. A criatividade e a psicoterapia se entrelaçam num nível fundamental de transformação, metamorfose, mudança.

Embora este livro focalize principalmente o terapeuta como artista – uma pessoa que usa a inventividade para ajudar os outros a moldar suas vidas –, é evidente que qualquer relacionamento entre duas pessoas se torna uma criação quando o contato entre elas tem a fluência e a sensação de um transformar recíproco. O terapeuta contribui com uma estrutura, uma forma, um processo disciplinado para as formulações que são constantemente geradas pelo relacionamento entre ele e seu cliente. O terapeuta cria um ambiente, um laboratório, um terreno experimental em que o cliente procede a uma ativa investigação de si mesmo como organismo vivo. Essa é a responsabilidade essencial do terapeuta em relação ao seu cliente.

É com base na mútua riqueza desse relacionamento, bem como na experiência e nos conhecimentos técnicos do terapeuta, que os fios de cada experiência de vida se desenrolam com elegância e ganham consistência. A terapia criativa é um encontro, um processo de crescimento, um evento para a solução de problemas, uma forma especial de aprendizagem e uma exploração de toda a diversidade de nossas aspirações de metamorfose e ascendência.

Como contato amoroso

Fazer arte é inebriante, uma das grandes alegrias da vida. No processo criativo, assim como quando estamos apaixonados, entramos em contato com nossa doçura, com nossos anseios, com o poder de nossos intentos e com a profundidade de nosso bem-querer. Arthur Rubinstein disse: "Tocar piano é como fazer amor, pois me enche completamente de alegria".[1]

O amor autêntico por uma pessoa é experienciado como êxtase no ser do outro, como regozijo por sua existência. É não manipulador, não pegajoso, não exigente. Deixamos que o outro seja. Não queremos violar sua integridade humana ímpar. O tipo mais "puro" de amor (puro no sentido de expressar como condição prévia o regozijo pela existência do outro, e não no sentido puritano de ser limpo) envolve a experiência total da tensão ou energia interna que faz parte da reação da pessoa ao ser amado.

Assim, podemos afirmar que o amor é uma espécie de tensão criativa. "Permanecer com" essa tensão – deixar que impregne todo o nosso ser – é uma tarefa extremamente difícil, em especial porque nossa sociedade está habituada a vender prazeres enlatados para satisfação e consumo imediatos.

Meu amor pelo cliente é altruísta. É mais um sentimento de boa vontade para com a humanidade do que um amor romântico, sentimental ou possessivo. Busco o bem do meu cliente – quer eu goste dele, quer não. O amor altruísta, para mim, é cuidadoso, prudente, justo, benevolente, bondoso. A expressão "amor fraterno" tem sido empregada com esse sentido. Para mim, a imagem é a do "amor dos avós". Diferentemente dos pais que dominam os filhos com paixão, às vezes até com egoísmo, os avós não pedem nada, apenas se satisfazem com aprender, observar e compreender as experiências de vida de outra pessoa à medida que ocorrem. Quando experiencio apaixonadamente o amor de pai, corro o risco de perder a objetividade e o foco necessários para perceber claramente o cliente.

---

[1] Trecho de entrevista concedida a Barbara Walters, para o *Today Show*, da NBC, em 11 de fevereiro de 1975.

O amor altruísta do terapeuta promove a confiança. Como o processo da terapia lida freqüentemente com as partes mais vulneráveis da pessoa, a confiança deve estar sempre presente para que as duas partes se permitam revelar seus sentimentos. É esse "amor", em todas as suas formas, que alimenta o processo criativo entre o cliente e o terapeuta.

Entretanto, não é preciso amar uma pessoa para cuidar dela com respeito. Como disse Martin Buber, "não se pode ordenar que alguém *sinta* amor por outrem; somente que trate essa pessoa de modo amoroso".[2] Assim, o terapeuta deve agir amorosamente com seu cliente.

A experiência de ser amado é de aguçada receptividade, de acolher a dádiva que outra pessoa faz de si. É preciso estar pronto para deixar o outro penetrar em nossas camadas mais profundas; isso requer abertura, não pode haver defesas ou suspeita de que essa pessoa que nos ama nos prejudicará. Na experiência de permitir que alguém nos ame, assumimos deliberadamente o risco de sermos magoados. O fato de que a pessoa que nos ama tem o poder de nos ferir (rejeitar), mas decide não fazer isso, torna essa experiência magnética.

Quando nos sentimos completamente amados por alguém que realmente "importa", a experiência extática de receber esse amor nos faz sentir lindos, perfeitos, elegantes, profundos, sábios.[3] Na presença dessa pessoa que sentimos como alguém que nos aceita totalmente, vêm à tona nossos sentimentos mais profundos de autoconhecimento e de apreço e amor por nós mesmos. É como se disséssemos: "Como sei que você me aceita totalmente, posso expor meu lado mais suave, receptivo, delicado, bonito e vulnerável".[4]

O amor do cliente pelo terapeuta varia conforme seu estágio de desenvolvimento, assim como varia em função das circunstâncias específicas de vida de cada um. Em geral, o cliente projeta seus fantasmas do passado no terapeuta: sou visto como o pai amoroso ou crítico, o vilão sádico, o sedutor, o provocador, o velho sábio, o salvador, o objeto sexual, o possível amante ou o cônjuge. Como Freud afirmou há muito

---

[2] Buber, Martin. *Ten rungs: Hasidic sayings*. Nova York: Schoken Books, 1962.
[3] Maslow, Abraham. *Toward a psychology of being*. Princeton: Van Nostrand, 1962.
[4] Rogers, Carl. *On becoming a person: a therapist's view of psychotherapy*. Boston: Houghton Mifflin, 1961.

FIGURA 1   *A experiência de ser amado é de aguçada receptividade, de acolher a dádiva que outra pessoa faz de si.*

tempo, em certo sentido a psicoterapia consiste na elaboração de como o paciente percebe o terapeuta.

Nos níveis mais elevados de desenvolvimento, o cliente pode me valorizar e amar com a mesma espécie de amor "de avô" que procuro dedicar a ele. Nos níveis mais avançados do relacionamento, as duas pessoas se alternam em suas atitudes "de avô", usando sua competência individual para melhorarem a vida uma da outra. Martin Buber disse: "Quando um homem está cantando sem conseguir soltar a voz e um segundo homem, que consegue soltar a própria voz, chega para cantar com ele, o primeiro também se torna capaz disso. Esse é o segredo da ligação entre os espíritos".[5]

Como processo de crescimento

O processo criativo é terapêutico porque nos permite expressar e examinar o conteúdo e as dimensões de nossa vida interior. A vida tem a medida da plenitude que nos é possibilitada pela variedade de veículos

---

[5] Buber, Martin. *Ten rungs: Hasidic sayings.* Nova York: Schoken Books, 1962.

que encontramos para concretizar, simbolizar e expressar de inúmeras maneiras todas as nossas experiências.

A profundidade, a duração e a extensão com que cultivamos cada meio de expressão também são fatores significativos que definem a plenitude da vida. Conheci pessoas que, de tanto se dispersarem, terminaram se diluindo e se tornando tão superficiais que sua vida ficou rasa, inconsistente e lamentavelmente artificial. Nessa fuga frenética para alcançar tudo que for possível na vida, acabamos por nos comportar como turistas desesperados: fotografando tudo, mas não enxergando nada.

Podemos tanto nos dispersar e diluir como nos tornar excessivamente concentrados, buscando o universo sob a lente de um microscópio. Nesta era marcada por especializações, há grande perigo de levarmos vidas encolhidas; sentimo-nos confortáveis em nossas competências especializadas e, merecidamente, afundamos na areia movediça de uma *awareness* estreita, tacanha. Uma vida de exposições limitadas ao mundo e às suas possíveis experiências tem pouco espaço para a criatividade. Com a estagnação da experiência, a criatividade se impacienta – ela não pode desabrochar num tiquinho disperso de terra.

Fazer arte é uma maneira de concretizar nossa necessidade de viver num âmbito mais amplo e profundo. No processo de criar, expandimos nosso psiquismo e alcançamos tanto a dimensão pessoal quanto a dimensão arquetípica de nossas origens. A criação artística como atividade profissional e disciplina acadêmica, o desenvolvimento de museus, galerias e salas de concerto, bem como a pobreza metodológica do ensino de arte às crianças pequenas, têm intimidado as pessoas e feito que pensem na arte como uma atividade restrita a eruditos, sofisticados e especialistas. O fazer artístico como uma atividade lúdica e de sustento da vida se torna, portanto, campo profissional. Em seu livro *Art and alienation* [*Arte e alienação*], Herbert Read escreveu: "Tanto as pessoas sofisticadas como as simples presumem que a arte, seja lá o que isso for, é uma atividade especializada ou profissional, que não tem nada a ver com a pessoa comum".

O ato criativo é uma necessidade tão básica quanto respirar ou fazer amor. Somos impelidos a criar. Devemos correr o risco de projetar nossas imagens mais pessoais e idiossincráticas em objetos, palavras e outros símbolos – a mesma espécie de risco que corremos ao amar alguém.

Como solução de problemas

Todo encontro criativo é a busca – e uma resolução parcial – de um "problema", no sentido estético mais amplo do termo. Se esboço uma forma vermelha e redonda no meio de uma tela em branco e pretendo fazer desse rudimento uma pintura, tenho um problema para resolver. Para onde ir agora? Com que cor? Com que forma? Como equilibrar essa pintura ou produzir uma assimetria para ela? A terapia também é assim, mas mil vezes mais complexa.

Quero compartilhar um experimento específico com você, leitor. Ron, um engenheiro que participava de um de meus grupos na Flórida, certo dia pediu para trabalhar comigo no grupo. Ele é magro e delicado; seus movimentos, muitos finos, quase frágeis. Eu pensava nisso antes de Ron abrir a boca a fim de pedir ajuda para entender um sonho. Durante sua narrativa, senti que havia um atraso na ação, como se o relato não despertasse nele energia nenhuma. Por que mergulhar num sonho sem vida? Senti que ele estava usando a idéia do sonho apenas para iniciar contato comigo. Assim que começamos a trabalhar juntos, foi como se eu nos visualizasse numa jornada de busca por um problema – aquele que talvez estivesse no centro das preocupações de Ron.

Pensei em homossexualidade, pensei na mãe que adula o filho e quer engoli-lo, pensei no pai ausente, meditativo, bruto ou zangado, numa cadeira de balanço. Ao mesmo tempo, olhei o homem à minha frente. É um belo homem. Gosto dele. Imagino como seria se eu fosse seu pai – e como eu o amaria e me divertiria com ele se ele fosse meu filho.

Não comento a maioria dessas idéias e fantasias. Ouço, observo, indago:

Joseph: Onde está sua energia agora?
Ron: Em meu rosto – está quente e ardendo. Estou com medo do que as pessoas vão pensar de mim, de parecer bobo.

Joseph: Parece que você está com medo de "quebrar a cara".
Ron: Estou mesmo.

Todos os meus pensamentos anteriores são provisoriamente afastados – talvez para outro momento. Resolvo trabalhar com o rosto de Ron, pensando comigo mesmo que ele sempre parece sério, que seu rosto é muito controlado, como uma máscara. Proponho um experimento: "Você topa 'quebrar a cara' fazendo umas caretas? Será que conseguiria literalmente 'desistir' de sua cara, fazendo caretas para todo mundo aqui?"

Ron concorda e, assim que ensaia as primeiras caretas, revela-se um artista no assunto, especialmente quando o alvo são as mulheres. Depois de um tempo, comenta: "Sinto-me melhor, mais relaxado, não estou mais com tanto medo do que os outros vão pensar".

Nesse momento, minhas idéias sobre Ron começaram a ganhar foco e continuei trabalhando com seu rosto e sua capacidade de arrebatar as mulheres por meio de expressões. Usando o olhar, tenta arrebatar uma mulher; é parcialmente bem-sucedido em sua tentativa e se sente maravilhado com o resultado. Depois, fala de sua mãe para o grupo, da raiva e do medo que sente dela, de sua incapacidade de olhar diretamente para ela. O experimento começara com a inexpressividade e a imobilidade facial de Ron, passara por seu distanciamento em relação aos membros do grupo e, por fim, levou à falta de expressão direta de raiva em relação às mulheres.

O problema era multifacetado: a busca de uma solução envolvia a tentativa de entender diversos níveis da *awareness* de Ron, bem como uma grande variedade de escolhas sobre o que dizer e fazer em resposta a ele no decorrer do trabalho. A Tabela I mostra como entendi a dinâmica da vida interior de Ron e como tentei criar uma situação que ele pudesse experimentar concretamente, modificando seu próprio comportamento. Tal processo envolveu três passos sobrepostos, às vezes simultâneos: 1) acompanhar a natureza da experiência imediata de Ron; 2) formular em silêncio conceitos teóricos sobre ele; 3) inventar maneiras que lhe permitissem explorar concretamente seu relacionamento com mulheres (e com homens também).

TABELA 1	Formulação da dinâmica de Ron e desenvolvimento dos experimentos

Observações de Ron
Seus movimentos são delicados, quase frágeis; conta o sonho como se fosse uma jóia preciosa.

Minhas fantasias pessoais
Quero ser o pai de Ron: ele é meu lindo filho; esse sentimento de delicadeza em relação a ele é, para mim, uma experiência nova.

O tema de Ron – "Quebrar a cara"
Seu rosto arde e carece de expressão facial; preocupa-se com o que os outros podem pensar dele.

Minhas idéias
Seu pai é abrutalhado e a mãe quer controlá-lo, engoli-lo; por isso, seu desconforto com as mulheres.

Desenvolvimento dos experimentos
"Fazer caretas", especialmente para mulheres; arrebatar as mulheres por meio de suas próprias expressões faciais.

Resultados
Mais conforto e confiança com as mulheres; expressão da raiva e liberação da energia.

O "problema" do terapeuta consiste em montar um mapa cognitivo adequado, incluindo a experiência que o paciente tem de si mesmo e apontando passos concretos que ele possa dar para tornar possível a solução de seu problema. O terapeuta, como um bom guia, deve conhecer o território, a fim de que o percurso leve a pessoa até onde ela quer ir – quando estiver pronta para isso.

Como aprendizagem do Tao

A aprendizagem do Tao ocorre quando um indivíduo experiencia sua própria força de movimentos e possibilidades exploratórias. Diferentemente da aprendizagem pelo déficit[6], que ocorre num plano verbal-conceitual, a aprendizagem pelo Tao inicia-se quando a pessoa começa a ir suavemente de um pequeno passo do processo em direção ao seguinte. Esse movimento passo a passo de imagem, tensão muscular, verbalização e libertação permite que o indivíduo se conscientize de como se desenrola o processo criativo de seu próprio destino. Aos poucos, ele passa a valorizar o processo *em si*, em vez de desviar das cenas que lhe são propostas enquanto ruma na direção de um objetivo indistinto e incerto que, no geral, lhe parece ter sido proposto por "eles", os outros – os pais, o terapeuta.

É importante que a pessoa aprenda a valorizar e apreciar sua fluidez dentro do movimento e da trajetória de seu crescimento; também é importante que perceba seu terapeuta (ou professor) mais como facilitador do processo do que como fonte de conhecimentos. Muito tempo valioso é perdido enquanto terapeuta e cliente vivem um tipo de complô em que o terapeuta se torna a fonte de conhecimentos e o cliente, a pseudo-criança deficiente, carente das respostas do sábio.

É preciso uma disciplina imaculada (e uma alegre curiosidade) por parte do terapeuta para acompanhar o processo de outra pessoa, abstendo-se de "espremê-la" prematuramente com esclarecimentos ou formulações explicativas semiprontas. Esses movimentos prematuros em geral decorrem da ansiedade do próprio terapeuta em justificar seu papel de sábio, de fonte de ajuda; não são fruto do respeito pela natureza estética do cliente como ser único, em movimento no espaço e no tempo, ao longo de um percurso válido em si. Quando o terapeuta consegue se

---

[6] Refiro-me à aprendizagem motivada por necessidades de sobrevivência, segurança e outras carências humanas básicas, e não àquela motivada por necessidades de nível mais alto, de auto-realização. Para mais informações a esse respeito, consulte as obras de Abraham Maslow citadas na Bibliografia.

predispor a essa espécie de valorização estética, ele é um naturalista, um amante da natureza humana.

Permitir que o processo se desenrole não priva a pessoa de sua força. O terapeuta está sempre lá, empurrando, instigando, apreciando, rindo, fluindo – assombrado e fascinado. Nessa postura, ele tem liberdade para ser um aprendiz e brincar com suas hipóteses, em vez de se tornar um obcecado pelas estéreis verdades eternas ou por um sentimento rotineiro de superioridade.

Como projeção

A projeção criativa envolve um diálogo com o *self* que depois se concretiza em um conceito, uma pintura, uma escultura, um comportamento. Criamos Deus, Cristo, Buda, o céu e o inferno com base em nossas mais profundas projeções. Nossos lugares sagrados são manifestações da luta interior do homem em busca da metamorfose transcendente. Não espanta que, durante a Renascença, tenha existido uma relação simbiótica entre os artistas e a Igreja.

Toda pessoa é prenhe de projeções, mas teme a assustadora delícia de expressá-las plenamente. Fazer música, esculpir, pintar, criar mudanças na sua vida ou na vida de outra pessoa é correr o risco de soltar no mundo o próprio coração, a própria alma, o próprio ser.

A projeção é uma forma de escapismo. É fácil renunciar à autoria dos talentos pessoais, à cor – ou aos preconceitos – e a praticamente qualquer coisa que nos pareça desagradável, que desacreditemos ou desgostemos em nós. É mais comum vermos o mundo como o agente causador dessas qualidades do que olharmos para dentro a fim de alcançar o entendimento da essência desses atributos em nós. Na projeção patológica, a pessoa impotente pinta o mundo com cores castradoras; a zangada, com cores destrutivas; a cruel, com cores sádicas; já quem teme a própria homossexualidade enxerga no mundo uma procissão de gays. Toda pessoa pinta o mundo com as cores de sua vida interior. A vida interior perturbada busca pesadelos e os localiza, nem que seja por meio de alucinações.

A diferença entre as projeções patológicas que tanto tememos e as projeções criativas de Michelangelo, Shakespeare e Bach está na relação

FIGURA 2   *Toda pessoa é prenhe de projeções, mas teme a assustadora delícia de expressá-las plenamente.*

do criador com o ambiente, em seu poder sobre este. A psicoterapia permite que a pessoa dialogue com suas projeções assustadoras e assuma sua autoria, transformando-as em conteúdos criativos.

A projeção se torna criativa em três passos. No primeiro, o indivíduo aprende a se apropriar do que teme no mundo (por exemplo, "tenho medo da minha crueldade"). No segundo, ele inicia um diálogo entre sua crueldade e sua delicadeza, ou entre outras polaridades em sua natureza:

Crueldade: Animais são animais. Eles não sentem a dor de um tiro do mesmo jeito que nós.

Delicadeza: Mas eu também sou um animal. Sou feito de carne e osso, também. E sinto dor.

Dessa maneira, a pessoa estabelece um elo amistoso com as forças polarizadas em seu interior e começa a experienciar sua totalidade. Por fim, o indivíduo transforma seu dilema num produto ou ato concreto. Escreve uma peça, filia-se a um movimento político ou pinta um quadro em que o tema da crueldade é investigado, enfrentado e compreendido com plena *awareness*. No decorrer desse processo ele pode, por exemplo, tornar-se plenamente consciente (*aware*) tanto da bondade fundamental do ser humano quanto de seus atos efetivamente maldosos. O autor de projeções criativas armazena as energias de seu conflito a serviço de um entendimento mais profundo de si mesmo e de uma relação mais comprometida com seus semelhantes. A energia do autor de projeções patológicas fica contida em seu conflito. Ele não consegue agir.

A terapia criativa não extirpa os conflitos da mesma forma que um cirurgião remove tumores. Mas permite que a pessoa entre em contato com a energia imobilizada no conflito e a torne disponível para suas realizações particulares e para as realizações da espécie humana.

Como experiência transcendente/religiosa

A arte é uma prece. Não as notações vulgarizadas que as escrituras nos transmitiram, mas uma descoberta vital e inédita de nossa presença especial no mundo. Certa vez, perguntaram a Marc Chagall se ele freqüentava a sinagoga; ele respondeu que seu trabalho era uma prece.[7]

No processo de criar, a pessoa não só ilumina e ilustra sua vida interior, como também se movimenta mais além da expressividade pessoal para fazer algo que se sustente por si. O trabalho adquire sua própria validade interna, sua própria integridade. É no processo de fazer algo

---

[7] McMullen, Roy. *The world of Marc Chagall*. Nova York: Doubleday, 1968.

que se sustente em sua própria estrutura integral que o criador contata uma realidade concreta exterior à sua vida subjetiva e então alcança o reino do transcendente. Ao tocar seu produto e abrir mão dele, o criador toca sua identidade pessoal e abre mão dela.

Esse processo é o mesmo quando alguém se torna um veículo para a arte. Não é fácil se manter em contato com outra pessoa, dedicar atenção à *awareness* dela sem se defletir falando sobre si mesmo. Não quero dizer que devemos nos deixar para trás, e sim que é preciso apreciar a outra pessoa com a totalidade de nossos recursos interiores. O processo de se envolver plenamente com mais alguém, sem perder a noção da própria identidade, sem perder nossas fronteiras, pode ser uma experiência profundamente mobilizadora. Estar plenamente presente para outra pessoa, durante uma ou duas horas, não é apenas uma questão de causar impacto direto em seu comportamento, mas de compartilhar com ela algo como uma experiência de cunho religioso.

> Quando experiencio o outro plenamente, com total aceitação,
> Quando experiencio o fluxo de seus sentimentos,
> A beleza de seus movimentos, expressões, anseios,
> Então conheço o significado da reverência, da santidade,
> E a presença de Deus.

É um paradoxo interessante descobrir que nossos êxtases internos mais importantes se dão ao transcendermos os limites de nossa vida para penetrar na de outrem. É somente depois dessa espécie de interação íntima com outro ser humano que podemos partir para transações ascendentes, religiosas. Para falar com Deus, a pessoa deve primeiro abrir mão do próprio narcisismo; a fim disso, deve estabelecer um diálogo autêntico com outro ser humano. Para falar com Deus, deve-se falar com a humanidade.

No âmbito da psicoterapia, o terapeuta começa por essa espécie de relacionamento com seu cliente. Mesmo que eu não faça mais do que ser uma presença real, pelo menos afirmo a validade experiencial da outra pessoa. Essa afirmação é "terapêutica" não só porque o indivíduo passa a valorizar sua própria natureza, mas porque cria a coragem de ampliar suas fronteiras e experimentar novos comportamentos.

A Gestalt como terapia criativa

"Fazer pessoas", que é como Virginia Satir chama a terapia, é da mesma natureza que fazer música ou pintar quadros. A terapia criativa trata a pessoa como um meio para a arte – às vezes é algo desanimador, chocante, obstinado, tedioso ou causticante, mas em geral inspira e nos torna humildes. O terapeuta criativo vê o cliente em sua totalidade: maleável e rígido, brilhante e embotado, fluido e estático, detalhista e apaixonado. O terapeuta criativo é coreógrafo, historiador, fenomenólogo, estudioso do corpo, dramaturgo, pensador, teólogo, visionário.

A Gestalt-terapia é, na realidade, uma permissão para ser criativo. Nossa ferramenta metodológica básica é o experimento, uma abordagem comportamental para passar a um novo patamar de funcionamento. O experimento se dirige ao cerne da resistência, transformando a rigidez em um suporte elástico para a pessoa. Não precisa ser pesado, sério, nem ter uma comprovação rigorosa; pode ser teatral, hilário, louco, transcendente, metafísico, engraçado. O experimento nos dá licença para sermos sacerdotes, prostitutas, gays, santos, sábios, magos – todas as coisas, seres e noções que se ocultam em nós. Os experimentos não precisam brotar de conceitos; podem começar simplesmente como brincadeiras e desencadear profundas revelações cognitivas.

Em meu trabalho, sempre começo com o que existe para a pessoa (ou grupo), em vez de com alguma noção arbitrária do que deveria existir. Tento entender e sentir – saborear psicologicamente – o modo de ser da outra pessoa. Assim como o escultor atenta para o odor, o formato e a textura da madeira que entalha, procuro acompanhar as configurações da experiência da outra pessoa. Muito embora eu respeite a validade de sua experiência, fico tentado a aguçar seu apetite para que alcance uma nova formulação visual, cognitiva ou motora de si mesma. Essa nova dimensão ou perspectiva não precisa ser dramática, apenas precisa movimentar o sistema existente para uma visão ligeiramente nova de si mesma.

Por exemplo, uma mulher diz que se sente infantil. Quando questionada sobre o porquê dessa impressão, ela descreve algumas maneiras pelas quais reconhece sua inclinação infantil. Então peço que se comporte de maneira infantil para mim ou para o grupo. A razão desse pedido é o fato de que, em geral, ela tem uma noção conceitual do que quer dizer "ser infantil" e precisa de uma perspectiva mais ampla de tudo que isso implica para ela.

Também peço que faça algo ancorado em sua experiência imediata, conforme a visão que possui de si mesma nesse momento. Começo com a aceitação superficial que ela tem de sua experiência de ser infantil. Isso é um dado. Não tento convencê-la de que ela não é; em vez disso, conforme o trabalho vai se desenrolando e ela começa a perceber uma espécie de prontidão, podemos nos encaminhar para áreas de maior resistência, aquelas que no começo eram mais difíceis de ser conscientizadas ou compartilhadas.

As implicações e possíveis desfechos de um experimento simples como esse são enormes. Englobam desde exagerar uma polaridade de si mesmo, com a observação da postura, da linguagem e da qualidade de sua voz e respiração, até as formulações teóricas que o terapeuta faz em silêncio, digamos, sobre o comportamento adulto imaturo ou a experiência pouco desenvolvida dessa pessoa. Assim, esse pequeno experimento é apenas o início do trabalho – uma mera extensão comportamental das palavras ditas para o terapeuta naquele momento.

A experimentação também é poderosamente eficaz quando realizada em grupo porque conta com o apoio da ampla criatividade de todos. Ninguém se sente esvaziado, todos são abastecidos. Num certo grupo com que trabalhei, a experimentação tornou possível transformar uma simples canção de Natal num verdadeiro coral bachiano. Seu impacto imediato não foi sequer percebido claramente pelo terapeuta e pelos participantes, mas de alguma maneira soubemos que havíamos criado algo lindo, que transcendia nossas limitações pessoais.

A Gestalt-terapia é uma permissão para ser exuberante, sentir contentamento, brincar com as mais belas possibilidades em nossa breve vida. Para mim, representa tudo que está à minha frente, tudo que promete a totalidade das experiências; representa aquilo que vem, seja assombroso, atemorizante, lamentável, comovedor, estranho, arquetípico, desafiador. Para mim, significa abraçar completamente a vida, provando todos os seus mais sutis sabores.

Se Fritz Perls estivesse vivo hoje, ficaria decepcionado ao ver uma multidão de terapeutas imitando seu trabalho como se este fosse a última palavra em psicoterapia. O que faltou a muitos de nós foi coragem para aprender com ele como acionar a inventividade, como criar situações de intenso aprendizado a partir de cada situação humana. Para Fritz, os conceitos gestaltistas de cadeira vazia [*hot seat*] e dominador/dominado [*top-dog/under-dog*] eram percepções momentâneas a serem exploradas e depois deixadas de lado, para que outros experimentos e metáforas pudessem emergir.

Para que a Gestalt-terapia possa sobreviver, ela deve defender essa espécie de processo integrativo de crescimento e essa generosidade criadora; deve continuar entrelaçando, para constituir novos conceitos, as várias descobertas sobre a musculatura, as origens arquetípicas e os gritos primais. Se nós, mestres do ofício, esquecermos esse princípio essencial da experimentação criativa, abdicarmos da criação de novos conceitos gestados pela nossa própria audácia e por uma conduta ousada e destemida, a Gestalt-terapia morrerá, assim como tantos outros modismos terapêuticos passageiros.

Capítulo 2

O salto criativo

O processo criativo em psicoterapia tem basicamente dois elementos. O primeiro é a relação do terapeuta com a integridade existente no paciente. Toda pessoa ingressa na terapia com uma integridade pessoal única. Isso significa que, ao longo dos anos, essa pessoa desenvolveu modos de se mover no mundo que para ela têm uma unidade estrutural e funcional. Essa unidade também inclui os "sintomas", as queixas e os comportamentos que, na opinião do terapeuta, comprometem a capacidade daquele cliente para mudar. Esse conjunto de sentimentos, posturas físicas e estilos verbais compõe a integridade da pessoa, que começa a terapia individual ou grupal não tanto para mudar essa concepção que faz de si mesma, e sim para exercitá-la.

Para o terapeuta, estabelecer contato com essa integridade envolve o uso completo do seu próprio ser no estudo de "o que é ser uma pessoa assim" – com essa curvatura dos ombros ou essa contração dos glúteos –, a fim de penetrar na estrutura do cliente para ser/estar no mundo. É uma curiosidade amorosa, estado vívido de aprender naturalísticamente a respeito do espaço de vida da outra pessoa.

O segundo elemento do processo criativo é a moldagem revolucionária. Nele, o terapeuta se identifica com os aspectos mais radicais da personalidade de seu cliente, com aquela parte dele que está esperando permissão para tentar maneiras novas e sinceras de se experienciar.

O cliente vive constantemente o dilema existencial de sentir-se dividido entre o doloroso conforto de sua integridade existente e a necessidade de mudar. Em geral, o processo criativo é prejudicado quando cliente e terapeuta inadvertidamente se identificam com partes isoladas da personalidade do cliente: o terapeuta anseia por mudanças e o cliente luta com unhas e dentes por sua "integridade". Nesse conluio, o aspecto "revolucionário" do cliente projeta-se no terapeuta e, então, convenientemente, o cliente pode "lutar" contra sua própria projeção.

No processo criativo, o terapeuta permite que o paciente se una a ele numa aventura em que ambos podem desempenhar constantemente todos os papéis desse enredo conflituoso. O terapeuta ajuda o cliente a ser um experimentador, um professor e um modificador ativo, ao mesmo tempo em que mantém uma atitude compreensiva e respeitosa em relação à postura atual daquela pessoa. É nesse processo rítmico de trocas e exploração ativa da vida interior do cliente que sua estrutura original começa a mudar.

TRABALHO DE FUNDO

Gosto de dizer a meus alunos: "Olhem para a pessoa do mesmo jeito que vocês contemplariam as montanhas ou o pôr-do-sol. Recebam com prazer aquilo que vêem. Recebam a pessoa como ela é. Afinal, vocês também fariam isso com o pôr-do-sol. Dificilmente vocês diriam 'esse pôr-do-sol deveria ter mais roxo' ou 'essas montanhas ficariam melhor com a mais alta no meio'. Vocês apenas contemplam com admiração". Em relação a outra pessoa é a mesma coisa. Eu olho para ela, sem dizer "sua pele deveria ser mais rosada" ou "seu o cabelo deveria ser mais curto". A pessoa é.

O processo criativo começa com a compreensão do que existe ali: a essência, a clareza e o impacto do que está à nossa volta. Gostaria de me aproximar das pessoas da forma como Henry David Thoreau via e entendia a natureza: "As brilhantes cores outonais são o vermelho e o amarelo, com suas várias nuances e tons. O azul fica reservado como a cor do céu, mas o amarelo e o vermelho são as cores da terra-flor. Todos os frutos, enquanto amadurecem e logo antes de cair, adquirem uma tonalidade brilhante. Assim também as folhas; assim também o céu antes do fim do dia..."[1]

Como um poeta, o terapeuta é capaz de apreciar toda a ampla diversidade da vida à sua volta, incluindo o panorama da existência do paciente: seu ser físico, suas caretas, sua maneira de andar e a cadência de seus passos. Para poder ajudar alguém, você deve amar essa pessoa de maneira simples e básica. Você deve amar a pessoa que está à sua frente, não a meta que traça para ela. Você não pode amar imagens futuras do outro sem se ausentar da pessoa que está sentada à sua frente.

Valorizando o processo

Vou até meu estúdio para pintar. Chegando lá, dou-me conta de que não estou com *vontade* de pintar. Então fico zanzando por ali, limpando pincéis, preparando telas, olhando gravuras em revistas. Faço o que é possível naquele momento, concedo-me espaço a fim de que surjam as imagens e a empolgação aumente até eu ficar pronto para fazer alguma coisa. Pode ser só um recorte de papel, mas é o que estou pronto para fazer nesse momento do meu processo criativo.[2]

Não se pode "apressar o rio" para fazer arte. É assim que funciono como terapeuta. O cliente deve ser conduzido ao longo de uma série graduada de experiências, antes de estar pronto para assimilar uma nova noção de si mesmo e de se encaminhar comportamentalmente nessa direção. Você pode pedir que o cliente faça coisas para você e ele

---

[1] Thoreau, Henry David. *In wildness is the preservation of the world*. São Francisco: Sierra Club, 1962.

[2] Para mais informações sobre a elaboração do processo criativo, sugiro a leitura de *Creative person and creative process*, de Frank Barron (Nova York: Holt, Rinehart & Winston, 1969) e *The act of creation*, de Arthur Koestler (Nova York: Macmillan, 1964).

até pode cooperar, mas, se o processo de construção da prontidão não houver ocorrido, não acontecerá nada significativo – pelo menos nada além de entrar num bate-boca, sentir-se vazio ou sentir que de alguma maneira não estamos nos comunicando um com o outro. Boa parte da terapia consiste em avivar o fogo, cultivar determinado tema, construir um suporte em certas áreas da verbalização ou da ação em que isso se faça necessário. É como preparar a tela e limpar os pincéis.

Outra parte do processo psicoterápico consiste em se manter aberto à miríade de possibilidades disponíveis para a pessoa ou o grupo. Toda nova hipótese, troca ou experimento deve representar uma investigação, uma possibilidade que, se "pegar fogo" para aquela pessoa, será levada mais e mais fundo através das camadas de sua personalidade.

Embora eu possa vislumbrar dois ou três desfechos hipotéticos se anunciando no horizonte, não posso forçar que se realizem para meu cliente. Devo estar disposto a computar cada arbusto e cada pedregulho da estrada antes de chegar à cor e à excitação da cidade. Quando a pessoa chega numa resolução ao final dessa respeitável jornada, sua satisfação – bem como o grau e a profundidade de suas percepções – é visível para ela, para o grupo e para o terapeuta. Renascer leva tempo. É preciso paciência para ser uma boa parteira.

Gerando e transformando sistemas de energia

A psicoterapia é um processo intenso de avivar o fogo interno do cliente para a *awareness* e o contato. Envolve trocas energéticas com ele – trocas que estimulam e alimentam a outra pessoa, mas que não esgotam nossa própria força e vitalidade.

A pessoa precisa de energia para "trabalhar" em terapia e, conseqüentemente, mudar. Em geral, ela tem energia suficiente para vir ao meu consultório ou à reunião de grupo no fim de semana, porém isso não garante que tenha a energia necessária para trabalhar consigo mesma. Normalmente, sua energia fica presa na frigidez muscular (ou sistêmica) de sua estrutura de caráter ou, como a maioria gosta de falar, em suas "resistências". Na realidade, não existe uma diferença estrutural entre resistência e congelamento do caráter. O que o terapeuta experiencia é a resistência. O cliente está apenas sendo a pessoa que acha que é; o que ele sente é que está cuidando de si mesmo.

Portanto, a energia da pessoa e o ponto focal dessa energia podem não estar ao alcance de sua *awareness* ou ser experienciados de modo negativo, como a percepção de rigidez nos joelhos ou dor no peito.

A tarefa do terapeuta é localizar, mobilizar e modificar essa energia a serviço de um comportamento novo, mais adaptativo e fluente. Em meu trabalho com futuros terapeutas, descobri que é muito importante ensiná-los a usar os olhos e as mãos a fim de localizar onde a energia do cliente se concentra e também onde está bloqueada. Esses dois fenômenos costumam ocorrer na mesma pessoa e ao mesmo tempo. Por exemplo, ela pode perceber uma grande vitalidade no alto do peito, mas sentir um bloqueio na pelve; ou uma acentuada fluidez na pelve e uma inexpressividade congelada no rosto que lhe parece uma máscara.

Num exercício que faço com os futuros terapeutas, divido-os em duplas e peço que cada um observe em silêncio seu par, para captar as áreas de energia bloqueada ou concentrada. O observador é estimulado a ficar em pé e rodear seu par ou pedir-lhe que se movimente de determinadas maneiras, visando exercitar ao máximo seu poder de percepção. Ele pode inclusive verificar pelo tato a condição de certos grupos musculares a fim de comprovar se sua experiência visual é congruente com o que a outra pessoa sente. Incentivo os futuros terapeutas a usar de toda a audácia e grandeza que puderem, presumindo que conseguem ver e sentir muito mais do que já se permitiram no passado. Depois do período de observações, o futuro terapeuta deve anotar suas percepções e depois formular perguntas exploratórias a respeito do grau de consciência que seu par tem do próprio corpo – onde ele sente a vitalidade da energia fluindo em seu interior e onde sente que está concentrada, congelada ou bloqueada.

Embora haja o problema de um intervalo de tempo entre a fase da observação e a das perguntas, o futuro terapeuta tem a oportunidade de explorar e testar sua capacidade para localizar e avaliar sistemas energéticos. Esse exercício proporciona ao aluno uma confirmação de sua capacidade de ver (muitas vezes me surpreendi com a imensidão da sensibilidade e do poder visual que o terapeuta pode exercer apenas observando de que maneira uma pessoa respira ou com que rigidez movimenta os músculos do rosto). Assim que o cliente-aprendiz começa a fazer seus comentários, tem início uma animada troca de observações sobre sentimentos e idéias relativos à sua experiência pessoal; nesse momento, o trabalho pode começar.

A segunda parte do exercício envolve o "aquecimento" da musculatura na qual a energia está bloqueada, preparando-a para expressar-se na sessão de terapia. Isso pode ser feito pedindo-se ao cliente-aprendiz que friccione partes do seu corpo e também sugerindo o uso de toalhas quentes ou bolsas de água quente.

O estágio seguinte do exercício é crucial, pois pede que o cliente-aprendiz tome consciência de recordações ou sentimentos que possam estar associados com alguma parte específica de seu corpo. Esses sentimentos podem ser facilitados pedindo-se à pessoa que solte o ar enquanto mentaliza ou movimenta aquela parte dura ou enrijecida do corpo.

A imagem ou o sentimento então transformam-se em vocalizações, gritos, passos, corrida, saltos, movimentos com a coluna, flexões, socos em travesseiros ou qualquer uma das outras posições clássicas de trabalho com o estresse desenvolvidas por Alexander Lowen, nas quais a pessoa se torna consciente da quantidade de energia que está vibrando em seu corpo. O processo consiste em transformar sistemas tensionais em ações fluidas, desbloqueadas.[3]

Os alunos também são ensinados a trabalhar com a resistência a esses movimentos musculares de contato. O trabalho com as resistências é um elemento central de todas as terapias dinâmicas, e o estudante é levado a desenvolver um contato amistoso com a resistência, em vez de se sentir frustrado com a falta de cooperação da pessoa. As resistências surgem naturalmente em muitos aspectos do exercício, e eu incentivo o cliente a acompanhá-las, acolhê-las, exagerá-las. Exagerar a tensão das articulações da pelve ou do ânus, por exemplo, geralmente leva a uma expressão positiva mais completa da movimentação dessas partes do corpo.[4]

---

[3] Lowen, Alexander. *The betrayal of the body*. Londres: Collier Books, 1967. [*O corpo traído*. São Paulo: Summus, 1979.]

[4] Tecnicamente, esse trabalho é conhecido como "desfazer retroflexões". Na retroflexão, a pessoa endurece uma parte do corpo em vez de usá-la para expressar algum sentimento por outra pessoa.

Por fim, o cliente-aprendiz pode descansar e ser fisicamente confortado. Se, por exemplo, estava socando um almofadão ou movimentando as costas como um chicote, uma toalha quente pode ser aplicada na região – visando lhe proporcionar conforto, evitar um futuro enrijecimento e facilitar a proximidade entre o terapeuta e o cliente, como parceiros numa aventura criativa. A toalha quente também é um reforço positivo pelo esforço do cliente para entrar plenamente em contato com sua energia, excitação e expressividade física.

Grande parte da terapia depende de interações verbais, mas em geral há pouca energia nas verbalizações do cliente, na medida em que se tornaram falas habituais, clichês bem ensaiados e quase impenetráveis. Muitas vezes, o terapeuta cai na armadilha de trocar com o cliente palavras estéreis, que consomem energia e apenas geram uma sensação de peso ou mesmo de depressão, tanto em um como em outro. O cliente faz o que é mais fácil para ele. O terapeuta, contudo, não pode se dar a esse luxo, simplesmente porque assim se afasta mais e mais da vitalidade do cliente, daquele ponto em que a ação realmente acontece, no interior da arena da mudança terapêutica.

Certa ocasião, uma paciente (Betty) conta que se sente sem vida, imobilizada. Não consegue sobreviver neste mundo competitivo. E por aí vai. Começo a me sentir esgotado. Meu esgotamento energético me diz que o sistema de energia de Betty está imobilizado e que ela me suga para se sustentar. Nesse ponto, paro de ouvir as palavras dela e passo a observar seu corpo. Seus braços e pernas parecem intumescidos e duros. Quando lhe digo para prestar atenção em seus membros, ela responde: "Sinto que estou dura nas pernas e nos braços".

Peço, então, que ela imagine o que poderia fazer com aquela sensação, como poderia usar os músculos que estão duros. Ela relaciona sua sensação com uma imagem de corrida. Peço-lhe que feche os olhos, volte para o passado e visualize essa experiência. Vem à tona a seguinte história: Betty tem 10 anos e está num acampamento em que é organizada uma corrida. Todas as meninas de sua barraca acham que ela vencerá. Ela se sente cada vez mais pressionada e assustada com a perspectiva de fracassar e, no fim, perde a competição.

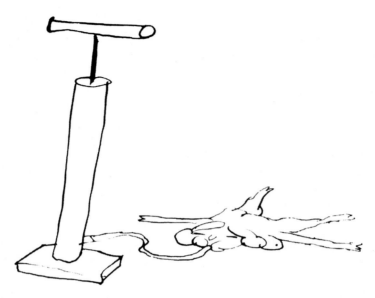

Figura 3[5] *Pode-se "bombear" a energia se ela não for identificada em ponto algum do corpo da pessoa.*

Depois de relatar o episódio, Betty começa a perceber a raiva que sentiu das crianças no acampamento, por terem-na pressionado e forçado. Peço que tente usar os braços e as pernas (onde a energia está imobilizada), a fim de descarregar a raiva em algumas almofadas grandes. Nessa altura, Betty está a todo vapor, pronta para se soltar: chuta e soca os almofadões várias vezes, sua voz fica mais potente enquanto grita com as "crianças". Depois, volta para sua cadeira com a respiração ofegante e comenta: "Me sinto mais solta e forte. Sinto que posso sair no mundo e fazer o que preciso para me cuidar. Não vou deixar que as pessoas pisem em mim".

A energia presa de Betty foi liberada e mobilizada a serviço da adaptação, permitindo o restabelecimento do fluxo dos comportamentos e da sensação geral de bem-estar. Minha recompensa não consistiu só em ajudá-la a sair da paralisia em que se achava, mas também em me sentir menos esgotado e com mais energia.

---

[5] Ungerer, Tomi. *The underground sketchbook of Tomi Ungerer*. Nova York: Dover Publications, 1964.

Pode-se "bombear" a energia se ela não for identificada em ponto algum do corpo da pessoa. Num outro caso, pedi a um cliente que corresse em círculos na sala. Ele disse que isso era uma bobagem, então me prontifiquei a correr com ele. Corremos juntos durante mais ou menos dez minutos, até eu despencar na cadeira, exausto. Meu cliente, porém, sentia-se revigorado e, em seguida, começou a trabalhar num sério problema de ordem sexual. Aparentemente, a corrida tinha despertado sua sexualidade e também algumas ansiedades de natureza sexual.

É preciso "seiva" para criar – se ela não está nas palavras ou nos sentimentos da pessoa, certamente está em alguma outra parte do corpo. O resgate da energia corporal alimenta o espírito e devolve a cor ao conteúdo da fala.[6]

MOLDAGEM REVOLUCIONÁRIA

A beleza da Gestalt-terapia está no fato de que ela me permite ser verdadeiro em relação ao que é real para o cliente e, ao mesmo tempo, traduzir minhas conjecturas em atos experimentais. Na melhor das hipóteses, os experimentos têm possibilidade de transpor os padrões de caráter existentes e, na pior, não produzem efeito algum ou são verdadeiros tiros pela culatra.

Quando as condições são adequadas, podemos mergulhar num experimento sem nos demorar nos preparativos. É como se pudéssemos sentir um "ponto fraco" no sistema da pessoa que pode ser atingido diretamente. Entretanto, deve-se ter a delicadeza e a sensibilidade, para com o cliente e o grupo, de não apressar ou forçar as pessoas a fazer coisas inéditas. Deve-se ter bom gosto, ou talvez se possa dizer que é preciso um senso estético do que é aceitável dentro do sistema em que a pessoa se encontra. Fazer uma pergunta grosseira, deselegante ou mesmo insensível, além de ser de mau gosto, pode colocar o terapeuta em uma posição de arrogante maldoso, impiedoso ou ofensivo. O terapeuta então terá pela frente conflitos desnecessários que ele mesmo produziu.

---

[6] Para mais informações sobre a retroflexão, recomendo *Gestalt therapy integrated*, de Erving e Miriam Polster (Nova York: Brunner/Mazel, 1973).

O salto criativo é o clímax das hipóteses clínicas do terapeuta e da ousadia de sua inventividade. Por exemplo, num certo momento do trabalho com Ron[7], eu lhe disse: "Me fale do ódio que você sente por sua mãe". Embora eu percebesse que ele "devia ter" dificuldades com ela, nós não havíamos discutido essa questão em nenhum momento anterior nem eu o havia preparado para isso. Eu estava pronto para ouvir que ele me achava um doido varrido. Mas também estava preparado para reagir a seus sentimentos intensos – ele manifestara perante o grupo a raiva bloqueada que sentia da mãe, endurecendo o rosto para ela e, de fato, para todos. Era o risco que eu precisava correr. Sentia-me dividido entre a hesitação e a excitação, enquanto deixava que as palavras me saíssem da boca. Dessa vez, a proposta funcionou do jeito certo e, por conta disso, embarcamos numa seqüência de experimentos que resultaram em importantes revelações para Ron.

Um experimento em que ele olhava para uma mulher e tentava arrebatá-la com os olhos e a boca foi uma extensão comportamental do jorro inicial de uma nova energia em Ron:

>*Joseph*: Ron, olhe para Bev e tente relaxar o corpo todo enquanto isso.
>
>*Ron*: Bev, você se importa se eu experimentar com você?
>
>*Bev*: Por mim, tudo bem. Até agora estou gostando disso.
>
>*Ron*: (Para Joseph) Estou sentindo um aperto no estômago... está embrulhado.
>
>*Joseph*: Está difícil de engolir o que vê?
>
>*Ron*: Eu não tinha pensado em ver a coisa desse jeito.
>
>*Joseph*: Continue olhando para Bev e repare apenas no que é agradável aos seus olhos. Você não tem de engolir tudo que vê. Mantenha o controle do que está vendo.
>
>(Longa pausa enquanto Ron olha.)
>
>*Ron*: Estou começando a me sentir mais confortável de olhar para você, Bev.

---

[7] A parte inicial do trabalho com Ron foi descrita no capítulo 1.

Bev: Isso é bom, porque eu já estava começando a ficar nervosa... como se fosse uma peça de museu.

Joseph: Ron, você olhou para ela desse jeito? Diga para Bev.

Ron: (Para Bev) Bom, no começo olhei para você objetivamente, criticamente. Talvez tenha sido isso que você sentiu. Olhei para você do jeito que minha mãe poderia olhar para mim. "A blusa não combina com a saia", eu pensei. Agora não estou mais fazendo isso.

Joseph: Você poderia dizer para Bev como a percebe agora?

(Longa pausa.)

Ron: (Para Bev) Estou olhando para você como se houvesse mais suavidade em meus olhos. Você tem um lindo corpo. Gosto muito dos seus olhos; parecem muito escuros e profundos. Posso perceber seu gosto, como se pudesse provar. Imagino que você tem o gosto do mel, mas um pouco ácido. Uma sensação muito gostosa mesmo. Estou contente por ter olhado para você esse tempo todo. Agora quero experimentar isso com a Shirley.

Esse experimento representou um salto criativo. No lugar de Ron apenas falar de sua mãe, ele entrou num encontro direto com uma mulher daquele grupo, viva, respirando.

O processo criativo existe como uma gangorra entre, de um lado, a base vivencial do que existe e, de outro, o salto comportamental para um contato com territórios desconhecidos. O salto criativo rompe as regras que obrigam a permanência constante no processo. Para realizá-lo bem, é preciso correr riscos e estar preparado para fracassos momentâneos, para trocas súbitas de marcha e deslocamentos imprevistos na direção de coisas que parecem funcionar melhor ou ainda para mudanças rumo ao que o cliente ache mais palatável.

Inovar sempre implica quebrar regras. Afinal de contas, a pessoa deve atentar para sua inventividade e seus "saltos" intelectuais e respeitá-los, assim como sua própria capacidade de moldar a ação em andamento. Esse é o aspecto da psicoterapia que mais me empolga. Superar possíveis objeções e resistências é uma das características definidoras do processo criativo em todas as áreas da vida e do trabalho, não só na Gestalt-terapia.

Contexto e metáfora

Um homem diz que tem um problema com seu filho, então me vejo como um professor, uma babá, um animal com sua cria. Penso *nele* como criança. Talvez eu deva sugerir que ele se comporte como o filho problemático que descreve e, assim, ver o que acontece, uma vez que já sei que seu contexto, sua metáfora e sua abordagem literal e não lúdica não funcionam. É por isso que ele está pedindo minha ajuda.

Então, ele brinca como o menino que fica o tempo todo "aprontando" para chamar a atenção. Depois, diz: "Pai, quero que você me leve junto na sua próxima viagem". Com essa afirmação, ele se dá conta de que não tinha *ouvido* seu filho antes e de que está ignorando a voz de sua própria criança interior. A nova metáfora, na qual o pai é o filho, acaba se revelando mais útil do que eu inicialmente esperara, porque ele começa a entender o isolamento, a solidão e a raiva do filho.

Eu não tinha começado o trabalho com uma resposta para aquele homem; apenas brinquei com uma nova maneira de experienciar seu dilema específico. Não existe mágica nisso, só uma espécie de audácia emotiva e intelectual que posiciona os dados num canal conceitual diferente e permite que a pessoa os examine por uma perspectiva que lhe pareça nova.

Alguém me conta uma história muito séria e seu rosto é uma verdadeira máscara, ou sua voz é chorosa, ou está curvado para frente, ou não está respirando, ou sua em bicas numa sala com ar-condicionado ligado etc. Enquanto eu puder estar ali, ouvindo minhas próprias músicas, enxergando minhas próprias alucinações, inventando minhas piadinhas, sem me deixar seduzir pela visão limitada que a outra pessoa oferece de sua situação, posso me manter vivo e ela tem uma chance de voltar à vida, entrando por um novo canal de contato consigo ou se vendo num espelho novinho em folha.[8] O terapeuta precisa estar livre de dependência em relação à perspectiva dada pelo cliente, ou pelo material que ele produz, para que sua *awareness* possa se tornar iluminada.[9]

Para oferecer novas metáforas, o terapeuta também deve se desapegar de necessidades particulares – de sucesso, aprovação, satisfação sexual –, que limitam seu horizonte intelectual. A fim de inventar novos contextos para outra pessoa, devo aprender a ouvir sem querer, a tocar sem desejar, a amar sem coagir, a contemplar sem ser pedante. É essa liberdade interior que promove em mim a criação de canais inexplorados de experienciação para o cliente, para mim e para o encontro em que estamos envolvidos.

Em suma, a Gestalt-terapia não é só a contínua invenção de novos modelos para a pessoa se ver. É também um teste comportamental contínuo desses modelos inovadores, na segurança de um ambiente criativamente permissivo.

Novas integrações

Outra parte do processo criativo em Gestalt-terapia é a integração de polaridades na personalidade do cliente.[10] Muitas vezes nos identificamos com uma característica, mas não com sua contraparte. Por exemplo, vejo-me como um sujeito pacífico e não agressivo, ou avarento e não generoso, ou honesto e não corrupto.

É muito simples questionar a visão que o cliente tem de si mesmo ou desafiá-lo e estimulá-lo a redirecionar suas opiniões. Essas interações verbais assentam as bases cognitivas para mudanças na autoimagem restritiva que ele tem de si. Mas elas precisam ser reforçadas e assimiladas profundamente por meio de experimentos. Estes não só oferecem uma visão exagerada do comportamento polarizado do cliente, como, o que é ainda mais importante, favorecem a integração

---

[8] Gordon, William. *Synectics, the development of creative capacity.* Nova York: Harper, 1961.

[9] Dass, Ram. *The only dance there is.* Nova York: Anchor Press, 1974.

[10] Para mais informações sobre polaridades em Gestalt-terapia, recomendo um artigo de Rainette Fantz intitulado "Polarities: differentiaton and integration" (Gestalt Institute of Cleveland, 1973).

criativa entre suas polaridades e uma totalidade mais abrangente de experiências e manifestações.

Após muitos meses de terapia, Katherine Miller, uma cantora lírica profissional, confessou-me que não conseguira atingir o orgasmo durante sete anos de casamento. Comecei a fantasiar sobre as sensações orgiásticas que ela devia ter ao se apresentar como solista, com um grande coro e uma orquestra sinfônica. Após uma solicitação que eu não sabia se ela atenderia, Katherine se prontificou a cantar para mim e, durante algumas sessões, nosso trabalho se concentrou em desenvolver sua consciência corporal enquanto cantava. Nesse processo, ela descobriu sensações tremendamente intensas em seu abdome e em sua vagina enquanto cantava. Sugeri então que, cantando para mim, fechasse os olhos e visualizasse a si mesma em uma relação sexual com o marido. Como ela se sentiu envergonhada, eu me virei de costas. Isso fez que o experimento se tornasse mais confortável, e ela prosseguiu. Ao final da sessão, disse-me: "Hoje eu quase cheguei lá enquanto cantava e pensava em John". Vários meses mais tarde, ela e o marido vieram à sessão com uma garrafa de vinho para comemorarmos o primeiro orgasmo de Katherine durante uma relação sexual.

Num outro caso de integração, o cliente é um sacerdote. Ele não quer ser chamado "padre" porque, como diz, "faz que eu me sinta impotente. Faz que eu me sinta como se não tivesse bolas". Então lhe pedi que abençoasse cada uma das pessoas do grupo com a mão direita e segurasse os testículos com a esquerda. Conforme ele foi entrando em contato com sua potência, as bênçãos se tornaram mais e mais inspiradas e lindas; gradativamente, elas se tornaram mais sensíveis, reconhecendo as áreas carentes de cada pessoa. O sacerdote tornou-se vibrante, seu rosto ganhou cor. Suas bênçãos eram como explosões espirituais e observei que diante de sua aproximação vários integrantes choravam.

O que poderia parecer uma sugestão grosseira e vulgar se revelou uma experiência profundamente reveladora para aquele homem maravilhoso. Quando ele finalizou o experimento, instalou-se um longo silêncio no grupo. Então ele fixou os olhos amorosamente em todos nós e disse: "Acho que não vou me importar se vocês me chamarem de 'padre' de vez em quando".

Resistência: estabilidade x mudança

Todo movimento desperta resistência. Como a experiência é um fluxo constante, também enfrenta resistências internas. Experiencio a resistência interna como uma relutância para mudar minha maneira de fazer as coisas, de me comportar da maneira como faço cotidianamente. Sinto-me confortável com o que é constante em mim. Também me sinto confortável com meu fluxo, mas as mudanças precisam ocorrer numa cadência segura e claramente suave para mim, uma mudança que intensifique o eu experienciado.

"Resistência" é um termo que conota uma observação externa do estado relutante. Embora possam observar que resisto a algum comportamento, conceito ou atitude, minha experiência pessoal me diz que estou agindo para preservar, manter e promover minha integridade. E o que para você aparenta ser, com base na observação da superfície, uma relutância eventual em mudar pode ser, para mim, uma crise íntima, uma luta pela vida. Essa é a definição fenomenológica de "resistência", uma definição que salienta a validade da experiência pessoal, da vida interior.

Alguns comentários a respeito do "encanamento" podem ser proveitosos a partir deste ponto. O processo de ser e experienciar é constantemente matizado por necessidades e sua satisfação ou frustração. Na qualidade de um organismo complexo, mas ainda assim facilmente programável, posso aprender a bloquear a satisfação de minhas necessidades. Esse bloqueio pode ocorrer em qualquer nível do processo de ingestão e assimilação, inclusive em receptores sensoriais, glândulas e outros órgãos internos, músculos e várias outras funções de suporte vital, como a respiração. O bloqueio ocorre também no nível cortical, na forma de ruminações, obsessões e pensamentos estereotipados que se repetem infinitamente. É uma forma de fixação, algo que bloqueia o contínuo desenvolvimento do organismo.

Toda patologia pode ser compreendida como uma interrupção crônica e extensa do processo por meio do qual a pessoa se mobiliza rumo à satisfação de uma ampla gama de necessidades. A pessoa não é privada de sua integridade; sua integridade, ou processo experiencial, muda para acomodar essa situação, criando uma condição lindamente descrita por Kurt Goldstein.[11] O comportamento atrofiado tem características especiais, e o que para nós parece "doente" é um estado de acomodação aos bloqueios no outro. Se os músculos do meu pescoço endurecem, é natural que eu o posicione de um jeito que diminua a dor, bem como que o resto do corpo se acomode a esse ângulo. Caminho na rua com movimentos entrecortados, e quem me vê pensa que estou andando como um zumbi, mas eu sei que assim posso me sentir relativamente livre do incômodo.

Embora as pessoas sejam complexas, seus neurônios e outras células são nítidos, finitos. Como sou manipulável, condicionável e capaz de relativo armazenamento de informações, tenho tendência a reter uma estabilidade funcional – e, assim, perpetuo meu modo de funcionar.

Todos os processos humanos incluem forças polarizadas. Por exemplo, todos os movimentos fluidos envolvem uma sofisticada cooperação de grupos musculares antagônicos. Se não fosse assim, a pessoa se tornaria imóvel ou gelatinosa, incapaz de uma atividade altamente diferenciada. Uma das polaridades centrais da existência é a de estabilidade *versus* mudança, a necessidade de saber *versus* o medo do conhecimento. Gostando ou não, somos criaturas de hábitos, seres comportamentalmente repetitivos; e lutamos constantemente para melhorar nosso quinhão e modificar nosso futuro. Grande parte de nossa energia é gasta na tensão entre essas duas forças. E qualquer terapia que pretenda modificar comportamentos deve tratar essas polarizações como processos comportamentais prioritários. Assim, é razoável afirmar que, trabalhando com o aspecto cooperativo ou com o resistente, tendemos a nos mover em direção ao seu centro motivacional. Todas as partes e forças do indivíduo estão integralmente conectadas e cada um de seus aspectos nos leva a uma compreensão mais ampla da totalidade do ser.

* * * * *

---

[11] Goldstein, K. *The organism, a holistic approach to biology derived from pathological data in man*. Boston: Beacon Press, 1963.

Na minha forma de ver, o terapeuta criativo ama a natureza. Ele celebra tudo que existe à sua volta. Como um romancista sensível, aprecia e saboreia a voz rouca de alguém, sua fala estruturada, seu cabelo encaracolado que precisa ser lavado, seu jeito de se inclinar adiante quando fica empolgado.

Ele deveria contemplar o cliente, em vez de olhar fixamente para ele, isolando-o com o olhar. Com a admiração natural das crianças, ele pode contemplar a cadeira em que o cliente está sentado e os quadros na parede. Pode estender a mão e acariciar o grosso tapete verde que forra o chão. Tudo tem valor estético. Há algo de bom até mesmo nas coisas "feias".

A postura naturalista oferece liberdade à pessoa para perceber e apreciar as experiências de alguém sem avaliá-las nem julgá-las. Nesse contexto, o terapeuta experiencia os "sintomas" mencionados pelo cliente como a maneira pela qual este está tomando conta de si mesmo.

É preciso ter paciência. O terapeuta criativo pode valorizar o processo do experienciar contínuo, sem "apressar" o rio. Pode atentar a cada pequena e aparentemente insignificante unidade de experiência. É daí que brotam novos conceitos sobre o mundo e as perspectivas especiais com que o vemos.

Capítulo 3

A postura criativa

Que obra de arte é um homem, quão nobre em razão, quão infinito em faculdades, quão expressivo e admirável na ação, quão como um anjo em apreensão, quão como um deus: a beleza do mundo, paradigma entre os animais.[1]

Para mim, fazer terapia é como fazer arte. O meio para tanto é a vida humana. Admitindo ou não, o terapeuta eficaz molda vidas. Muito freqüentemente, o terapeuta não é honesto a respeito da poderosa influência que exerce sobre os outros nem se dispõe a assumir a responsabilidade por seus comportamentos.

Toda vida humana tem integridade. O ser humano já é uma obra de arte dinâmica quando convida outra pessoa, o terapeuta, a se envolver em sua integridade para afetá-la de maneira significativa. O terapeuta deve aprender a manter sua força e habilidade técnica, sem perder o respeito pela outra pessoa. Ele não pode se per-

---
[1] Shakespeare, William. *Hamlet*. [Tradução livre do R.T.]

mitir deslumbrar-se com o poder que tem sobre os outros, da mesma forma como não pode se dar ao luxo de abdicar desse poder. Trabalhar com vidas humanas é um privilégio a ser posto em prática com o conhecimento, o respeito e a humildade que lhe são devidos.

O terapeuta criativo proporciona o contexto, a atmosfera densa e rica em que a integridade do cliente pode alcançar uma realização mais completa. Como disse Maslow: "A criatividade auto-realizada 'propaga-se' como a radioatividade e atinge a vida como um todo... Propaga-se como a luz do sol; difunde-se por toda parte; faz algumas coisas crescerem (as que podem crescer) e é desperdiçada em rochas e outras coisas que não crescem".[2]

É devido à minha crença no impacto do terapeuta como uma presença na vida de outra pessoa, impacto que transcende todo e qualquer método utilizado, que quero compartilhar com você as minhas idéias a respeito das características do terapeuta criativo.

O TERAPEUTA COMO ARTISTA

Na redação deste capítulo, elaborei uma lista com as características do terapeuta criativo. Surgiram duas categorias superpostas: 1) a essência do terapeuta como pessoa – seus valores e atitudes; 2) suas capacidades, habilidades e técnicas.

Essências, valores e atitudes

Fui um refugiado a maior parte de minha juventude. Aprendi a jamais considerar levianamente as coisas à minha volta. Todos os momentos têm uma qualidade preciosa. Ao longo dos anos, aprendi a combinar essa percepção com uma atitude descontraída, capaz de fluir com a ação. A intenção é usufruir, perceber plenamente o que a vida oferece em cada momento, sem me apegar a nada.

Viver minha vida implica estar presente, aceitando o que estiver disponível e, ao mesmo tempo, deixando partir o que é passageiro; uma combinação de apego e desapego. Nesse sentido, viver plenamente é

---

[2] Maslow, Abraham. *Toward a psychology of being*. New Jersey: Van Nostrand, 1962.

um constante ensaio para abrir mão de nossa vida. Um dia teremos de renunciar a tudo que é precioso para nós. Trata-se de uma simples realidade existencial.

Os riscos de ter sido um refugiado são: desenvolver um poderoso apego às posses, de um lado, e, de outro, cultivar uma atitude de amontoar e devorar tudo que estiver por perto, sem assimilar nada – uma tendência de viver *para* o momento em vez de *no* momento. Se, em meio a um desastre natural, você se apega à sua casa e às suas posses, quando deveria dar o fora o mais rápido possível, acabará morrendo em pouquíssimo tempo. Nesta sociedade, temos essa tendência – não por conta de experiências traumáticas do passado, mas em virtude da necessidade de preencher um vazio espiritual em nosso íntimo.

Ansiamos por auto-realização e ascensão. Freqüentemente, resolvemos essa questão ocupando-nos com normas e valores de truques de publicidade, modismos, tendências passageiras e novos e ofuscantes itens de consumo. Ansiamos por uma conclusão rápida, por resultados imediatos: vinte minutos de meditação pela manhã e mais vinte à noite e estamos prontos. (Pode ser um exagero, mas essencialmente é verdadeiro.) Outros exemplos em psicoterapia são o Rolfing e o grito primal; esses dois métodos, embora úteis, podem ignorar a complexidade, a riqueza e o potencial da vida humana.

Inspirações repentinas se extinguem rapidamente quando não são articuladas em palavras, desenvolvidas e concretizadas. Tendemos a saltar esse difícil estágio de desenvolvimento da criação – estágio confuso, de trabalho duro e muito suor.

A vida criativa requer esforço árduo. Os resultados, os produtos do trabalho, podem ser ou não gratificantes. Mesmo quando não o são, a pessoa ainda tira proveito do processo em andamento. O processo em si é o prato principal do banquete da criação.

O terapeuta criativo tem uma rica história pessoal. Passou por muita coisa, não só em termos de desenvolvimento emocional e intelectual, mas também por se haver exposto a diversas experiências.

O terapeuta criativo comemora a vida. Celebra a essência, a beleza, a bondade, as capacidades e possibilidades futuras da outra pessoa.

Essa atitude permeia sua atenção e seu pleno envolvimento nos detalhes da experiência do outro – cada simples gesto contém possibilidades empolgantes.

O terapeuta criativo é compulsivo. Totalmente mergulhado no trabalho, não se distrai com coisas irrelevantes. Lembro de uma experiência pessoal como exemplo: enquanto trabalhava em minha tese de doutorado, fiquei absorto por meses. Olhava para as pessoas da minha família, mas não as via. Quando mencionei esse problema ao meu orientador, o professor Dwight Miles, ele disse: "Que bom. É difícil levar adiante um trabalho como esse, sem ficar obcecado com ele". Essa obsessão acontece não só em relação ao processo, como também à sua integridade estrutural, à sua excelência. Na entrevista que mencionei antes, Rubinstein se ouviu executando o *Liebestraum* de Liszt num concerto. Diante da pergunta de Barbara Walters sobre se ele havia gostado, Rubinstein respondeu: "Não muito. Tem graves demais... Quando realizo um concerto, é só um treino para o próximo".

O terapeuta experimental inventivo possui um tesouro imagético. Ele pensa: "O formato da vida interior deste homem é perfeitamente redondo, como um balão cor-de-rosa. Tem um espaço pequeno e raso. O látex está tão estendido que ficou fininho. Esse balão está embrulhado num conglomerado de histórias impacientemente entrelaçadas para dar a impressão de consistência". E continua falando com seus botões: "E aqui estou eu, sentindo-me mais um artífice, criando mais envoltórios para ele". As imagens são intensas e às vezes assustadoras, mas sempre contêm possibilidades: "Se eu confiar na imagem que faço desta pessoa, não vou tratá-la com um bisturi. Meus instrumentos mais afiados serão agulhas de tricô".

Pessoa esteticamente sensível, o terapeuta criativo percebe a elegância, a estrutura, a ordem e o ritmo da vida. Para ele, a elegância não é uma noção abstrata; ele a reconhece no movimento de seu corpo, no movimento dos juncos no prado que se estende perto de sua casa. Ele pressente o trabalho que vai ficando difícil ou desconjuntado, isso o incomoda e ele sente necessidade de melhorar alguma coisa.

O amor pelo lúdico é um aspecto essencial da vida criativa. A postura lúdica não é algo que se possa fazer surgir magicamente, não é algo que se possa fabricar para ver o que acontece. Em vez disso, é parte intrínseca da pessoa. Enquanto escrevo, por exemplo, estou brincando com várias maneiras de excluir praticamente cada uma das linhas que produzi até agora. As ondulantes linhazinhas excluídas são mais interessantes porque lembram o mar – posso navegar ou nadar nelas. Adoro brincar com meus amigos, com meus filhos e comigo mesmo. Gosto do lado brincalhão das pessoas. Na terapia, "brincar" significa transitar pelos limites extremos do literal, inventando contextos absurdos para situações que hipnotizam por sua pobreza. Brincar significa ganhar vida, experimentar o outro com vivacidade no olhar.

Outra característica de quem é inovador é a excitação perante os mistérios não revelados em si e no outro. Ele se empolga com as possibilidades desconhecidas sob a superfície da vida humana. Como um arqueólogo, ou Sherlock Holmes, ele sai em busca de pistas, indícios e acessos aos espaços inexplorados do outro. Como a criança que se mantém intacta diante dos preconceitos e valores dos mais velhos, o terapeuta criativo gosta de investigar até mesmo as situações mais óbvias. Nenhum ato ou aparência é menosprezado. Essa investigação envolve curiosidade sensorial, envolvimento e busca pela clareza das sensações.

O senso de humor é essencial a alguém que passa o dia ouvindo relatos de sofrimentos e dores. O humor é um amigo, um homenzinho sentado no meu ombro, rindo baixinho sempre que há uma oportunidade. Sábio bobo da corte, possibilita que eu ria e me desapegue de minha auto-importância. Começa com afirmações gerais sobre as contradições maiores da vida e termina com pequenas brincadeiras extravagantes. É uma maneira de sobrepor centenas de modelos contextuais à ação em curso, uma forma de transcender o óbvio.

Lembro-me de Michael, de 27 anos, aluno de psicologia clínica, entrando com uma tremenda cara emburrada – como que pela milésima vez (essa é sua 15ª sessão). Sua presença no consultório deixa o ar pesado. Sinto no peito e nos ombros essa lugubridade artificial.

"Michael", digo a ele vigorosamente, "tire a máscara e fique à vontade!"

"Gostaria de poder fazer isso", responde ele com voz arrastada.

"Bom, olha só", prossigo, "vamos trabalhar juntos essa máscara. Você massageia um lado do seu rosto e eu, o outro. Assim que conseguirmos aquecer a carne, vamos começar a fazer caretas". Depois trabalhamos com diversos movimentos faciais expressivos e com os efeitos que eles produziam em Michael.

Quando, na vigésima sessão, Michael entrou novamente no consultório com a cara amarrada, houve o seguinte diálogo entre nós:

> *Joseph*: Michael, não vire terapeuta. É bobagem. Você vai ter de ficar ouvindo todas aquelas pessoas que sofrem, todos aqueles masoquistas. Aí, vai ter de agüentar a tristeza e é uma dureza suportar tanta dor. Enche o saco.
>
> *Michael*: (Inexpressivo; sua face, a máscara de sempre) Que bom que você mencionou isso. Agora estou me sentindo realmente mal.
>
> *Joseph*: Oh, merda! Acabei de atender um fóbico e agora tenho de trabalhar com sua depressão. É demais para um dia só.
>
> *Michael*: (Fingindo não me escutar) Fico imaginando o que a depressão faz por mim.
>
> *Joseph*: Michael, tive uma idéia. (Estamos andando para a frente e para trás na sala) Você me conta uma coisa que sua depressão faz e eu rebato com algo que minha depressão faz.
>
> *Michael*: Minha depressão me faz sentir que cuido de mim.
>
> *Joseph*: Minha depressão me faz sentir que me acaricio.
>
> *Michael*: Minha depressão me faz sentir que alguém está me masturbando. Consigo que todos me cerquem e me agradem, brinquem comigo e prestem atenção em mim.
>
> *Joseph*: Minha depressão me faz sentir doce e sentimental.
>
> *Michael*: Minha depressão me faz sentir como um menininho que precisa ser cuidado.
>
> *Joseph*: Minha depressão me dá licença para me retirar e ter privacidade, para me embalar e escrever poemas tristes, ouvin-

do a música russa mais melancólica possível. Posso me sentir como Romeu e Julieta.

Michael: Minha depressão me faz sentir que posso esquecer de mim. Posso andar curvado para a frente. E posso exagerar minha feição inexpressiva – fazer cara de velho no inverno.

Joseph: Minha depressão é como uma canção. Como uma triste canção de amor. (Começo a cantar, em homenagem a nossas depressões) *Ah, como é bom estar triste, ser especial. Todas as pessoas nas ruas, andando com seu rosto sorridente, com uma sensação de que sua vida tem sentido, gente capaz de fazer seu trabalho. Mas eu e você somos especiais porque somos tristes e deprimidos.* (Michael começa a cantar junto comigo)

Michael: Por que você faz isso comigo? Não estou mais me sentindo deprimido. Por que você insiste em injetar diversão na minha tristeza?

Joseph: Olha aqui, se eu perceber sua tristeza, se eu ouvir mais uma coisa que seja triste, vou ter uma tremenda dor de cabeça. E se eu ficar com dor de cabeça vou ficar pesado. E se eu ficar pesado vou ficar muito deprimido e *então*, seu grande safado, você vai se sentir melhor e sair desta sala com um sorrisinho na cara, sentindo-se perfeitamente em ordem. E aí serei eu a ficar empacado com *sua* depressão. Eu me recuso a carregar sua tristeza por você.

(Continuamos falando e nos sentindo mais próximos um do outro)

Michael: Sabe de uma coisa? Quando cantamos aquela música, parecia Gilbert e Sullivan – foi como uma opereta.

Joseph: *Coitado do Michael, coitado do Michael, ele está triste mesmo. Oh Michael, oh Michael, ele realmente está triste. Ele não consegue fazer isto, não consegue fazer aquilo. Não consegue se mexer. É lento demais. Nem consegue fazer amor porque é muito, muito triste, triste demais.*

(Para minha grande surpresa, Michael começa a cantar também, fazendo o contraponto)

Michael: Sou triste, sou triste, sou muito, muito triste. Sim, sou muito, muito especial porque sou muito, muito triste.

(A letra não é especialmente criativa, mas cantada a duas vozes produz grande efeito. Enquanto isso, nós dois começamos a nos sentir felizes juntos; estamos realmente nos divertindo.)

Michael: (Rindo) Olha só, não estou mais me sentindo deprimido e agora estou me achando bobo. Estou me sentindo burro. Não sei o que dizer.

Joseph: Você não precisa parecer sabido. Por que não ser um bobão? Seja burro.

(A opereta muda para um novo devaneio)

Juntos: Oh, como somos burros, como somos burros. Somos homens muito burros...

Mais tarde, conversamos sobre a importância de ser burro às vezes: o que Michael perde sendo obtuso e o que ganha. No final da sessão, ele se sente exultante. A máscara sumiu e seus olhos azuis estão cheios de vida. Ele fica em pé e ensaia o gesto de me dar um soco no estômago.

Michael: Seu grande safado. (Em vez de um soco, ele me dá um grande abraço)

Joseph: Você vai voltar na semana que vem? Espero que sim, porque não gostaria de perder a chance de te provocar.

Michael: Estarei aqui. (Ele ri)

Michael procurou-me porque estava preso a determinada perspectiva que não lhe era mais útil e o imobilizava. Muitas vezes, o terapeuta fica igualmente preso no mesmo papel sério de quem balança a cabeça concordando, ou repreendendo, mas em silêncio está achando aquilo tudo muito chato. Ele aceita a experiência da outra pessoa dentro de

Figura 4 *A situação psicoterápica é um laboratório, uma oportunidade que a pessoa tem de se olhar em vários espelhos.*

uma perspectiva única e rasa, a perspectiva literal. Não se permite criar outras imagens, outros panos de fundo, para considerar um trecho específico do comportamento ou da preocupação do cliente.

A situação psicoterápica é um laboratório, uma oportunidade que a pessoa tem de se olhar em vários espelhos. O humor nos permite virar o mundo de cabeça para baixo, tornando estranho o que é familiar. Ele deu a Michael a oportunidade de se ver de cima, para então levar em conta não só seu dilema existencial particular, como também o dilema, a natureza e a complexidade da raça humana. Michael pôde enxergar sua própria depressão com base em uma perspectiva mais ampla.

Em geral, o terapeuta presume que a outra pessoa quer que ele a livre de seus sintomas. É muito limitador enxergar esse trabalho como um removedor de sintomas. No trabalho com Michael, presumi que sua tristeza era uma forma de apoio, um estilo de ser no mundo, de enfrentar um conjunto particular de problemas. Ao se posicionar dentro de uma tristeza válida e chegar ao extremo de celebrá-la, Michael foi capaz de aceitar sua experiência e me enxergar como um companheiro de viagem.

Há uma lista enorme de atributos do terapeuta imaginativo, relativos a como ele pensa e em que acredita. São eles que determinam as técnicas e os métodos que o atraem.

O terapeuta criativo consegue se envolver de forma desapegada nas experiências de outra pessoa. Ele é capaz de ser solidário, de assimilar e acompanhar as vivências de alguém sem abrir mão de suas reminiscências e idéias independentes. O terapeuta é útil para o cliente por essa capacidade de se ligar e ser receptivo ao mesmo tempo em que se mantém desapegado e atento ao seu próprio processo interior.

O maior inimigo do terapeuta aparece quando ele se identifica profundamente com o cliente e se mistura na pele psicológica deste. Se isso acontece, as fronteiras psicológicas – que chamamos de fronteiras de contato – começam a se fundir, num estado que se chama confluência: a perda da diferenciação entre as duas pessoas. O resultado característico dessa confluência é os dois não poderem mais discordar nem atritar entre si. O conflito criativo, ou simplesmente o bom contato, é sacrificado em nome de interações rotineiras vazias, estáticas e seguras.

Uma vez que o terapeuta deixa de ter uma percepção independente do cliente, está perdido. Não se posiciona mais como um consultor visionário independente. Freud falou sobre a capacidade do analista de flutuar sobre o conteúdo da outra pessoa a fim de fazer associações livremente e contatar seus próprios processos mais profundos. Essas associações costumam produzir momentos originais e brilhantes de compreensão do processo em andamento.

Uma atitude, ou postura, que valorizo muito em meu trabalho é o prazer de antecipar uma solução ou *insight*. Sinto-me otimista a respeito do êxito do desfecho. Antecipo grandes coisas e há momentos em que essa antecipação otimista é muito clara. E, em geral, quanto mais clara é a antecipação prazerosa do processo, mais previsível é o resultado bem-sucedido. É como se eu estivesse respondendo a um processo inconsciente que capta pistas do resultado antecipado. No livro *Synectics*, William Gordon denomina esse fenômeno de "reação hedonista" e oferece diversos exemplos de *insights* criativos famosos que foram precedidos por esse sentimento de otimismo e prazer. Por exemplo, um amigo íntimo de Franz Kafka descreveu-o como "constantemente deslumbrado".[3]

---

[3] Gordon, William. *Synectics, the development of creative capacity*. Nova York: Harper, 1961.

O amor pelo processo está intimamente relacionado ao prazer do sucesso antecipado. Às vezes, o processo assume uma espécie de autonomia funcional. O artista/terapeuta se experiencia como mera testemunha do movimento de seu trabalho. Brewster Ghiselin cita Carl Jung: "O trabalho em andamento se torna o destino do poeta e determina seu desenvolvimento psíquico. Não foi Goethe quem criou o *Fausto*, mas o *Fausto* que criou Goethe".[4]

Apesar da antecipação, não apresso um resultado desejado ou pré-fabricado de uma sessão terapêutica. Estou disposto a permanecer com a situação, por mais difícil que seja, empreendendo sua detalhada exploração o mais abertamente possível a fim de abranger uma ampla variedade de fatores. Normalmente, essa exploração não me frustra nem confunde. Continuo capaz de manter a direção temática durante a sessão de terapia. Essa capacidade de acompanhar o desenvolvimento e o tema da sessão é chamada de "rastreamento" [*tracking*]. O terapeuta funciona como um radar complexo, capaz de juntar o material, perceber sua direção e seguir seu movimento até que o cliente possa se surpreender com a experiência de um *insight*.

O terapeuta criativo tem uma qualidade importante: a capacidade de se deslumbrar. Esse deslumbramento lhe possibilita ser surpreendido por um aspecto especial que experiencia na outra pessoa. É aquele "Uau!" a respeito de algum detalhe aparentemente sem importância no modo como o cliente vê o mundo. É a capacidade de participar com prazer de uma experiência especial de outra pessoa.

O terapeuta criativo é alguém que corre riscos. Ele está sempre disposto a partir para um experimento, a tentar uma forma de olhar, a ensaiar algum comportamento arriscado ou até perigoso. Ele conta com bastante habilidade e compreensão antecipatória de que, se o trabalho gorar, seu *timing* será preciso o suficiente para salvar a situação.

A pessoa criativa é repleta de características que, em princípio, pareceriam contraditórias entre si. Por exemplo, embora possa se envolver confortavelmente com processos complexos e detalhes obscuros, ela também busca e tem atração pela ordem e a elegância:

---

[4] Ghiselin, B. *The creative process, a symposium*. Berkeley: University of California Press, 1952.

A moderna motivação estética, quando confrontada com duas noções de igual valor instrumental, brota da reverência pitagórica pela forma, pelos números inteiros simples, pela intoxicação pitagórica com a música das esferas. Deriva dessa noção de "economia" o conceito de prazer na elegância das soluções para tais problemas.[5]

Todas as formas artísticas em que consigo pensar combinam o amor pelos detalhes com o desenvolvimento de temas fortes, quase monolíticos; uma explosão modulada de paixões, domada pela integridade estrutural disciplinada. Mozart e Bach são maravilhosos exemplos desse fenômeno. A psicoterapia criativa não é exceção.

Capacidades, habilidades e técnicas

O terapeuta criativo é experimental. Sua atitude inclui o uso de si, do cliente e dos objetos do ambiente a serviço da invenção de novas visões das pessoas. Um homem começa falando sobre o recente falecimento do pai. Sua voz está suavemente envolta em tristeza. O corpo parece tenso, como se ele se protegesse de um golpe. Todas as características do luto estão traduzidas em sua fala e suavidade, bem como na raiva imobilizada em seus braços. Após cinco minutos de compartilhamento, formulo quatro movimentos para nossa sessão terapêutica. Essa formulação lampejou dentro de mim em sua totalidade, sua linguagem se identificando claramente com meu cliente:

1. A morte de meu pai: o choque e a desorientação; nossa vida juntos antes de sua doença.
2. Minha raiva dele: era um homem ocupado, ou indiferente, ou não entendia o quanto eu me sentia sozinho; minha raiva dele por me deixar agora que eu estava pronto para me aproximar.
3. Transpondo a raiva, há a tristeza, o luto propriamente dito – pobre de mim, perdi meu pai; a experiência da ternura e do perdão.

---

[5] Gordon, William. *Synectics, the development of creative capacity*. Nova York: Harper, 1961, p. 153.

4. O último adeus e o funeral: a sensação de auto-afirmação e consistência interior – agora, sou meu próprio pai.

O súbito *insight* dos quatro movimentos me ocorreu junto com um sentimento prazeroso, sustentado em minha enorme energia.

A literatura sobre o processo criativo está repleta de exemplos de *insights* súbitos e automáticos de artistas e inventores.[6] Sugere-se que o *insight* tem qualidades mágicas, um milagre enviado pelos deuses. O que não se costuma mencionar é o fato de que o inventor passou meses ou anos trabalhando nesse material, que se deixou obcecar por ele e que tinha seus ingredientes latentes no cérebro.

É a mesma coisa neste caso. Durante anos, convivi com o processo do luto e com experiências de perda em geral. Venho investigando os estágios que as pessoas atravessam quando seus entes queridos morrem. Tenho trabalhado com muitos clientes que enfrentam essas situações difíceis. Então, esse homem em particular vem com sua historia. Meu repentino "lampejo" não é milagre nenhum, embora tenha parecido assim naquele momento. A informação latente estava esperando para ser usada. Foi se acumulando e "processando" inconscientemente e, agora, sai de seu esconderijo, apontando para esse evento. Esse processo é ilustrado nas figuras 5 e 6.

O que para um novato parece mágica é, na verdade, um conjunto de habilidades altamente desenvolvidas e cuidadosamente exercitadas pelo artista. É a qualidade súbita da formulação, assim como um senso de urgência e "acerto", que dotam o *insight* de dramaticidade.

Não sobrecarrego o cliente com todos os detalhes do *insight*. De alguma forma, há um contrato silencioso de que ele está em boas mãos, de que o processo será elegante, bom, emocionante e intenso. Sei que vamos falar muito pouco sobre os vários eventos concomitantes à morte do pai. O cliente será encorajado a encenar cada estágio do processo no campo urgente e imediato do "aqui e agora", por exemplo: "Pai, acho que você não está respirando... vou chamar a enfermeira. Pai? Não posso acreditar que você se foi... parece tão irreal".

---

[6] Ghiselin, B. *The creative process, a symposium*. Berkeley: University of California Press, 1952.

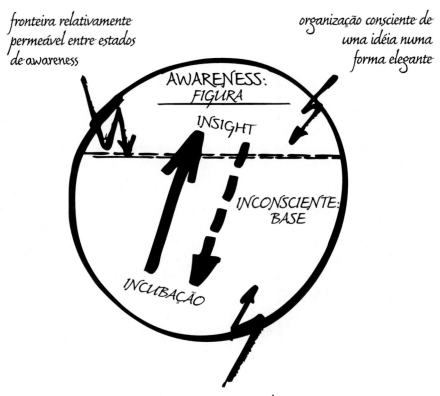

FIGURA 5 *O desenvolvimento de um* insight.

O plano-mestre não é rígido, assim como não o são as transformações entre os estágios. Os "movimentos" podem, de fato, ser modificados a fim de se ajustarem às mudanças processuais que tenham energia e sentido para o cliente. Não faço interpretações sobre o que seus atos querem dizer. Confio no processo natural de aprendizagem que ocorre com ele enquanto trabalha. Não fico espremendo o cliente para arrancar dele significados prematuros. Tudo tem seu tempo, seu lugar certo.

FIGURA 6 *O nascimento de um* insight.

Conforme vamos trabalhando juntos, visualizo todos os passos instrumentais para cada movimento. A qualidade narrativa do primeiro movimento é seguida por uma voz irada, ou por socos nos almofadões, ou por uma cena em que ele sacode o pai pelos ombros e lhe diz poucas e boas. Cada um desses atos é claramente revelador para o cliente. Ele se surpreende com a sabedoria de suas manifestações.

Estou ali com meu cliente enquanto ele esbraveja com o pai e soca os almofadões. Observo quando o movimento de suas mãos muda de cadência. Ele desacelera. Os punhos cerrados se abrem. Os olhos ficam marejados. Nesse momento sei que estamos entrando no terceiro estágio, rumo ao núcleo da tristeza. As mãos espalmadas começam a acariciar delicadamente o almofadão e um choro sentido sobe do fundo de seu peito: "Eu te amo, pai... Vou sentir tanto sua falta".

No momento certo, inventamos um ritual para o enterro, com movimentos de abrir uma cova na terra dura, enquanto entoamos nossas preces. Não importa que isso já tenha sido feito. Dessa vez, pode ser mais completo, mais profundamente pleno que antes. Meu cliente e eu choramos juntos quando ele dá seu derradeiro adeus ao pai.

Considero o último estágio do trabalho como a ressurreição do cliente, a celebração de sua identidade e substância interior. Visualizo uma geração deixando seu legado para a seguinte. Como concretizamos essa noção de auto-afirmação? Peço-lhe que pense em assumir o papel de seu próprio pai.

"Sim", ele diz, "sou um homem adulto, tenho minha própria família; está na hora de ser um homem para mim mesmo".

Eu digo: "Comece com as palavras que você acaba de dizer e continue, descrevendo-se de uma maneira que enumere o quanto você é consistente, sólido, que pessoa amorosa você é".

Meu amigo parece despertar de seu torpor e começa a falar de seus aspectos elogiosos, de sua bondade como ser humano e como homem: "Pai", diz ele para uma cadeira vazia, "não prometo não cometer erros – todo mundo erra. Você cometeu os seus. Pai, agora que posso caminhar com minhas próprias pernas, posso perdoar você e te amar".

Por enquanto, o drama está encerrado. Tento deixar tempo suficiente para "interrogar" o cliente. Quero saber, principalmente, o que está sentindo e de que aprendizagens está consciente. Não presumo que já saiba, no momento, tudo que aprendeu, mas insisto para que fale claramente sobre aquilo que percebe. Também exponho o que está na minha *awareness*.

Para ser inovador, o terapeuta criativo precisa entrar em contato com os elementos fundamentais concretos das afirmações abstratas do cliente. Ele consegue separar as palavras das experiências, ouvir o que é dito e visualizar o evento. Ao enxergar as experiências na frente das palavras, o terapeuta pode criar eventos dramáticos que transformam a vida do cliente bem diante de seus olhos. O drama do luto descrito anteriormente ilustra bem esse ponto. Sentimentos como a raiva, a ternura ou o perdão, que antes eram somente sensações indistintas, passam por uma situação concreta na qual se vêem expostos e plenamente focalizados. O que se ajusta ao cliente é salientado, o que não se ajusta desaparece da ação.

Existe toda uma categoria de *awareness* e sensibilidade na linguagem – na maneira como a pessoa usa analogias e metáforas para se descrever –, que é uma habilidade valiosa para o terapeuta criativo. Essa espécie de sensibilidade lingüística decorre do contato próximo que a pessoa trava com o universo da poesia em si. O Gestalt-terapeuta usa as metáforas do cliente como veículo para uma análise detalhada dos elementos fundamentais de sua experiência. Se eu digo: "Eu me apeguei à idéia de andar de barco com a família, quando os outros resistiam", meu terapeuta pode me levar a focalizar o termo "apegado" e me fazer investigá-lo num sentido mais concreto, de me apegar a uma coisa, a ele (terapeuta), à minha família. Pode, inclusive, oferecer-se para que eu me apegue fisicamente a ele.

Aceito esse oferecimento e me agarro a ele, colocando os braços em volta de seu peito. Sinto-me seguro e confortável. Enquanto estou ali, surpreendo-me de repente com um novo sentimento: o incômodo de alguém pendurado em mim, como se meu terapeuta estivesse se agarrando a mim. Quando ele pergunta onde mais isso serve, digo que devo estar fazendo a mesma confusão entre "quem está pendurado em quem" também com relação à minha família. Fico pasmo ao constatar que, por trás da antiga queixa de que eles se apóiam em mim, na realidade sou eu quem se apóia neles. Essa revelação descortina um novo panorama, envolvendo os intrincados e conspiradores elementos da dinâmica da família.

O pessoal da cinética se refere a esse processo como tornar estranho o que é familiar e familiar o que é estranho. Quando aprendo a olhar para mim mesmo como uma pessoa apegada, além do uso pontual que faço dessa palavra com respeito a uma situação em particular, torno estranho o que é familiar, no sentido de me ver de modo incomum. Depois de explorar o uso especial dessa metáfora com respeito a outras partes da vida, posso tornar o estranho novamente familiar.

William Gordon formalizou esse processo e identificou quatro mecanismos para tornar estranho o familiar, cada um deles de natureza metafórica: a analogia pessoal, a analogia direta, a analogia simbólica e a analogia fantasiosa.[7] Na *analogia pessoal*, o indivíduo tenta se identificar com o conceito. Se o conceito é molécula ("Sinto-me uma molécula neste vasto universo"), o cliente pode ser convidado a se imaginar uma molécula: "Estou flutuando no espaço, colidindo com as moléculas vizinhas". A *analogia direta* é "a comparação propriamente dita de fatos, tecnologias ou conhecimentos paralelos".[8] Com respeito ao "apego", pode-se pensar nas propriedades de tudo que se agarra a algo.

Na *analogia simbólica*, a pessoa tem a oportunidade de usar imagens impessoais para descrever uma idéia. O apego pode ser entendido como apego a uma doutrina, a um sistema político ou estelar, como a Via Láctea. Na Gestalt-terapia, a analogia pode ser desenvolvida mais um pouco, pedindo-se à pessoa que personalize e represente uma imagem especialmente mobilizadora, decorrente desse processo. A *analogia fantasiosa* é a que se aplica mais diretamente ao nosso trabalho, e estamos bastante acostumados a ela. Pedimos que a pessoa seja isto ou aquilo em sua fantasia e ela então narra o evento imaginado. Em geral, se o evento fantasiado parece poder ajudar a pessoa a chegar a um *insight*, pode-se sugerir que ela encene cada trecho de sua fantasia.

Ao traçar essas analogias com a noção de "apego", a analogia pessoal poderia consistir em "impedir o uso dos braços e pernas". Uma analogia direta poderia ser "agarrar-se a, agarrar-se à vida, uma criança agarrada à mãe... certas coisas grudam em outras naturalmente, como cola, tinta, fita adesiva, alcatrão". Um pedido para uma analogia simbólica poderia evocar o "apegar-se... abrir mão da própria liberdade, ade-

---

[7] Gordon, William. *Synectics, the development of creative capacity.* Nova York: Harper, 1961.
[8] Idem, p. 42.

rir a um princípio, ser amarrado a uma bola com corrente, viver num regime totalitário, o relacionamento entre prisioneiro e carcereiro, não ter limites definidos". Numa analogia fantasiosa de "apego", "a imagem mais forte que me vem é a de estar nadando enquanto alguém se afoga. Essa pessoa está em pânico. No esforço desesperado de se salvar, agarra-se no meu pescoço. Sei que vamos afundar se ela não afrouxar um pouco as mãos".

O Gestalt-terapeuta pode ampliar essa técnica para atender a propósitos definidos. Por exemplo, ele pode me convidar a representar a analogia fantasiosa no papel de quem salva e também no de quem se afoga. A analogia da "cola" – "há cola entre nós" – pode ser usada para explorar o relacionamento do cliente com sua família. Assim que ouve essa afirmação e imediatamente antes da intervenção verbal ("Vamos supor que você é a cola da família. Como você se sentiria e se comportaria como essa cola?"), o terapeuta se deixa levar por "pensamentos flutuantes": a cola preenche, serve de barreira, age como isolante; a cola pode significar amor, devoção, interesse, lealdade; talvez a cola seja algo artificial que os mantém unidos; será que ele acha que se comporta como um elemento de ligação entre os membros da família? O último palpite do terapeuta é o que mais o atrai. Assim, ele o transforma em hipótese e fala com seus botões: "Vou testar essa idéia, pedindo a ele que seja uma cola e vendo o que acontece". Todos esses pensamentos flutuantes se desenrolam com relativa rapidez. O processo de escolher a intervenção "certa" é ilustrado na figura 7.

A atenção também contribui com o processo criativo.[9] Brewster Ghiselin diz que também é necessário "ser capaz de olhar dentro dos nichos onde a ação ainda não está organizada e sentir a importância do que está acontecendo nos bastidores. Pode não ser muita coisa. O artista jovem provavelmente pensará que não é nada e continuará imitando. Entretanto, é ali, atrás da cena, que o novo pode ser preparado. Por mais escassa, sem graça, desordenada e fragmentada, a ação que se desenrola nos bastidores merece toda a atenção".[10]

---

[9] Idem.

[10] Ghiselin, B. *The creative process, a symposium*. Berkeley: University of California Press, 1952.

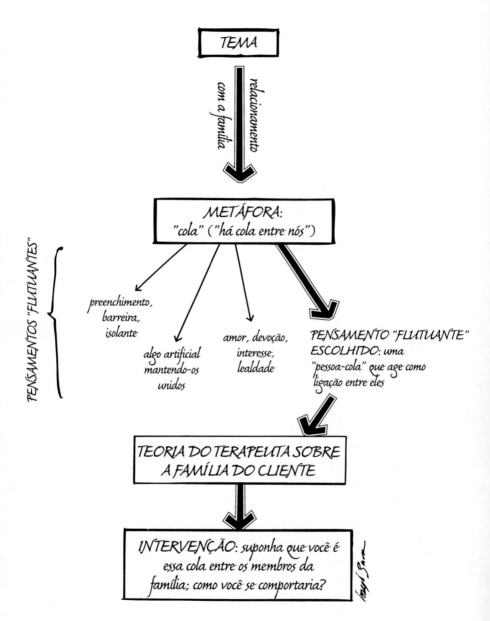

FIGURA 7   Uso da analogia direta pelo terapeuta, a "cola" e a formação de uma intervenção.

No esforço de garantir um tema claro no trabalho com o cliente, o terapeuta novato costuma ignorar os comentários "irrelevantes" que ouve, entendendo-os como "resistência". Evidentemente, deve-se usar a ação irrelevante de forma seletiva, em vez de como um recurso para se distrair com bobagens irrelevantes. O terapeuta astuto tem o palpite de que alguns dados específicos renderão resultados interessantes. Quando distrações aparentemente proveitosas são entremeadas ao tema, podem enriquecer seus significados. Digamos que um cliente está falando sobre sua mãe e que, no desenrolar da conversa, menciona como fazia calor – apenas a curiosidade natural já seria suficiente para levar o terapeuta a prestar atenção nesse comentário. Com instrução adequada do terapeuta, o cliente pode chegar a um comentário como: "Minha mãe está doente... e faz calor. Minha mãe tem me feito exigências descabidas... e faz calor. Minha mãe gosta de me beijar e abraçar o tempo todo... e o ar está sufocante..."

Outras características relacionadas com o trabalho do terapeuta criativo são:

- boa noção de *timing* (ritmo);
- capacidade de detectar onde a pessoa pode ser alcançada, energizada, mobilizada emocionalmente;
- conhecimento de onde estão os "botões" psicológicos e de quando apertar cada um;
- capacidade para mudar de marcha, para deixar de lado algumas coisas e passar a outras áreas que tenham mais vivacidade;
- disponibilidade para instigar, desafiar, persuadir e energizar a pessoa para que realize o trabalho;
- sabedoria para reconhecer quando deixar que a pessoa continue confusa, a fim de que aprenda como sair disso e alcance sua própria clareza.

É difícil ilustrar essas características. O ideal seria que tivéssemos um vídeo para mostrar cada um dos aspectos mais sutis da noção de oportunidade, de modo que o espectador pudesse ver as transições entre os eventos e como estes são influenciados pelo terapeuta.

Voltemos ao homem que está de luto pela morte do pai. Sua energia está no relacionamento com o pai e em seus aspectos inacabados. Qualquer trabalho que comece nessa direção encontrará enorme receptividade. Volto-me para as energias específicas paralisadas em seu corpo, salientando a rigidez dos braços e o que estes precisam demonstrar, antes que o conteúdo dramático esteja encerrado. Sei que levá-lo a alguma ação expressiva envolvendo mãos e braços trará resultados, não só por causa de sua aparência dura, mas porque minhas experiências passadas me dizem que pais mortos tendem a deixar um rastro de filhos com raiva. Os "botões", nesse homem, estão onde quer que eu consiga me inserir em seu processo pessoal de luto.

Quanto ao senso de *timing*, quero retomar um momento dessa sessão: "Estou ali com meu cliente enquanto ele esbraveja com o pai e soca os almofadões. Observo quando o movimento de suas mãos muda de cadência. Ele desacelera. Os punhos cerrados se abrem. Os olhos ficam marejados. Nesse momento sei que estamos entrando no terceiro estágio, rumo ao núcleo da tristeza. As mãos espalmadas começam a acariciar delicadamente o almofadão e um choro sentido sobe do fundo de seu peito". Com base em experiências anteriores, sei que não conseguimos amar completamente se guardamos raiva da pessoa; a raiva precisa ser expressa. Nesse ponto, o cliente passa naturalmente a um estágio de suavidade e ternura pelo ente querido.

O ritmo da ambivalência precisa ser cultivado na situação terapêutica. Conhecendo essa dinâmica básica e mantendo meus olhos abertos, assisto à transformação da raiva em ternura. Resta-me apenas reconhecer o processo, acompanhá-lo e reforçá-lo. "Coloque em palavras o que suas mãos estão dizendo para a almofada", sussurro no momento em que elas começam a se movimentar com suavidade sobre o almofadão. "Eu te amo, pai... vou sentir tanto sua falta", ele diz.

Quanto a mudar de marcha, devemos ter em mente que os seres humanos são mecanismos ardilosos e muito complexos – essa metáfora, no entanto, deve ser considerada com certa moderação. No incidente acima, o paciente mudou sozinho de marcha, passando espontaneamente da raiva para a ternura. Em condições ideais, criamos a cena de tal maneira que o próprio clima induza a pessoa a efetuar a transição, conforme seu ritmo natural e sua sensação do que está certo.

Mais tarde, nessa mesma sessão, sou mais diretivo em meus pedidos e sugestões. Assim que o cliente terminou de "enterrar" o pai, incentivo-o a passar ao estágio da auto-afirmação, sustentando-se em suas próprias palavras. Posso ver que ele terminou de enterrar o pai e que sua energia para essa tarefa está encerrada. Se alguma outra coisa deve ser feita dentro de nossos limites de tempo, tem de ser agora. Meu senso estético também entra em ação: minha fantasia de que uma morte, para ser significativa, deve de alguma forma terminar com uma experiência de celebração, de ascensão. E que pessoa consegue resistir a uma celebração de si mesma?

Nem todas as sessões têm uma direção pura, nem todas são repletas de energia e dramaticidade. Quando um tema se estabelece com clareza, é fácil "empurrar" o cliente nessa direção. Mas até mesmo esse empurrão deve ter integridade estética. Há uma diferença entre empurrar e coagir, entre encorajar e intimidar, entre menosprezar e desafiar. O arrombador profissional não vai com um pé-de-cabra para o trabalho. Ele leva ouvidos afinadíssimos e dedos sensíveis. Somente no momento certo é que tenta abrir a porta do cofre. Mas essa analogia do arrombador não serve num aspecto muito importante: não transmite o amor do terapeuta pelo cliente – embora eu desconfie que, se você perguntar, o ladrão profissional vai dizer que adora o que faz.

Em suma, o terapeuta criativo é capaz de integrar dois modos de consciência, dois modos de estar no mundo:

Tomar posse de	e	manter-se relaxado
Ser ativo	e	viver numa condição passiva, receptiva, maravilhada
Analisar detalhes	e	enxergar o todo, a *Gestalt*
Estar no controle	e	fluir com o processo
Ter certeza	e	permitir-se sentir confusão
Ser sério	e	brincar, ter senso de humor
Ser curioso	e	deixar-se flutuar na mesmice

Ter vontades seqüenciais   e   enxergar o todo simultaneamente
Denominar as coisas   e   experienciar imagens espaciais
Ser intelectual   e   ouvir as intuições

Robert Ornstein e outros pesquisadores da fisiologia descobriram que o primeiro modo (coluna à esquerda) está associado com o hemisfério cerebral esquerdo e o segundo, com o hemisfério direito.[11] Em-

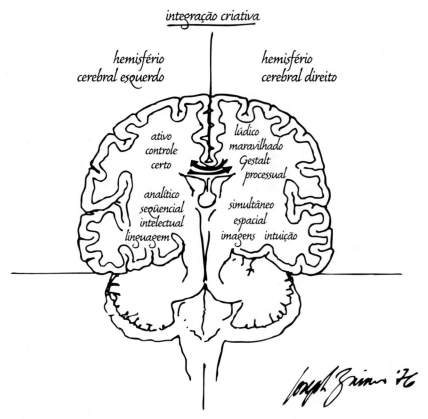

FIGURA 8   *A integração criativa e os hemisférios cerebrais*

---

[11] Ornstein, Robert E. *The psychology of consciousness*. São Francisco: W. H. Freeman, 1972.

bora sempre utilizemos nosso cérebro inteiro, a pessoa criativa parece ter talento especial para mergulhar nesse hemisfério direito intuitivo e repleto de imagens, coordenando e iluminando suas experiências com o hemisfério esquerdo (figura 8).

Enquanto concluía este capítulo, fiz uma curta viagem até Martha's Vineyard. A caminho de casa, sentado na barulhenta parte de trás da balsa, rabisquei num papel algumas imagens sobre o terapeuta criativo:

> Não mais homem ou mulher
> >Um sábio
>
> Um pai – não, mais um avô,
> >sem aflições –
>
> Uma presença de plenitude
>
> O oceano silencioso e sedoso do alto verão
>
> Uma criança de olhos faiscantes
> >assistindo a tudo pela primeira vez
>
> Colocando precisão no que vê –
> >uma generosidade pontuando significados –
>
> Um professor, avivando as chamas de vidas sem vida
>
> Um curador, enxergando o corpo brotando de si mesmo
>
> Um sacerdote, tocando rostos com mãos de bênção,
>
> Um criador de casos, moldando vidas com amorosa
> >simplicidade
>
> Um artesão despretensioso, moldando
> >energicamente a matéria
>
> Um artista exausto de mentir para si,
> >avesso a pagar com generosas
> >fatias de mediocridade,
> >preferindo a raridade do
> >>brilho pontiagudo.

BLOQUEIOS À CRIATIVIDADE

Quero discutir agora os bloqueios do terapeuta em sua atitude como pessoa criativa. Ele fica imobilizado de duas maneiras. Em primeiro lugar, sua postura profissional e sua orientação teórica formalizam o trabalho e enrijecem a abordagem. Seus predecessores ensinaram-no a ser formal, digno e fixo na abordagem aos clientes, ajudando-os a se "ajustar à realidade". Em segundo lugar, como muitas outras pessoas, ele fica imobilizado por alguns equívocos relativos à criatividade. Se seu treinamento anterior tiver sido científico ou orientado para pesquisas, ele se vê diante da noção maluca de que ciência e arte não se misturam: os cientistas são disciplinados e obtusos; os artistas, receptivos e desleixados. Se o terapeuta não se sentir paralisado pela dicotomia ciência *versus* arte, pode ainda se sentir intimidado pela noção de que a "criatividade" é um talento muito especial que pertence apenas àqueles que foram agraciados com esse dom.

Quando fazemos realmente um esforço para nos comportar "criativamente" no trabalho, deparamos com uma enorme resistência interior. Ed e Sonia Nevis, colegas do Instituto de Gestalt de Cleveland, elaboraram um programa para diagnosticar e trabalhar os bloqueios à criatividade:

> Os bloqueios selecionados para esse programa passaram por um processo de idas e vindas de revisão da literatura sobre o tema, sintetizando nossa metodologia e os exercícios que lidam com os pontos focais do aprendizado. Desse acervo, finalmente emergiram catorze bloqueios. Não defendemos uma independência entre esses bloqueios; na realidade, admitimos de imediato seu inter-relacionamento. Tampouco afirmamos que esses são os únicos bloqueios à criatividade. No entanto, todos são endossados por outros trabalhos realizados nas áreas de comportamento criativo, solução de problemas e personalidade. Além disso, eles fazem sentido como alças práticas em

que as pessoas podem se apoiar para trabalhar com seu próprio comportamento e analisá-lo.[12]

Os itens a seguir tratam de cada um dos bloqueios à criatividade e apresentam resumidamente sua essência. Acrescentei alguns comentários a respeito de sua aplicabilidade para terapeutas.

1. *Medo do fracasso*: "Recuar; não correr riscos; nivelar-se pelo mínimo para evitar a dor ou a vergonha de falhar".
   O terapeuta adota uma postura segura. Pode ficar se desculpando em suas interações, mostra-se hesitante e costuma manter conversas confluentes com os pacientes. Em geral, é visto como alguém que dá apoio, mas não desafia nem energiza.
2. *Relutância a brincar*: "Estilo literal e excessivamente sério de solução de problemas. Não 'brinca' com o material. Teme parecer bobo ou infantil se experimentar algo incomum".
   Temos aqui o terapeuta grave, sério, para quem é difícil experienciar o humor em seu trabalho e experimentar novos modos de sentir o cliente. Não consegue rir de si mesmo.
3. *Miopia para os recursos*: "Não consegue enxergar a própria força; não sabe valorizar os recursos à sua volta – nas pessoas e nas coisas".
   Esse terapeuta costuma falar demais. É basicamente cognitivo e não explora o relacionamento do cliente com o meio ambiente. Quando o cliente perde um filho, o terapeuta não consegue imaginar que pode lhe pedir que acaricie (de olhos fechados) uma almofada macia, para focalizar sua experiência na dimensão física da *awareness*.
4. *Excesso de convicção*: "Rigidez nas respostas para solução de problemas; reações estereotipadas; insistência em comportamentos que não são mais funcionais; não verifica suas suposições".
   O terapeuta "supercerto" em geral acata com exclusividade determinada escola terapêutica. Adota técnicas específicas, por exem-

---

[12] Nevis, Edwin; Nevis, Sonia; Danzig, Elliot. *Blocks to creativity: guide to program*. Cleveland: Danzig-Nevis International, 1970.

plo: falar com a cadeira vazia ou fazer algum tipo de "trabalho corporal". É comum que resista à leitura de outras abordagens de trabalho e não incorpore nada ao seu estilo. Costuma ter mais interesse por sua forma de trabalhar do que pelas necessidades criativas dos clientes.

5. *Evita as frustrações*: "Desiste cedo demais ao se deparar com obstáculos; evita a dor e o desconforto, normalmente associados a mudanças ou novas soluções para problemas".

    Todo terapeuta tem "pontos cegos", áreas de dificuldades pessoais. Ele "nega" ou evita a frustração na área da raiva ou da sexualidade, se estas desequilibram seu funcionamento pessoal. Inconscientemente, dirige os temas ou tópicos para áreas em que é mais experiente, nas quais sente que pode fazer algo construtivo.

6. *Tradicionalismo*: "Ênfase exagerada no modo tradicional de fazer as coisas; excessiva reverência ao passado; tendência a se conformar quando isso não é nem útil nem necessário".

    Aqueles terapeutas que também passaram por terapia geralmente copiam o modelo aprendido com seus terapeutas e professores. Desempenham o papel do modelo ideal de terapeuta, em vez de serem naturais, respeitando o próprio conforto.

7. *Capacidade empobrecida para fantasiar*: "Desconfia, ignora ou menospreza as imagens interiores e as visualizações sobre si e os outros; supervaloriza o chamado mundo objetivo e real; falta de 'imaginação', como 'vamos fingir que...', ou 'e se...'"

    Em geral, esse terapeuta tem uma capacidade limitada para fantasiar. É propenso a se identificar com a esfera prática e situacional do cliente, e não com suas fantasias e sonhos. Pode ignorá-los porque prefere "estabelecer acordos" e "fazer contratos".

8. *Medo do desconhecido*: "Evita situações pouco claras ou cuja margem de êxito é incerta; valoriza excessivamente o que é conhecido em detrimento do desconhecido; necessita conhecer o futuro antes de seguir em frente".

    O terapeuta que é experimental em seu trabalho tem a chance de desbravar territórios excitantes e totalmente novos. O que também é assustador. Se eu sei hipnotizar uma pessoa, corro o risco de encontrar dificuldades para trazê-la de volta. Se tocar o paciente, talvez precise lidar com questões de "transferência e contratransferência" (ou de contato, amor ou sexualidade, em termos gestálticos). Tendemos a permanecer em situações (intrapsíquicas ou interpessoais) que nos pareçam claras e familiares.

9. *Necessidade de equilíbrio*: "Incapacidade para tolerar desordem, confusão ou ambigüidade; aversão pelo que é complexo; necessidade excessiva de equilíbrio, ordem e simetria".

Embora seja importante que o terapeuta defina os problemas – os temas de determinada situação terapêutica –, também é importante que não se precipite em definir fixamente a percepção que tem da pessoa. Talvez seja preciso se debater com possibilidades que levem a becos sem saída ou a lodaçais de aparentes ninharias. Um tema que emerge da confusão pode ser mais forte e mais próximo da luta existencial do cliente do que aquele que é prematuramente amarrado e embrulhado para entrega.

FIGURA 9   *Excesso de convicção... Tradicionalismo... Medo do desconhecido.*

10. *Relutância em exercer influência*: "Teme parecer muito agressivo ou impositivo ao influenciar alguém; hesita em defender as próprias opiniões; não sabe se fazer ouvir".

Alguns terapeutas adotam papéis "moles", parecem oferecer uma "canja" ao cliente ou se comportam como pais compreensivos, permissivos, que não julgam nem se comprometem. Na maioria das vezes, podem se recusar a forçar, seduzir, persuadir, levantar a voz – como se pais amorosos ou adultos maduros não fizessem tais coisas. Esses bloqueios dissipam uma parcela importante de sua influência.

11. *Dificuldade para abrir mão*: "Forçar exageradamente um caminho para a solução de problemas; incapacidade para deixar as coisas incubarem ou permitir que se desenrolem naturalmente; falta de confiança nas capacidades humanas".

Não se pode forçar que um aprendizado aconteça. O terapeuta não pode mastigar o material e introduzi-lo nas artérias do cliente por transfusão. Não pode obrigar que a aprendizagem se dê no tempo ou ritmo do terapeuta, mas apenas na cadência e no momento que são congruentes para o cliente. Com freqüência, deve se dar por satisfeito quando consegue plantar uma semente. O que é mais importante: precisa ter fé em seu trabalho, no fato de que as mudanças importantes ocorrerão em pequenas unidades, se (pelo menos) ele se mantiver ao lado da pessoa.

12. *Vida emocional empobrecida*: "Dificuldade para reconhecer o poder motivacional da emoção; usa a energia para bloquear expressões espontâneas; não percebe a importância dos sentimentos para se comprometer com o esforço da pessoa e do grupo".

O terapeuta emocionalmente bloqueado fica imobilizado quando seu cliente chora ou levanta a voz. Não aprendeu métodos de amplificar sentimentos, devaneios ou sensações mais intensas que estimulem e aprofundem a experiência das pessoas. Não é capaz de promover uma aprendizagem emocional profunda e hesita ao trabalhar com sentimentos e sensações que para ele são difíceis.

13. *Yin-yang não integrado*: "Não faz uso suficiente de modos contrastantes para chegar à essência das coisas; polariza tudo em opostos, em vez de saber como integrar o melhor dos dois lados; falta a ele uma percepção unificada da totalidade do universo".

O terapeuta bloqueado no Yin-yang é pessoalmente bipolar. Tem uma auto-imagem rígida e, portanto, faz avaliações restritas do comportamento dos outros. Ele *sabe* o que é lindo ou horrível. Falta-lhe a sutileza estética. Para ele, é difícil enxergar a beleza de um teorema euclidiano, da estrutura de um cristal de sal, de uma pilha derrubada de sucata reciclável, de um cano de escapamento enferrujado, abandonado num acostamento de estrada. Sendo assim, coloca os clientes em posições polarizadas e não consegue ajudar o outro a se integrar mais plenamente.

14. *Embotamento sensorial*: "Não faz uso adequado dos órgãos primários dos sentidos como ferramentas de conhecimento; só entra em contato parcial consigo e com o que o cerca; há uma atrofia de suas capacidades de exploração; sensibilidade pobre".

O terapeuta sensorialmente bloqueado é basicamente verbal e conceitual em sua maneira de trabalhar. Consegue esclarecer questões e levantar pontos relevantes – inclusive de alta qualidade. Pode perguntar, por exemplo, "quais são as implicações dessa dificuldade com seu pai?" ou "como você se relaciona com seu marido?" Compreende a natureza humana, mas tem uma apreciação sensorial bloqueada da condição humana concreta de seu cliente, no aqui e agora. Para ele, seria difícil fazer observações como: "Você parece estar curvado para a frente, como se carregasse um peso enorme nos ombros", ou "Quando olho para o seu peito, percebo que seguro a respiração", ou ainda "Sua voz está particularmente estrangulada e estridente hoje".

A seguir, numa versão resumida de uma sessão de terapia, ilustrarei alguns dos bloqueios à criatividade. Como este livro é destinado a profissionais, os bloqueios serão apresentados no contexto das intervenções do terapeuta, em vez de fazê-lo em relação ao comportamento do cliente. Sugiro que você comece lendo a entrevista do começo ao fim, sem recorrer aos meus comentários, que estão na metade direita da página. Assim que construir uma visão geral da dinâmica dessa sessão e registrar uma noção de sua reação pessoal às intervenções, leia a entrevista outra vez, incluindo meus comentários. Você deve ter em mente que essa sessão não está sendo apresentada como modelo de um bom ou mau trabalho. Simplesmente, trata-se de uma tentativa de ilustrar alguns dos bloqueios detectados pelos Nevis e aplicados à Gestalt-terapia.

Gostaria que você acompanhasse a ação, sem o ônus do histórico do cliente. Esclareço apenas que esta é a quinta sessão que ele faz. Pete, o cliente, tem 35 anos, é professor universitário e está às voltas com a ligação com sua mãe e sua rivalidade com o irmão mais novo. Tom, o terapeuta, é mais ou menos da mesma idade.

Pete: (Calado, parece pensativo e tenso)

Tom: Posso dizer algo para começar. Estou contente por estarmos juntos novamente. Realmente gostaria de fazer algo especial para você, dentro de meus limites, de minha capacidade.

Pete: Meus sentimentos por você são misturados, Tom. Não tenho muita certeza de que você é a pessoa que vai poder me ajudar. Nós dois temos facilidade para usar mais a cabeça. O que eu preciso é fazer algum trabalho com meu corpo, e não ficar pensando tanto, o tempo todo.

Medo do fracasso: Tom parece tranqüilizar a si e a Pete quanto à consistência de seu trabalho. Também se desculpa antecipadamente por possíveis fracassos no decorrer da próxima hora.

Tom: Então, como você está sentindo agora?

Pete: Estou muito ansioso agora. Tivemos algumas sessões muito boas no passado, mas não tenho certeza de poder contar com você para me ajudar a lidar com meus sentimentos. Ao mesmo tempo, sinto coisas boas por você, por seu interesse amistoso.

Tom: Fico feliz pelo afeto que você tem por mim. Já fiz um pouco de trabalho corporal antes. Você gostaria de entrar em contato com seu corpo agora?

Tradicionalista: Tom desenvolveu o hábito de perguntar o que a pessoa está sentindo e aprendeu a permanecer no "agora". Por isso, formula uma pergunta conhecida e segura. Não está atento ao óbvio: as dúvidas de Pete sobre sua capacidade de ajudá-lo e o interesse declarado por um trabalho corporal.

Pobreza emocional e embotamento sensorial: Tom não consegue se envolver com a demonstração afetuosa de Pete e a deixa de lado. Além disso, não ouve os pontos destacados da fala de Pete: a ansiedade e o problema da confiança. Em vez disso, volta atrás e retoma a solicitação anterior de fazer um trabalho corporal, o que serve apenas para reforçar em Pete a sensação de que não está sendo ouvido.

Pete: (Silêncio) Estou me checando fisicamente. Minha respiração parece superficial. Preciso respirar mais... Agora me sinto confortável. Estou me inclinando para trás agora, afastando-me de você, e isso me deixa mais confortável ainda.

Tom: Hmm... Você quer se afastar de mim e assim se sentir confortável? Você quer continuar desse jeito?

Pete: Não tenho muita certeza. Continuo me sentindo ambivalente a seu respeito.

Tom: Vejo que sua respiração está mais forte.

Embotamento sensorial: Mais uma vez, Tom bloqueia as informações que ouve. Embora sua observação visual esteja correta, ele não dá atenção ao tema da ambivalência que se repete. Ele poderia ter proposto um experimento: "Pete, até onde você gostaria de se afastar de mim para se sentir mais confortável? Fique em pé, experimente algumas distâncias e me diga qual é sua sensação". Dessa maneira, Pete poderia concretizar sua sensação de limites em relação a Tom.

Pete: É, estou me dando um pouco mais de ar.

Tom: Você parece aliviado.

Pete: (Calado, pensativo)

Tom: (Parece um pouco aflito e incomodado) Você não quer falar nada? Parece que está provando alguma coisa. Como se provasse o que sente por mim.

Pete: Eu estava molhando a boca. Estava seca.

Tom: Estou decepcionado. Esperava que você viesse com alguma metáfora sobre o sabor que tenho para você.

Pete: Desculpe por não corresponder às suas expectativas.

Tom: (Depois de um silêncio) Não sei o que dizer a você; para onde ir daqui; o que fazer por você. Me sinto tenso.

Pete: Talvez você esteja experienciando as mesmas tensões que eu, agora.

Tom: Onde você sente tensão? De que maneira você a percebe?

Pete: Estou pensando um pouco nisso... Acho que é principalmente na garganta.

Tom: Será que você está segurando alguma coisa na garganta e gostaria de me dizer?

Pete: Sim... é que... eu quero falar da minha mãe, mas não tenho certeza de estar pronto para lidar com isso agora.

Tom: Sim, sei como você se sente. O acesso às coisas mais pesadas nem sempre é fácil. Vamos supor que você tem uma escolha agora. Você tanto pode falar sobre ela como pode entrar na experiência física.

Fantasia pobre: A reação de Tom está correta, contudo carece da imaginação necessária para envolver Pete em sua dificuldade de falar sobre sua mãe. Ele poderia ter sugerido o seguinte: "Quero te ajudar a fazer isso. Que tal tentar um experimento? Feche os olhos e visualize sua mãe. Não tenha pressa... Você consegue vê-la? Certo, agora diga para ela como se sente, mas não em voz alta. Desse jeito, você vai garantir sua privacidade. Quando sentir que está na hora, me diga como foi falar com ela". Se Pete topasse fazer isso, pelo menos teria começado a falar sobre seus sentimentos pela mãe, sem precisar revelar nenhum conteúdo específico.

Pete: Cara! Agora eu sinto que você está me forçando. Forçando-me a fazer alguma coisa neste momento.

Tom: Essa não era minha intenção. Estava apenas te oferecendo uma escolha de onde ir, a partir deste ponto. Você pode voltar ao corpo e apenas me dizer o que sente agora.

Mais uma vez, Tom tem uma reação apropriada e razoável. Tranqüiliza Pete a respeito de suas intenções e lhe oferece algo para focalizar. Entretanto, seu bloqueio ao que ouve e sua imaginação limitada impedem-no de reagir criativamente ao que Pete oferece verbalmente – a suculenta palavra, repetida duas vezes: "forçando". Ele poderia ter fantasiado que forçava fisicamente Tom a fazer algo. Seu yin-yang não integrado o impede de ousar com a fantasia e imaginar, por exemplo, Pete obrigando-o a algo. Afinal de contas, Pete já está se comportando de forma incisiva e se "forçando" contra as reações de Tom. Poderiam entrar num experimento em que se empurrassem fisicamente, forçando um ao outro, experienciando assim uma espécie de contato fraterno que poderia resultar num nível mais alto de confiança para o cliente.

Pete: Me sinto um branco. Não estou registrando nenhuma sensação no corpo agora.

Tom: Você precisaria fazer alguma coisa agora? Gostaria de me dizer como é esse "branco" para você?

Pete: "Branco" é "branco". Sabe uma coisa, Tom? O que estou sentindo cada vez mais é que, antes de conseguir fazer um trabalho mais forte, preciso primeiro de um contato com você, você tem de ser mais real comigo.

Tom: Olha, Pete, estou tentando ser o mais real que posso com você. Eu acho que você levantou algumas questões importantes: ser mental foi uma, outra foi o sentimento difícil por sua mãe, e outra ainda é não se sentir em contato comigo.

Pete: Agora eu sinto uma distância maior entre nós, de novo. Você está falando de um jeito muito acadêmico.

Tradicionalismo, necessidade de equilíbrio e pobreza emocional: Mais uma vez, Tom está revendo religiosamente as questões de Pete, mas sem reagir aos sentimentos dele e aos seus. A pobreza emocional interrompe a curiosidade natural. Ele poderia dizer: "Sua solicitação de um contato me assusta um pouco" ou "Que espécie de contato você gostaria de ter comigo?" ou "De que maneira eu poderia me tornar mais real para você: tem alguma coisa que você gostaria de saber sobre mim?"

Tom: Bom, Pete, eu estou realmente tentando te acompanhar, manter o contato com o que importa para você. Não estou me sentindo acadêmico com você.

Pete: Cara! Agora eu realmente estou de saco cheio com você. Você posa de um jeito tão objetivo e terapêutico! Por que você não me escuta, droga? O que preciso de você, neste exato momento, é um pouco de humanidade.

Tom: É muito bom ver você tão exaltado. Ainda não tinha te visto com tanta raiva. Ao mesmo tempo em que me dá certo medo, é excitante.

Pete: Que alívio! É um alívio saber que você pode sentir medo, que

Relutância em jogar: Tom está sendo muito defensivo e pacificador para brincar com possibilidades de experimentação na fala de Pete. O termo "acadêmico" é de Pete. Tom poderia ajudá-lo a entrar em contato com seu lado acadêmico, sugerindo, por exemplo, que imitasse o jeito como ele mesmo fala com o cliente. Depois que Pete o imitasse, ele poderia perguntar: "Isso parece você falando, de alguma forma?" Mesmo que a questão aqui não fosse a projeção, o contato entre eles teria sido estimulado.

você pode sentir um pouco da tensão e do medo que eu costumo sentir.

Tom: Talvez nós dois pudéssemos parar de falar e pensar em alguma maneira de entrar fisicamente em contato. (Após uma longa pausa, Tom estende a mão para Pete. Este a aperta afetuosamente e parece visivelmente comovido pela experiência)

Pete: Isso é legal...

Tom: Gosto da força que sinto em suas mãos, firmes, com vigor...

Pete: Eu sinto você mais real. (Soltam as mãos. Instala-se um longo e pacífico silêncio, enquanto os dois homens se encostam confortavelmente em suas poltronas)

Tom: Este pode ser um bom momento para a gente parar.

Pete: É.

Tom: Até quinta, Pete.

PALAVRA FINAL SOBRE IMPECABILIDADE E PODER

Como ser social, o terapeuta/artista está sempre reagindo à sua cultura social e pessoal. Seu desafio consiste em converter uma necessidade de agradar, explicar ou ser elogiado em um sistema energético próprio, capaz de alimentar seus padrões artísticos inegociáveis. Essa é a postura da "impecabilidade".

Somente o artista pode se conhecer em profundidade e avaliar sua honestidade. Ele sabe quando está representando. Sabe quando apenas quer fazer que os outros chorem, riam ou se impressionem. No instante em que perde o contato com sua honestidade, perde também seu eixo impecável e inegociável. Por exemplo, quando escrevo, às vezes fico embevecido com minhas palavras e com o som que têm para o leitor. Ocasionalmente, minha escrita se torna mais dramática, sentimental e romântica, em lugar de simplesmente exata. Desconfio de mim.[13] Devemos sempre desconfiar de nós mesmos, mas sem nos obcecar com isso. Empenho-me na busca da pureza de meus motivos e de uma correta apreciação do trabalho em si.

Outra maneira de nos referir à impecabilidade é pensando em disciplina. Devemos desenvolver um método de trabalho que tenha estrutura e continuidade. Devemos confiar em nosso processo. Devemos nos dispor a ser ao mesmo tempo mestre e aprendiz, num só corpo. Devemos ser amorosamente críticos, não punitivos.

Um sábio me disse, certa vez, que aquilo que a testemunha inocente considera mágica psicoterapêutica é apenas o resultado de muitos anos de luta e erros por parte do terapeuta experiente. O pianista concertista se exercita diariamente durante no mínimo cinco horas, a vida inteira. E comete erros medonhos. Ele luta com sua consciência, com seus valores. É purificado por seu sofrimento, por sua autocrítica e pelos êxitos que, esporadicamente e em pequenas doses, resultam de seu empenho. Então, quando sobe ao palco e se apresenta, as pessoas dizem que Deus está em suas mãos, que ele opera milagres.

---

[13] Castañeda, Carlos. *The teachings of Don Juan – A Yaqui way of knowledge*. Berkeley: University of California Press, 1968.

O fato é que a pessoa criativa ou o terapeuta criativo são artesãos disciplinados cujo "dom" está em ir ao encontro de seu mais profundo potencial pessoal. É esse exercício amorosamente realizado – que supera sempre os próprios limites, desonerado dos estereótipos e das buscas superficiais dos presunçosos – que identifica a pessoa criativa. Não pretendo parecer puritano nem evangelizador. Minha realidade é que, no fundo, busco o prazer; e que fazer coisas novas com outras pessoas e com a vida me causa grande alegria e contentamento.

É no decorrer desse processo de transcendência de meu peso, meu embotamento e meus estereótipos que me sinto puro, bom, belo, poderoso, sagrado, rico, mágico. Quando esse sentimento se faz presente, não é só meu, pois satura o espaço à minha volta e inunda também quem mais estiver ali.

E não está claro se Deus está em nossa mão e em nosso coração, se estamos em seu colo ou se é assim que os artistas criam Deus. Não importa. Nesses raros momentos de criatividade, em que a pessoa simplesmente partilha de algo em comum com a criação do universo, ela sente uma espécie de transcendência, de se mover para além de sua vida cotidiana. Que recompensa poderia ser maior?[14]

---

[14] Para outras leituras sobre transcendência e criatividade, recomendo: Carlos Castañeda, *The teachings of Don Juan – A Yaqui way of knowledge* (Berkeley: University of California Press, 1968); Arthur Koestler, *The act of creation* (Nova York: Macmillan, 1964); Abraham Maslow, *The farther reaches of human nature* (Nova York: Viking Press, 1971).

Capítulo 4

Raízes e pressupostos

Uma das exigências que o processo criativo faz ao terapeuta é que garanta a estrutura e a organização de seu trabalho. A estrutura decorre da natureza e do conteúdo intrínsecos da situação e é guiada pelos construtos teóricos que povoam a mente do profissional. Esses construtos, ou "mapas cognitivos", criam ordem e conferem direção à complexa massa de informações que decorre de um encontro humano.

Os mapas cognitivos não são estáticos e nem sempre são claros ou evidentes para todos os envolvidos. Não se trata de objetos para serem emoldurados e pendurados na parede do consultório. No mais das vezes, os mapas cognitivos, ou construtos teóricos, são parceiros silenciosos que dão suporte à elegância do trabalho em andamento. Como uma obra de arte, a sessão terapêutica é desengonçada quando não tem estrutura e direção. Pode ser dinâmica e vibrante, mas, sem organização, fica difícil para o cliente assimilar seus ganhos e "levá-los para casa".

O MOMENTO VIVO: O AQUI E AGORA FENOMENOLÓGICO

Numa palestra em Harvard, há muitos anos, E. E. Cummings disse para a platéia: "Vocês não têm a menor noção de estar aqui e agora, sozinhos, sendo quem são. Por que (vocês perguntam) alguém quereria estar aqui, quando poderia (simplesmente apertando um botão) estar em cinqüenta lugares ao mesmo tempo? Como alguém poderia querer estar agora, quando poderia flutuar no tempo da criação inteira, girando um botão? [...] E quanto a sermos quem somos, por que afinal de contas sermos quem somos quando, em vez disso, podemos ser cem, mil ou cem mil outras pessoas? A própria noção de sermos alguém, numa época de eus tão intercambiáveis, deve parecer absolutamente ridícula". Sabiamente, Cummings alertou seus ouvintes: "[...] lembrem-se apenas de uma coisa: são vocês – e mais ninguém – que determinam cada qual seu destino. Ninguém mais pode estar vivo no lugar de vocês, assim como vocês também não podem estar vivos no lugar de outra pessoa".[1]

O termo "fenomenológico" implica o processo que a pessoa experiencia como unicamente seu. A adição das dimensões do aqui e agora confere a esses fenômenos pessoais o existencial imediato: eu sou esta pessoa – Joseph – sentada nesta cama, recostada em dois travesseiros e sentindo o apoio que me dão, concentrada, fazendo anotações num bloco de papel amarelo que seguro com a mão esquerda e apóio no joelho direito... Percebo uma espécie de clareza mental e a luz aqui é muito forte, lembra aquela espécie de luz que experimento no auge do verão, no fim da tarde, quando minha vista parece delinear os mais sofisticados detalhes do mundo à minha volta. Esses fenômenos em andamento (e outros) constituem meu mundo. Quando eu morrer, quando minha *awareness* cessar em caráter permanente, esse mundo josephiano inteiro estará encerrado para sempre. E, fenomenologicamente, *o mundo* chegará ao fim.

Carl Rogers comentou que o mundo fenomenológico é o mundo experienciado.[2] Sou o que experiencio em mim neste momento e, se você me perguntar o que estou sentindo exatamente agora e eu disser "nada",

---

[1] Cummings, E. E. *I six nonlectures*. Nova York: Antheneum, 1971.
[2] Rogers, Carl. *On becoming a person; a therapist's view of psychotherapy* (Boston: Houghton Mifflin, 1961); *Counseling and psychotherapy; newer concepts in practice* (Nova York: Houghton Mifflin, 1942); "A process conception of psychotherapy" (*American Psychologist*, 1958, n. 13, p. 142-149).

você pode presumir, com toda segurança, que neste momento eu vivo num mundo colorido por "nada", sinto "nada" dentro de mim e interpreto aquilo que experiencio como dotado do valor "nada" na comunicação com você. Em vez de respeitosamente compreender o "nada" da experiência de outra pessoa, alguns terapeutas tiranicamente a forçam para que produza mais, como se ela ainda não tivesse dado uma resposta. Nas rodas terapêuticas existenciais, o aqui e agora parece estar mudando daquilo que se impõe à experiência deste momento para se revestir de um puritanismo invertido de século XX, que implica uma imediata satisfação de necessidades: um sistema de ética situacional com pouca visão de resistências e bloqueios humanos, ou níveis de *awareness*.

Gestalt-terapeutas inexperientes, com precária base teórica, vêm usando a expressão "aqui e agora" como um tipo de *slogan*, como um mandado para arrancar do cliente sua experiência imediata. Nem sempre este tem a escolha consciente de falar de si mesmo, de entregar de bandeja o que sente, usando algumas poucas e ásperas palavras para se descrever. Por isso, a Gestalt-terapia tem sido associada a confrontos difíceis: o cliente precisa contar tudo, expressar-se inteiramente. Essas questões pedem alguns esclarecimentos.

Sensação

A experiência do aqui e agora começa pelas sensações. Num organismo dotado de um pequeno córtex cerebral, as flutuações sensoriais de momento a momento são elementares – o processo cognitivo não chega a ser elaborado. Mas não no organismo humano. Nele, a experiência sensorial é automaticamente denominada e cognitivamente elaborada, até mesmo rebuscada: vejo uma luz; é amarela; ela vai diretamente para baixo e para cima, saindo de dentro de um abajur de mesa, com uma base de vidro fosco no formato de um frasco para uísque; a luz tem uma tonalidade esbranquiçada, como a de um papel; é feia; não gosto dela; quero me livrar dela.

Em termos gerais, esquecemos que a língua tem raízes sensoriais, que nossas palavras brotam de experiências concretas. Tratamos as palavras como se elas fossem a experiência. A manipulação pedante (ou aleatória) de conceitos e abstrações pode nos afastar do impacto imediato de nossa realidade.[3] Num mundo cada vez mais automatizado, em que a estática nos distrai constantemente, é difícil manter o contato sensorial.

A exploração de mim mesmo é um processo ativo de dirigir a atenção simples e inocentemente: agora, estou sentado e curvado sobre o bloco de anotações. O peso de meu corpo cai sobre as nádegas e a batata da perna, na beirada da cama. Minha mão esquerda segura o bloco, com o polegar em cima. A correia vermelha, azul e branca de meu relógio de pulso salta à vista quando olho rapidamente para ver que horas são – essa tira atravessa meu punho, repartindo-o ao meio. Sinto o coração batendo forte, como se eu tivesse feito uma descoberta importante. Agora, quero me reclinar. Os dedos do pé estão latejando. A exploração sensorial me faz sentir mais vivo neste momento.

Tempo

A realidade existe no presente. Até mesmo na percepção mais profunda e nítida, na memória e na capacidade de antecipação, não há meios de eu poder viver o ontem ou o amanhã. Estou ancorado neste momento, ancorado neste corpo, que agora está descansando numa cadeira, ouvindo o som das janelas batendo por causa do vento, com a experiência visual desta página na qual escrevo, sentindo o coração bater. As imagens de ontem tornam-se matizadas pelo acontecer imediato; são como cartões-postais colados num álbum, uma biblioteca de referências audiovisuais em minha cabeça, todas circunstâncias. Como disse E. E. Cummings, "... a pessoa pode flutuar no tempo da criação inteira..."

O *quando* da vida é desprovido de pulsação, de vitalidade, especialmente se tentarmos verbalizá-lo. Podemos injetar vida no *quando* revivendo concretamente os momentos, como se estivessem acontecendo agora. Assim, a lembrança ganha vida ao ser muscularmente reencenada e trazida de volta ao presente. Desse modo, podemos até in-

---

[3] Não estou atacando o uso de conceitos, pois sem eles este livro não poderia ter sido escrito nem poderíamos documentar a história ou contar com a matemática, a literatura ou a teoria da relatividade. Sem os conceitos, não somos humanos. Mas usando apenas os conceitos, sem uma exploração sensorial básica (e sua avaliação conativa), transformamo-nos em impressões geradas em computador.

Processo criativo em Gestalt-terapia   97

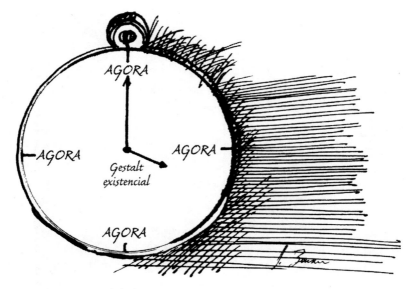

FIGURA 10 *A realidade sempre existe no presente*

jetar vida numa fantasia, num sonho ou numa antecipação. Mas essas retomadas tornam-se eventos presentes e não devem ser confundidas com eventos reais que já ocorreram ou estão por vir. A reencenação é inseparável deste eu que está sentado neste aposento, escrevendo e se conhecendo agora.[4]

Harvey é um jovem terapeuta fazendo doutorado. Venho atendendo-o individualmente em sessões de psicoterapia que fazem parte de seu programa de pós-graduação no Instituto de Gestalt. O que segue é um excerto da oitava sessão, no qual se enfatiza a experiência presente de Harvey.

Harvey: Estou trabalhando nesse artigo há quatro meses. As pessoas que o leram não me dão o retorno que preciso. Ou aprovam tudo

---

[4] Para outras leituras sobre o assunto, recomendo *Gestalt therapy verbatim*, de Fritz Perls (Lafayette, CA: Real People Press, 1969) e *Gestalt therapy, excitement and growth in the human personality*, de Fritz Perls, Ralf F. Hefferline e Paul Goodman (Nova York: Julian Press, 1951). [Gestalt-terapia. São Paulo: Summus, 1998.]

com simpatia, mas não discutem nada do material, ou não gostam e ponto. E aqui, também, me sinto abandonado...

Ele continua falando. Não está olhando para mim; seu olhar aponta para o chão. Parece ligeiramente incomodado, desconfortável. Toma vários golinhos seguidos de café num copo plástico. Estou sentado com ele, os olhos semicerrados. Começo a me sentir um pouco cansado e sonolento. Estou olhando, ouvindo. A voz dele vem de longe.

Harvey: Fico feliz por você ter se interessado por meu texto. Estou um pouco surpreso. O artigo é sobre Adler. É bastante complexo... teórico. Para mim, há várias ordens em Adler...

As palavras dele se fundem umas nas outras e continuam por mais uns dez minutos, ou assim me parece.

Joseph: E o que você está sentindo agora?
Harvey: Estou me sentindo meio acelerado.
Joseph: Para mim, suas palavras estavam começando a se fundir umas nas outras agora há pouco. Fico pensando no que você estava sentindo.
Harvey: Vejo que não estou olhando para você diretamente.
Joseph: Sim, eu estava me sentindo sozinho e um pouco mais cansado. Agora você está olhando para mim. Neste exato momento.
Harvey: (Olhando para baixo de novo) Estou um pouco assustado. Pensando que você vai ler tudo e depois vai acabar comigo. Acabar comigo como fez o outro professor.
Joseph: Lamento por você. Deve ser um estresse ficar vigiando um matador.
Harvey: É, aquele professor realmente mexeu comigo. No ano passado... (E ele segue falando mais um tempo, comentando as críticas do professor)

Novamente, Harvey "foi embora"; os olhos pregados no chão. Estou sozinho de novo. Olho pela janela, para um amplo grupo de carvalhos. É inverno e as árvores parecem sinistras contra o céu de chumbo. Percebo que estou meditando sobre as palavras de Harvey como se o som delas fosse um mantra, uma canção, a rebentação na praia. Encontro conforto em sua voz.

Joseph: E o que está acontecendo com você neste exato momento?

Harvey: Sabe, quando mais cedo você comentou que tenho uma boa cabeça teórica, senti que não deveria mais continuar falando porque pareceria que eu estava me gabando ou coisa assim. E aí você me criticaria por estar me exibindo.

Joseph: Olhe para mim, Harvey. O que você percebe agora?

Harvey: Vejo um homem. (Pausa longa) Vejo *você*. Você parece suave.

Joseph: Harvey, seu rosto tem mais cor. Especialmente em torno dos olhos e do nariz. Você parece triste.

Harvey: Você parece uma boa pessoa. (Algumas lágrimas escorrem por seu rosto) Não consigo imaginar que você poderia querer me ferir...

Joseph: Não me abandone com os olhos de novo. Continue comigo.

Harvey: Meu pai era um homem frio. Ele nunca me via. Meu pai nunca disse "sim" ou "tá bom". Ele falava de mim, em minha presença, como se eu fosse um objeto. Nunca me abraçou. Nem mesmo com os olhos, do jeito que você está fazendo agora. Que bom. Sinto-me banhado por seu olhar... (Suas lágrimas secaram e seu rosto está corado)

Joseph: É bom olhar para você. Se você fosse meu filho, eu ficaria orgulhoso de você. (Pausa) O que você está sentindo agora?

Harvey: Estranho. Acabei de perceber uma coisa. Era eu quem queria acabar com *você*. Eu estava agindo como meu pai, com você.

Estava te olhando com frieza. Eu sei, porque olhando agora para você sinto sua abertura e aceitação.

Joseph: Fico feliz.

A experiência que Harvey teve de mim e de si mesmo se tornou clara todas as vezes que fiz pressão e o estimulei a prestar atenção em suas vivências. Por mais que discutíssemos o tal professor ou seu pai, não teríamos conseguido fazê-lo perceber suas sensações e sentimentos e, depois, facilitar a observação óbvia que ele acabou fazendo sobre seu processo. E a descoberta foi toda dele; ninguém a fez em seu lugar.

Espaço

Espacialmente, minha experiência, minha realidade, ocorre aqui, onde estou. O alcance desse "aqui" é determinado pelo espaço que ocupo e pela amplitude de meus sentidos. Os dados captados por meus órgãos dos sentidos me atingem de modo dinâmico. Se estiver claramente em contato com alguma coisa no espaço, a distância entre mim e meu objeto-escolha é abreviada no plano da experiência – como se o objeto estivesse "em mim". O ponto dinâmico de relação entre essa sensação e o objeto é a fronteira do contato.[5]

O objeto que para mim tiver um valor negativo pode ser espacialmente afastado e até mesmo visualmente encolhido. A outra pessoa então reclama: "Que distância tão grande essa entre nós". Uma menina psicótica, que estava se sentindo muito ameaçada pela terapia em grupo, queixou-se de que todos pareciam "muitos fininhos e distantes". Ela acabou saindo da sala para sentir-se mais segura à distância e, no fim, abandonou o *workshop* de vez – o que, para ela, era a posição de máxima segurança.[6]

---

[5] Perls, Fritz; Hefferline, Ralf F.; Goodman, Paul. *Gestalt therapy, excitement and growth in the human personality*. Nova York: Julian Press, 1951. [Gestalt-terapia. São Paulo: Summus, 1998.]

[6] Para uma compreensão mais rica da psicose sob esse ponto de vista teórico, ler *The phenomenological approach to psychiatry*, de J.H. Van der Berg (Springfield, Ill.: Charles C. Thomas, 1955). [O paciente psiquiátrico. São Paulo: Editora Mestre Jou, 1981.]

O aqui e agora representa uma experiência de caráter altamente pessoal, sensorialmente ancorada neste momento de tempo, no local em que me encontro.

Processo

No campo da psicologia, a fenomenologia é o estudo não interpretado da natureza processual e sempre mutável da experiência humana. Nossa realidade pessoal não é estática. Nunca é experienciada de forma segmentada ou como um ponto discreto no tempo. Estou constantemente em processo: minha experiência tem uma qualidade contínua, fluida, com mudanças incessantes. Minha tendência é seguir, continuar. Trata-se da característica definidora de todas as criaturas vivas: estar em permanente processo. A vida conhece apenas a vida; a vida tende a se perpetuar.

A condição de vida padrão para a pessoa normal consiste em fluir do estado em que surge uma necessidade até a satisfação desta, em se mover da tensão até o relaxamento, da atenção focalizada, dirigida a uma figura, até um desinteresse homogêneo. Além disso, a pessoa que tem bom funcionamento "vive com conforto dentro do fluxo mutável do seu experienciar".[7] A pessoa é o processo em andamento; ela não se experiencia como um objeto estático.

Quando as circunstâncias são perturbadas, surgem inibições condicionadas ou patologias, a pessoa interrompe seu fluxo, segmenta seu comportamento e paralisa o próprio fluir. Nesse caso, sua vida psicológica entra numa condição de incongruência, na qual existe uma discrepância considerável entre seu comportamento e sua *awareness*.[8]

Autoria

A realidade que experiencio é *minha* realidade. Ninguém mais pode experienciar minha vida interior por mim. A pessoa sensível pode expressar o que experiencia quando está comigo, e a experiência dela pode tocar algo próximo a mim. Entretanto, se ela fosse interpretar o "verda-

---

[7] Rogers, Carl. "A process conception of psychotherapy". *American Psychologist*, 1958, n. 13, p. 142-149.

[8] Para mais informações, recomendo a leitura de "A process conception of psychotherapy", de Carl Rogers (*American Psychologist*, 1958, n. 13, p. 142-149).

deiro" significado de meu comportamento ou do que falei, perderia a pureza da experiência. Ela se distanciaria de mim ao utilizar o que Fritz Perls chamava de "função computacional".

Deixando de lado a questão da interpretação, o ponto significativo é que sou o único autor de minhas experiências. Não concordo com a velha canção que diz "você me fez te amar; eu não queria!" Ninguém me leva a fazer o que faço, ninguém mais pode ser considerado responsável por meu comportamento. A visão filosófica existencial salienta enfaticamente esse ponto. Não há aqui nenhuma coincidência, pois a fenomenologia é o método básico usado pelo filósofo existencial. A fenomenologia é uma linguagem aplicada para se compreender a condição humana e suas aflições, assim como a matemática é uma linguagem utilizada para se compreender o mundo físico.

O aqui e agora experiencial, portanto, não existe no vácuo; pelo contrário, alguém – uma pessoa, eu – é seu autor. É por essa razão que o Gestalt-terapeuta pede repetidamente ao cliente que "assuma" sua fala, suas observações.

Validade do conteúdo

O conteúdo de minha experiência é para mim um dado tão válido quanto a experiência de outra pessoa é para ela. Não há uma *awareness* "boa" ou "ruim". Se faço um relato de minha experiência – "Hoje meu dia foi péssimo" –, como alguém poderá discordar de mim?

O conteúdo de minha experiência também está num fluxo constante, em processo. Se consigo não me interromper, conteúdos tediosos ou desinteressantes podem se transformar em material rico, colorido, exótico. A experiência concomitante deixa de ser algo sem vida e aborrecido para ganhar excitação e vibração.

Ficar com o processo interior é um ato de fé: presumo que minha experiência chegará a se completar e culminará em algo mais satisfatório e preenchedor do que aquilo com que comecei. Quanto mais tempo eu permanecer no fluxo de minha *awareness* atual, maior a possibilidade de intensificar, expandir e aprofundar minhas experiências. É importante que eu não me precipite nem passe prematuramente para as abstrações complexas. Devo permitir que as experiências básicas, concretas e préverbais cheguem a mim. Nesse caso, posso me surpreender com algumas revelações interiores.

As mais profundas descobertas e aprendizagens acontecem quando a pessoa é autodirigida (em vez de dirigida por outrem), quando tem auto-suporte e quando a totalidade de seu organismo sensório-motor participa do processo. Esse tipo de aprendizado só pode provir de um referencial particular, caracterizado pelo respeito à integridade e à singularidade de cada um.

Terapias "aqui e agora"

Como os dados fenomenológicos constituem a matéria-prima da experiência, é razoável dizer que todos os teóricos da personalidade iniciaram suas deliberações com os dados experienciais. Freud coletava associações livres e se baseou no nível inconsciente do conteúdo, do processo e da estrutura dessas associações. Freud, entretanto, interpretava o conteúdo da experiência ao buscar as essências fundamentais à motivação. Ele não queria conhecer a topografia da experiência.

A preocupação com essa topografia surgiu originalmente na filosofia existencial, que se mostrava interessada, de diversas formas, pela natureza ontológica do homem e por sua condição de criatura solitária, lançada no mundo, sem o apoio de essências preconcebidas.[9] No início, a fenomenologia foi um ramo da filosofia e se dedicou aos problemas de como desenvolver uma descrição fiel e não interpretativa da natureza mutável da experiência humana. A fenomenologia é a linguagem do pensamento existencial em geral.

Sintetizando, essas são as raízes filosóficas e teóricas do atual interesse pelo aqui e agora. Em seu sentido mais largo, psicoterapias modernas como a análise existencial, a ontoanálise, o aconselhamento centrado no cliente e a Gestalt-terapia são todas relacionadas ao existencialismo.[10]

---

[9] Como se pode ver nas obras de Dostoyevsky, Berdyaev, Jaspers, Buber, Kierkegaard, Tillich, Binswanger, Boss, Sartre e muitos outros.

[10] Alguns dos nomes associados com essas terapias são: *Análise existencial e ontoanálise*, R. May, T. Hora, E. W. Straus, Bugental, A. VanKaam, B. Elkin, V. Frankl, M. Boss, P. Schilder; *Aconselhamento centrado no cliente*, Carl Rogers, E. Gendlin, V. S. Berg; *Gestalt-terapia*, Fritz Perls, Ralf F. Hefferline e Paul Goodman. [Gestalt-terapia. São Paulo: Summus, 1998.]

Embora os métodos dessas terapias difiram, têm em comum um interesse essencial pela pessoa: como ela se desenvolve no imediato do encontro terapêutico.

Daseinanálise significa a análise do estado do ser aqui; entretanto, essa expressão não cobre necessariamente um relacionamento profissional concreto e comportamentalmente extenso no aqui e agora da situação terapêutica. A daseinanálise parece ser uma tentativa de interpretar, num nível maior, o estado de ser da pessoa no mundo. Sua metodologia ainda está vinculada à psicanálise, com ênfase nos elementos cognitivos e discursivos, em lugar dos experienciais e comportamentais. Na sessão, esses profissionais falam muito e fazem pouco.

A forma mais pura de uma terapia "aqui e agora" é o aconselhamento rogeriano centrado no cliente.[11] Rogers trabalha exclusivamente com o material que o cliente lhe apresenta na situação de aconselhamento, seja em sessão individual ou em grupo. Ele aceita precisamente o que o cliente lhe oferece e não vai atrás de motivos inconscientes. Permanece no presente, trabalhando verbalmente o material do cliente. Até mesmo conversas de teor histórico parecem ter essa qualidade: "Você agora acha que o fato de sua irmã ter te atormentado tanto acabou fazendo que você fosse mais retraído no colegial, é isso mesmo?" Deve ser muito revigorante ser ouvido e aceito, ter outra pessoa nos ajudando a esclarecer exatamente como nos sentimos naquele momento e expressar o que precisamos expor.

As principais exigências de Rogers para o processo criativo são a empatia, a sinceridade e a aceitação incondicional do cliente pelo terapeuta. O profissional não oferece palavras interpretativas e, quando se aventura a ir além do conteúdo expresso pelo cliente, assume a autoria de suas experiências: "Quando olho para você sentado dessa maneira, inclinado para a frente, sinto-me (talvez você também se sinta assim) muito triste e sozinho". Essa análise aparentemente simples da experiência da pessoa é um recurso poderoso nas mãos de um terapeuta com aguda sensibilidade. No entanto, essa terapia também não leva a pessoa a modificar seu

---

[11] Rogers, Carl. *On becoming a person; a therapist's view of psychotherapy* (Boston: Houghton Mifflin, 1961); *Counseling and psychotherapy; newer concepts in practice* (Nova York: Houghton Mifflin, 1942); "A process conception of psychotherapy" (*American Psychologist*, 1958, n. 13, p. 142-149).

comportamento durante a sessão terapêutica. Rogers entendia que esse esforço constituiria uma manipulação de outro ser humano e violaria a noção de que a pessoa é capaz de ficar bem por si.[12]

A Gestalt-terapia é um exemplo único de integração das abordagens comportamental e fenomenológica.[13] Fortemente influenciada pelas visões organísmicas de Kurt Goldstein[14] e Wilhelm Reich[15], a Gestalt-terapia tenta entender o aqui do indivíduo em todos os níveis de seu funcionamento. O terapeuta começa relatando suas observações para o cliente: "Quando você começa a falar sobre a sua irmã que te atormentava, sua boca fica dura. Você sente isso?" Tendo feito uma observação fiel da aparência da pessoa, o terapeuta pode se tornar um professor mais ativo e sugerir que ela experimente a própria tensão: "Tente continuar falando sobre ela, endurecendo a boca mais ainda". O terapeuta usa o organismo total do cliente para lhe ensinar algo a respeito de seus sentimentos. Faz-se isso sem que o comportamento seja interpretado. O terapeuta espera pela própria descoberta do cliente: "Quando endureço a boca, também aperto os dentes e isso me lembra de uma vez que mordi minha irmã..."

A daseinanálise da Gestalt sempre ocorre no aqui e agora da sessão terapêutica e inclui trabalhar com o âmbito completo de suas funções. Todos os experimentos da Gestalt são ancorados na vida experiencial da pessoa, na forma como ela se apresenta na situação. Exercícios arbitrários impostos à pessoa (ou ao grupo), desenraizados da experiência, na melhor das hipóteses não estão dentro do âmbito da Gestalt-terapia, porque não têm base experiencial ou contexto vital para o cliente. É no bojo desse contexto vital que ocorre a maioria das aprendizagens duradouras.

---

[12] Rogers admitia que um dos motivos de não recorrer a experimentos era por se sentir desconfortável com eles e não conseguir empregá-los tão habilidosamente quanto alguns outros terapeutas.

[13] Perls, Fritz. *Ego, hunger and aggression: a revision of Freud's theory and method*. São Francisco: Orbit Graphic Arts, 1966.
Perls, Fritz; Hefferline, Raf F.; Goodman, Paul. *Gestalt therapy, excitement and growth in the human personality*. Nova York: Julian Press, 1951. [Gestalt-terapia. São Paulo, Summus, 1998.]

[14] Goldstein, Kurt. *The organism, a holistic approach to biology derived from pathological data in man*. Boston: Beacon Press, 1963.

[15] Reich, Wilhelm. *Character analysis*. Nova York: Orgone Institute Press, 1949; *The function of the orgasm: sex-economic problems of biological energy*. Nova York: Orgone Institute Press, 1942.

A sessão com Harvey, descrita anteriormente, continua com ênfase no fazer, na atuação do seu dilema.

> *Joseph*: Você gostaria de experimentar, um pouco mais, ser como seu pai?
> *Harvey*: Não gosto de ser como ele. Sempre pensei que fosse diferente. Talvez seja útil.
> *Joseph*: Então, comporte-se como se fosse acabar comigo do mesmo jeito que ele faria.
> *Harvey*: Vou começar pelas palavras. Você é um homenzinho frágil. Eu sou mais forte. Eu poderia varrer você do mapa assim. (E estala os dedos) E você é judeu também. É ganancioso e egoísta. (A voz está ficando mais grave) Você vai enganar a mim e a outros como eu...
> *Joseph*: O que você está percebendo?
> *Harvey*: Algumas partes sou eu e outras são meu pai. Especialmente aquela história de ser judeu... Sinto vergonha daquela parte.
> *Joseph*: Você gostaria de falar isso para seu pai, como se ele estivesse aqui conosco?
> *Harvey*: Sim... Pai, eu sou forte fisicamente, como você, e gosto de minha voz, também. Parece a sua. Gosto dessas partes.
> *Joseph*: Continue.
> *Harvey*: Gosto de ser fisicamente forte. Se o Joseph me batesse, eu podia dar uma tremenda surra nele, se eu quisesse. Mas não sou como você sobre essa bobagem de ser judeu. Não estou disposto a engolir isso. Você pode ficar com seus preconceitos... e enfiá-los sabe onde! Não vou ficar carregando esse fardo por você.
> *Joseph*: E o que é útil para você, agora, em relação a mim? Qual a sua sensação de acabar comigo?
> *Harvey*: Quando entro nesse espaço em mim, sinto mais as coisas. Sinto-me mais presente – como se eu fosse fisicamente maior ou

algo parecido. Sim, a sala parece um pouco menor e você não é o gigante que eu tinha imaginado. Você é o Joseph. Essa pessoa, só isso. Confio em você. (Olhando-me diretamente nos olhos) Não tenho medo de você, Joseph.

Tentei ajudar Harvey a distinguir diferenças reais entre ele e seu pai, bem como a começar a avaliar alguns traços do caráter de seu pai que ele queria conservar ou dispensar. Olhar a vida por meio da força de seu pai é benéfico. Quando olhou com os olhos do preconceito, Harvey entrou em contato com seus verdadeiros valores. Esse experimento lhe permitiu ver quais aspectos de seu pai ele ainda carregava e testar de forma concreta o que seu mundo interior tinha a lhe oferecer – e como ele poderia começar a modificá-lo.

É assim que funciona o aqui e agora na Gestalt-terapia. Neste momento, E. E. Cummings me volta à mente. Espero ter, pelo menos em parte, remediado sua queixa de que "não temos a menor noção de estar aqui e agora, sozinhos, sendo quem somos". Mas ele diz mais: "[...] lembre-se apenas de uma coisa: que é você – e ninguém mais – que determina seu destino e o decide. Ninguém mais pode estar vivo por você. Assim como você também não pode estar vivo por ninguém. Toms podem ser Dicks e Dicks podem ser Harrys, mas nenhum deles jamais poderá ser você. Essa é a responsabilidade do artista; e a mais terrível responsabilidade do mundo. Se você puder agüentar, agüente – e *seja*. Se não puder, anime-se e execute o trabalho de outros; e faça (ou desfaça) até cair".[16]

A SATISFAÇÃO DE NECESSIDADES: O CICLO DE *AWARENESS*—EXCITAÇÃO—CONTATO

Um ciclo psicofisiológico se desenrola em todas as pessoas. Ele é relacionado com a satisfação de necessidades e, às vezes, designado autorregulação organísmica.[17]

---

[16] Cummings, E. E. *I six nonlectures*. Nova York: Antheneum, 1971.
[17] Harman, Robert. "Goals of Gestalt therapy". *Professional Psychology*, maio, 1974, p. 178-184.

O ciclo começa com a sensação: estou sentado aqui e, enquanto trabalho, começo a sentir algumas contrações no estômago. Essas contrações são acompanhadas por uma sensação de secura na boca. Conforme sigo trabalhando, elas aumentam e sinto uma leve náusea. Experiencio esse conglomerado de sensações como "fome".

Essas sensações se tornam *awareness*. Sou capaz de denominar e descrever esses mecanismos sensoriais. Diferentemente de um bebê, não me sinto à mercê apenas das sensações. Sei o que posso fazer com elas. A *awareness*, portanto, permite-me compreender o que meu corpo necessita neste momento. Com base em experiências anteriores de ignorar a fome, sei que a próxima sensação será uma dor de cabeça vascular. A *awareness* é uma bênção porque me permite entender o que está se passando dentro de mim – e o que posso fazer para me sentir melhor.

Conforme tomo consciência da fome, meu corpo se mobiliza. Sinto que alguns músculos das pernas vão ficando aquecidos. Visualizo uma ida até a geladeira para pegar um pedaço de queijo, pão e alguma fruta. Enquanto visualizo essa cena, percebo uma aceleração no ritmo da respiração e uma mobilização geral da energia no corpo. Estou entrando no estágio de excitação e mobilização da energia. Se não tivesse essa energia, não poderia deixar o gravador de lado, ficar em pé, ir até a cozinha e preparar uma refeição. Em geral, não damos valor a essa energia.

Fico em pé e vou até a cozinha. Esse processo envolve os músculos das pernas e dos braços; a aceleração da respiração e do ritmo cardíaco garante essa movimentação. Esse é o estágio da ação.

O ponto seguinte do ciclo é chamado de contato. Quando pego o queijo e como um pedaço, começo a sentir conforto no estômago. Estou apreciando o sabor da comida. Contato é aquele processo psicológico em que me envolvo com essa comida. Estou agredindo a comida. O restante de meu aparelho digestivo entra em cena e transforma o que começou como um pedaço de queijo, uma parte diferenciada do meio ambiente, em algo que agora se torna Joseph. A comida e eu nos tornamos enfim um só.

FIGURA 10 *Movimento da sensação para o contato, para a retração e de volta para a sensação.*

À medida que continuo comendo e bebendo, tomo consciência de ter a barriga cheia. Agora estou satisfeito. Estou saciado e um pouco pesado. Entro no estágio de retração, relaxamento, recuperação e desinteresse. Todos nós sabemos por experiência própria o que é fazer uma excelente refeição num bom restaurante e, no momento da saída, dar uma rápida espiada no que sobrou nas travessas e quase sentir náusea à vista da comida que parecia tão apetitosa um pouco antes. Assim que nos sentimos alimentados, instala-se um completo desinteresse.

Quando entro nesse estágio de retração e satisfação da necessidade, tomo consciência do trabalho que interrompi. Não estou mais distraído pelo aguilhão da fome doendo no estômago e me sinto novamente capaz de me concentrar na execução da tarefa inacabada. O trabalho volta a emergir como a necessidade existente, e minhas sensações – *awareness*, energia e ação – estão todas ali, para me ajudar a realizá-lo. Esse movimento da sensação para o contato, para a retração e de volta para a sensação compõe um ciclo típico de todos os organismos. Quando é saudável, esse ciclo se desenrola suavemente, sem interrupções e com elegância.

Figura-fundo

Outro importante conceito da teoria gestaltista é o fenômeno figura-fundo, descrito há tantos anos por Kohler, Koffka e Wertheimer.[18] Esses psicólogos gestaltistas falaram de figura e fundo em relação aos fenômenos perceptivos e cognitivos. Os Gestalt-terapeutas estão interessados no fenômeno figura-fundo com respeito a todas as funções do organismo.

Kohler, Koffka e Wertheimer descobriram que, quando experienciamos visualmente o ambiente, escolhemos um foco especial de interesse que, para nós, se destaca contra um fundo indistinto. Aquilo que se sobressai é designado como figura; o resto é fundo. Por exemplo, ao olhar para minhas anotações, vejo uma página que traz a palavra "Energia" grafada em letras verdes grandes. Para mim, essa página é a figura agora. Visualmente, o fundo é todo o resto da escrivaninha, que parece estar entulhada com uma quantidade de coisas de valor secundário para mim neste momento. As outras coisas que cercam a página são o fundo de minha experiência visual. Se eu virar a cabeça e olhar em torno, verei um vaso lindo. Agora, esse vaso se torna a figura de interesse e a página, que tinha sido a figura antes, passa a ser fundo.

A pessoa saudável é capaz de perceber claramente e colocar em primeiro plano quando esse objeto a interessa e se destaca do que não é interessante. Ela experiencia a definição e a clareza da figura, com pouco interesse pelo fundo homogeneizado. Nas pessoas perturbadas, existe uma confusão entre figura e fundo. Há ausência de propósito e foco e, com isso, quando analisam uma determinada situação, não conseguem captar o que é central, o que tem importância para elas, não conseguem separar as coisas importantes para si das irrelevantes.

Uma integração final

O desenvolvimento da *awareness* pode ser comparado ao surgimento de uma figura nítida, ao passo que o estágio de assimilação e retração

---

[18] Kohler, Wolfgang. *Gestalt psychology, an introduction to new concepts in modern psychology*. Nova York: Liveright Publishing Corp., 1947; Koffka, Kurt. *Principles of Gestalt psychology*. Nova York: Harcourt, Brace and Company, 1935; Wertheimer, M. "Gestalt theory". *Social Research*, 1944, n. 11.

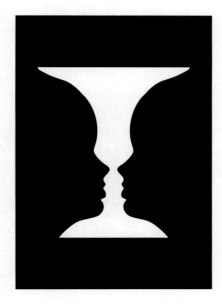

FIGURA 11 *Neste exercício de percepção, podemos perceber um vaso ou dois rostos de perfil.*

se assemelha à destruição da figura em meio ao fundo homogêneo. Assim, sensação, *awareness* e ciclo de contato são o *processo* por meio do qual uma figura emerge.

Sentado aqui, tomo consciência de sensações no estômago; a figura – meu trabalho – começa a ficar indistinta. Quando minha *awareness* muda para a comida e mobilizo-me para me alimentar, a figura do trabalho se dissolve aos poucos e eu mudo para a nova figura: a comida. Abandono o trabalho na escrivaninha e ele, então, assume a condição de fundo. Na pessoa saudável, essa transição é suave e fluida, livre de sobressaltos ou perturbações. Ela passa de uma figura para outra, que emergiu, enquanto a primeira desaparece. Esse é o ritmo natural da vida.

Nos termos desses modelos, a meta da Gestalt-terapia é relativamente simples: toda pessoa deve ser capaz de se tornar plenamente consciente (*aware*) e agir para a satisfação de suas necessidades. Deve ser capaz de se inserir no ambiente com todas as suas habilidades e recursos a fim de conseguir o que necessita. À medida que se satisfaz, ela perde temporariamente o interesse por dada situação e passa a seu próximo foco de atenção. A satisfação das necessidades, de forma saudável, normalmente ocorre pouco depois do momento em que elas surgem, embora haja situações nas quais a satisfação deva ser adiada em prol de assuntos mais importantes. A maioria das pessoas aprende a adiar a satisfação de certas necessidades em favor de objetivos no longo prazo.

Nosso interesse pela satisfação de necessidades não implica uma filosofia hedonista. Simplesmente afirmamos que, estando consciente (*aware*) do que se passa em seu íntimo e fazendo algo a respeito, a pessoa se sentirá melhor consigo mesma do que quem não possui essa *awareness* ou adia a satisfação de suas necessidades.

As implicações dessa simples proposição são enormes. Se eu sei o que quero, não dependerei de outros para me dizerem o que quero nem projetarei neles minhas necessidades pessoais. Existencialmente, minha *awareness* tornará possível que eu assuma a responsabilidade pelos atos que empreenderei visando obter o que me satisfaz. Quando outra pessoa disser algo que me deixa com raiva e eu não me relacionar com ela em função desse sentimento, ficarei com uma sensação de estar em suspense. Isso acontece porque não estou ciente da raiva naquele momento ou porque me parece arriscado demais demonstrar o que sinto. Falar da raiva é melhor do que não demonstrá-la de jeito nenhum. É difícil lidar com manifestações emocionais adiadas uma vez que a experiência original já "perdeu a validade" para os envolvidos.

A Gestalt-terapia não enfatiza que devemos viver para o momento, e sim que vivamos *no* momento; não que a satisfação de necessidades deva ser imediata, mas que estejamos presentes para nós mesmos no ambiente.

CAPÍTULO 5

Metas e aspirações

A Gestalt-terapia é um encontro existencial entre pessoas. Permite que a pessoa se revele no processo desse encontro, em vez de presumir uma visão monolítica e apriorística da humanidade. É por isso que a Gestalt-terapia se presta à criação: ambas enfatizam o desenrolar de algo em sua forma orgânica pura. No entanto, embora a Gestalt-terapia não se dedique a encaixar pessoas em moldes, negar que haja metas implícitas a ela não seria realista. Por meio de um envolvimento criativo no processo gestáltico, espero que a pessoa:

- desenvolva mais a *awareness* de si mesma – seu corpo, seus sentimentos e seu ambiente;
- aprenda a assumir a autoria de suas experiências em vez de projetá-las nos outros;
- aprenda a tomar consciência (*awareness*) de suas necessidades e a desenvolver habilidades para satisfazê-las, sem desrespeitar os outros;

- passe a ter um contato mais pleno com suas sensações, aprendendo a cheirar, saborear, tocar, ouvir e ver, apreciando todos os aspectos de si mesma;
- perceba cada vez mais seu poder pessoal e sua capacidade de se dar suporte, no lugar de recorrer a reclamações, recriminações ou imputações de culpa a terceiros para mobilizar suporte do meio externo;
- torne-se sensível ao ambiente que a cerca, mas, ao mesmo tempo, seja capaz de se proteger naquelas situações que lhe forem potencialmente tóxicas ou destrutivas;
- aprenda a assumir a responsabilidade por seu atos e as conseqüências destes;
- sinta-se confortável com a *awareness* de suas fantasias e de sua expressão.

Conforme o trabalho avança, a pessoa flui mais confortavelmente na experiência de sua energia e a emprega de maneira que possibilite a completude de seu funcionamento. Ela age sem dissipar energia, pois aprende a integrar criativamente os sentimentos conflitantes em si mesma, em vez de lutar contra o próprio organismo ou polarizar seu comportamento. Essas são algumas metas gerais da Gestalt-terapia. Este capítulo detalhará a aplicação dos conceitos apresentados nos capítulos anteriores para a realização dessas metas.

DESFAZENDO INTERRUPÇÕES NO CICLO AWARENESS–EXCITAÇÃO–CONTATO

O Gestalt-terapeuta interessa-se especialmente por desfazer as interrupções no ciclo *awareness*–excitação–contato, à medida que se apresentam na personalidade do cliente. Essas interrupções podem estar relacionadas a psicopatologias, conforme as descreve a nomenclatura psiquiátrica.

O profissional habituado a formular idéias em termos psicopatológicos convencionais talvez considere útil a discussão a seguir, para a integração da teoria da Gestalt com o pensamento psicanalítico.

FIGURA 13 Ciclo de contato.

Todos os estados interrompidos podem também ser discutidos do ponto de vista dos mecanismos de defesa. Por exemplo, a pessoa que bloqueia sensações da *awareness* recorre ao mecanismo defensivo da repressão. Ela não permite a emergência da *awareness* com base em simples dados sensoriais. Aquela que bloqueia a *awareness* e a mobilização da energia sofre de introjeção: engole as idéias dos outros sobre o que é certo ou errado e se torna incapaz de localizar a própria energia. A pessoa que isola suas ações de sua energia retroflete: faz consigo o que deveria fazer ao ambiente. Por exemplo, devora o próprio estômago (do que resulta uma úlcera), alimentando-se de si mesma, em vez de se alimentar da energia disponível ao redor. O indivíduo que isola suas ações do contato sofre de isolamento afetivo e de despersonalização: não é capaz de relacionar atividades e experiências.

Interrupção entre retração e sensação

Quando a pessoa é incapaz de retomar uma experiência sensorial partindo da fase de retração, ela pode estar em sono induzido por soníferos, ou em estado semicomatoso como na fase não-REM do sono, ou em transe hipnótico. Outra maneira de ver ou olhar para isso é dizer que ela pode estar num estado dissociado. Alguns distúrbios profundos podem ser identificados assim, a exemplo dos estados esquizofrênicos indiferenciados, nos quais a pessoa não parece responder

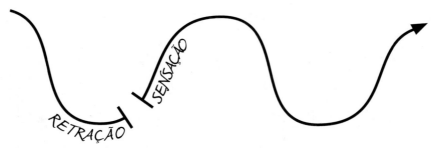

FIGURA 14 *Interrupção entre retração e sensação.*

aos dados sensoriais que o corpo envia. O indivíduo profundamente retraído não parece ouvir outras pessoas nem reagir a elas. Ele talvez não queira, ou não possa, registrar os indícios sensoriais enviados por seu corpo e, conseqüentemente, pode passar a comer demais, a não comer e a apresentar incontinência.

Alguns anos atrás, quando dava aulas na universidade, resolvi um dia demonstrar aos alunos como a hipnose atua. Escolhi uma pessoa mais velha, de aspecto maduro e, após algumas perguntas preliminares para levantar dados de sua história, achei que era um sujeito adequado. Infelizmente, ele não se preocupou em comentar que usara drogas durante vários anos e já tivera alguns *flashbacks* de suas numerosas viagens de LSD. Depois de induzir um transe relativamente profundo, decidi que estava na hora de trazê-lo de volta. Eu o havia condicionado a ouvir minha voz o tempo todo e a sair do transe quando eu dissesse "volte para nós". Todavia, quando dei a ordem, ela pareceu não atingi-lo; ele continuava no estado dissociado, muito confortável com essa distância em relação ao que estava acontecendo.

No início, usei a voz para ordenar calmamente que ele escutasse minhas palavras e confirmasse que as tinha ouvido, com um movimento de cabeça. Lentamente, segui com uma avaliação de seus outros sentidos. Peguei sua mão e pedi que prestasse atenção nas sensações que percebesse na mão e no braço. Aos poucos, ele começou a usar palavras como "gostoso" e "bom". O tempo todo seus olhos continuavam fechados. Então, pedi que abrisse os olhos devagar, visse onde estava e me dissese o que enxergava, começando por mim. Depois, pedi que girasse a cabeça e olhasse para os outros alunos. Ele começou a reconhecer alguns amigos e a voltar para a situação, embora ainda estivesse "viajando". Por fim, pedi que tocasse o próprio corpo: as mãos, o peito e o rosto. Pedi que nos dissesse seu nome e idade e que comentasse como tinha sido a experiência. (Foi então que ele contou sobre suas viagens de LSD.)

Conseguir desfazer as interrupções entre a fase de retração e as sensações é um processo demorado. Muitas vezes, essas interrupções se instalaram em pessoas seriamente deprimidas ou histéricas. O terapeuta criativo deve achar uma forma de se inserir naquela parte da experiência do indivíduo que continua viva e animada. Desse ponto de contato, ele pode direcionar a *awareness* do cliente e ensiná-lo a se ancorar no ambiente. Esse processo pode envolver a *awareness* que a pessoa tem de seu corpo, de seu peso sobre a cadeira, de sua posição no espaço, dos menores sons e movimentos.

Interrupção entre sensação e *awareness*

Quando a pessoa bloqueia o contato entre sensação e *awareness*, ela pode registrar algumas sensações, mas não entende o que querem dizer. Os sinais de seu corpo são estranhos e às vezes até assustadores.

Numa situação de ansiedade, por exemplo, a hiperventilação e o ritmo acelerado do coração podem ser traduzidos e experienciados como "ataque do coração" em vez de aflição. Nas pessoas esquizóides

FIGURA 15 *Interrupção entre sensação e* awareness.

e esquizofrênicas, certas sensações na cabeça, por exemplo, podem ser equivocadamente interpretadas como um neoplasma encefálico. Um cliente com esse distúrbio me disse certa vez: "Minha cabeça parece um recipiente oco, cheio de sangue". Sensações no baixo ventre e na pelve, em geral vinculadas com conotações sexuais, são especialmente assustadoras para certas pessoas e experienciadas como ansiedade, dores abdominais, cólicas, lombalgias e uma variedade de outras interpretações equivocadas. Na conversão histérica, o paciente pode sentir certos pontos de anestesia ou paralisia temporária, sem associar conscientemente tais sensações a movimentos bloqueados da sexualidade.

Também há muitos indivíduos cuja *awareness* é empobrecida por um amplo espectro de repressão, da qual faz parte interpretar erroneamente uma dor causada por gases abdominais como ansiedade gerada por diversos tipos de pensamentos, fantasias e sentimentos. Nesse caso, o cliente é solicitado a prestar atenção em suas experiências sensoriais.

"John, o que você percebe em seu corpo, neste momento?", pergunto para um cliente que está bloqueando raiva.

"Sinto os braços duros, tensos, especialmente os punhos", ele responde.

"E o que você poderia fazer com os braços para expressar essa tensão?" Nessa altura, levo-o a pensar sobre a tensão nos termos mais gerais possíveis, pois esse é o nível de *awareness* em que ele se sente mais confortável.

Movimentando-os para cima e para baixo, John me diz que poderia balançar ou alongar os braços. Nesse momento, ele não sabe o que sua tensão "quer fazer". Peço então que continue repetindo esses movimentos: "Continue movimentando os braços e me diga o que está percebendo".

Conforme ele segue abaixando e erguendo os braços, a expressão tranquila de seu rosto vai mudando aos poucos. Ele começa a parecer inquieto. "Gostaria de dar uns socos em alguma coisa." O que aconteceu foi a gradual transformação da mera percepção de uma sensação muscular na manifestação mais complexa de um sentimento. Depois de mais algum tempo, John consegue formular uma sentença sobre estar "de saco cheio" – e então termina transformando sua experiência sensorial original numa clara *awareness* de sua raiva. Enquanto executa movimentos de socar com os braços, peço que visualize o objeto de sua raiva. Nesse caso, um homem que negava ter qualquer espécie de ressentimento pôde entrar em contato com esse sentimento por meio da sensação muscular.

Interrupção entre *awareness* e mobilização da energia

Esse tipo de interrupção é comum em muitos intelectuais e indivíduos obsessivo-compulsivos, que, apesar de ter um entendimento cortical de si mesmos, sentem-se inquietos, deprimidos e incapazes de se mobilizar para agir.

Muitas pessoas, embora cientes do que precisam fazer, não são capazes de desenvolver ímpeto suficiente para isso. Dizem: "Eu sei que devia parar de fumar, mas é que me falta a motivação", ou "Está claro para mim que discordo do meu professor, mas acho que vou desmaiar se falar alguma coisa", ou ainda "Eu sei que a gente pode dizer 'não' para os pais, mas quando chego ao telefone começo a tremer e simplesmente não consigo fazer isso, não tenho forças, não tenho coragem".

Na maioria das vezes, a energia fica bloqueada por medo da excitação ou das emoções mais intensas, que incluem sexualidade e raiva, assim como expressões de virtudes, valor pessoal, assertividade, ternura e amor. Algumas pessoas pensam que, se permitirem-se soltar a raiva, acabarão destruindo o ambiente; se deixarem-se levar pela sexualidade, vão se comportar de maneira perversa e maníaca; se demonstrarem amor, invadirão e sufocarão a outra pessoa; se puderem se gabar, serão ridicularizadas e rejeitadas.

Em geral, o bloqueio fisiológico concomitante ao medo da excitação afeta a respiração. Inconscientemente, o indivíduo mantém a respiração superficial, reduzindo a oxigenação do corpo e, dessa maneira, privando-se de energia. Neuróticos e esquizóides costumam apresentar respiração curta e superficial. Alexander Lowen salienta que o psicótico está fixado na posição expiratória, quer dizer, seu peito permanece vazio porque ele teme trazer o mundo externo para dentro de si. Essa é uma forma de interromper o fluxo entre a *awareness* e o sistema auto-supor-

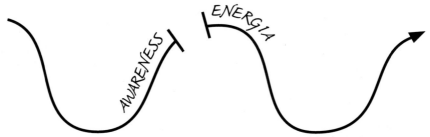

Figura 16 *Interrupção entre awareness e mobilização da energia.*

tivo de energia. Já os neuróticos, para Lowen, estão fixados na posição inspiratória, e seu peito com freqüência está exageradamente cheio, porque eles se recusam a soltar todo o ar.[1]

Essa forma de esvaziamento energético não permite à pessoa expressar sentimentos de forma saudável. Penso em toda a multidão de deprimidos que se queixam de fadiga, inquietação e desânimo. Muitas vezes, a pessoa deprimida retroflete suas manifestações, pois teme expressar aos que ama sua insatisfação ou raiva. Em vez disso, deixa que penetrem em seu ser as críticas que os outros fazem e, então, padece das insatisfações, reclamações e ódios deles. No lugar de se conectar com o mundo da energia, sabota a própria "seiva existencial".

O retrofletor se volta contra si mesmo em vez de contra quem o desagrada. Uma forma alternativa de retrofletir consiste em fazer para si, ou consigo, o que deseja de alguém. Assim, ele se toca quando poderia se aproximar de alguém que o tocasse; masturba-se em segredo (e geralmente com culpa) em vez de se aproximar de um possível parceiro sexual. Entre outras coisas, paga o preço de usar a própria energia em vez de se permitir ser reabastecido por outra pessoa. Suas recompensas são a independência, a autoconfiança, tratar-se melhor do que seria tratado pelos outros, a privacidade e o desenvolvimento de suas capacidades e talentos pessoais.[2]

---

[1] Lowen, Alexander. *The betrayal of the body*. Londres: Collier Books, 1967. [*O corpo traído*. São Paulo: Summus, 1979.]

[2] Deve-se ter em mente que toda interrupção, toda "defesa", também é um sistema para resguardar o *self*, dando suporte, fortalecendo e protegendo a si mesmo.

Quando a pessoa mortalmente enfurecida retroflete com intensidade desmedida, ela se mata (o que, na minha forma de ver, é melhor do que matar os outros).[3] Infelizmente, um número excessivamente alto de pessoas se volta contra si próprio, retirando da vida a energia necessária para expressar potência, criatividade, talento para a inovação e necessidade de mudança social.

O retrofletor geralmente sofre com sintomas físicos (musculares e esqueléticos), os quais demonstram onde a energia está imobilizada. Assim, pode-se esperar uma dor contínua no peito da pessoa que bloqueia a respiração, mantendo-a superficial ou enchendo o peito sem expirar adequadamente. Já tensões no pescoço, nos ombros e nos braços podem refletir uma interrupção entre a energia e a necessidade de contato com os outros (abraçar, receber abraços, bater ou agredir).

Grande parte de meu trabalho consiste em localizar o foco da energia bloqueada e fazer que as sensações dessas áreas alcancem a *awareness* da pessoa. Antes que ela possa liberar tal energia, é proveitoso contar com uma mensagem cortical que diga: "Se eu começar a expirar mais completamente, vou sentir mais energia e, com isso, será possível me livrar da depressão". Assim que estiver com a *awareness* integrada, a pessoa pode aceitar a noção de realizar exercícios respiratórios. Se, por exemplo, souber que sua voz ficará mais forte e potente quando encher os pulmões de ar antes de falar, terá bons motivos para prestar atenção em sua respiração.

É crucial desfazer os bloqueios entre a *awareness* e a energia. Pense nas centenas de pessoas que "aprendem" a se compreender, a compreender seus casamentos, famílias e a situação mundial lendo e conversando com amigos. Essa forma de aprendizagem é limitada; num grande número de vezes, palavras apenas chamam mais palavras. O que a Gestalt tem a oferecer é a noção de energizar os sistemas de ação implícitos nas palavras. Enquanto lê esta página, preste atenção em sua respiração. (Respire profundamente, mas não depressa, para não hiperventilar

---

[3] Cynthia Harris – minha amiga e colega – e eu discutimos muitas vezes essa questão. Cynthia afirma que a retroflexão é o marco distintivo de uma sociedade civilizada. Imagine o caos se, em Nova York, por exemplo, todos decidissem desfazer suas retroflexões!

e desmaiar.) Deixe que a respiração altere sua *awareness*. Quais processos de seu corpo entram em foco? Tensão na bexiga? Intestino delgado cheio? Boca seca? Embotamento do campo visual? Tensão nos genitais, nos esfíncteres, no peito, nos ombros ou na região lombar das costas? Deixe o livro de lado e continue respirando calmamente, aumentando o foco sobre a área que mais chama sua atenção. Deixe que ela "fique aquecida" com energia, como se, pela respiração, você infundisse calor nessa parte do corpo e a convocasse a agir. Que tipo de ação ou movimento está implícito?

Isoladamente, estas palavras não vão mudar seu comportamento; só a mobilização de sua vivacidade interior fará isso. Entretanto, milhares de conselheiros, assistentes sociais, terapeutas e analistas não trabalham com seus clientes nada além das interações verbais. A beleza do trabalho da Gestalt reside na integração das declarações verbais com a expressão muscular, com a atividade. É aqui que a Gestalt penetra os domínios da terapia comportamental, da análise reichiana e da bioenergética. A Gestalt convida a pessoa a colocar em ato aquilo que está só parcialmente formulado com base num entendimento histórico e em *insights* conceituais.

A passagem ao ato em Gestalt-terapia não equivale à atuação [*acting out*] descrita na literatura psicanalítica. Para o analista, esse comportamento conota sair do consultório e se entregar a comportamentos não integrados pelo ego – ou seja, a impulsos instigados pela essência da neurose. Em psicanálise, atuação significa a irrupção de um sintoma, como adquirir um carro dispendioso estando com um grande saldo devedor, ou agir de forma promíscua, sem entender os motivos para isso. Dentro do processo gestáltico, a passagem à ação ocorre como um experimento controlado, geralmente no consultório. O cliente transfere para a ação a energia com que entrou em contato, dirigindo-a para um sistema que há muito tempo deveria estar utilizando. Por exemplo, o cliente pode falar mais alto, caminhar pela sala em passos ritmados, socar almofadões. Pode ser mobilizado a segurar as mãos do terapeuta ou recolher-se num canto da sala. Pode se permitir chorar e pedir socorro, dançar ou se comportar como uma criança pequena. Ele pratica o uso de uma energia que foi mobilizada pela primeira vez. Em suas "lições de casa", a pessoa pode ser solicitada a experimentar o contato com sua *awareness*, prolongando-a para a manifestação física concreta.

Interrupção entre mobilização da energia e ação

Nesta forma de bloqueio, a pessoa trabalha inutilmente, incapaz de agir com base em seus impulsos. Ela pode estar mobilizada, mas não consegue usar a energia a serviço da atividade que lhe proporcionaria aquilo que quer. Sua mobilização cronicamente inexpressa pode resultar em sintomas somáticos variados, entre os quais hiperventilação, hipertensão e tensão muscular crônica. Outra categoria da disfunção pode incluir a impotência, situação na qual a pessoa está em contato com sua energia sexual, mas não é capaz de alcançar uma ereção completa ou a ejaculação. Um exemplo extremo da interrupção entre uma energia intensa e a ação são os estados catatônicos da esquizofrenia, em que a pessoa, embora profundamente irada, parece plácida e sofre de uma completa flacidez muscular ou de uma severa espasticidade.

Na maioria desses estados, a tarefa e a meta do terapeuta consistem em permitir que o paciente, mesmo que da maneira mais limitada e mínima, expresse a energia que experiencia em seu interior. A pessoa tem bons motivos para se conter, por isso é importante que essa expressão ocorra num nível e numa dose confortáveis. O terapeuta novato precisa se familiarizar com as noções básicas de patologia para não forçar o cliente a agir se este não estiver pronto para isso.

FIGURA 17 *Interrupção entre mobilização da energia e ação.*

Por exemplo, o esquizofrênico catatônico deve se inteirar de todo o alcance de sua *awareness* e capacidade de contato, em relação com sua energia. Somente então pode ocorrer uma expressão completa. Para uma pessoa nessas condições, pequenas doses de raiva, expressas verbalmente, são uma meta segura e apropriada. Ela precisa aprender como controlar, graduar e modular a raiva, em vez de se deixar arrastar por uma explosão de fúria.

Na maior parte dos casos, o Gestalt-terapeuta trabalha com neuróticos que normalmente são incapazes de colocar em ação sentimentos e energias básicas. O profissional, então, cria experimentos nos quais essas ações podem ser exploradas na relativa segurança do consultório. Em minha opinião, pertencem a essa categoria os clientes de classe média ou média alta. Sei que se trata de uma supersimplificação perigosa, mas que vale a pena ser feita para ilustrarmos um ponto: a maioria desses clientes vive saltando de um desejo para outro, com uma seqüência de "se ao menos". "Se ao menos eu pudesse tirar férias e viajar para uma ilha"; "Se ao menos eu pudesse pedir um aumento"; "Se ao menos as crianças soubessem o quanto eu me mato de trabalhar"; "Se ao menos eu gostasse da idéia de ganhar dinheiro" etc. etc.

Muito freqüentemente, a pessoa tem a *awareness* de seu desejo e até mesmo a energia necessária. O que acontece? O que ela *faz* no precioso momento em que sua energia está ali? Geralmente, ela a desvia, ligando a TV, indo ao cinema ou se empenhando em falações inúteis sobre "como seria se" ou "como deveria ser". Com medo do fracasso, do ridículo, da decepção ou da desaprovação, a pessoa bloqueia a energia. Também é verdade que, diversas vezes, ela não vai além da *awareness* básica do desejo e nem sequer reconhece a disponibilidade da energia para fazer o que precisa ser feito.

A maioria de meus atendimentos envolve colegas professores, terapeutas, alunos e profissionais em geral. Normalmente são pessoas brilhantes, talentosas, intactas e, ao mesmo tempo, empacadas. Diferentemente dos clientes de classes mais baixas, que talvez aprendam a traduzir rápido demais seus impulsos em ação (outra generalização horrível), a maioria das pessoas com quem trabalho está num atoleiro de autoenganos cognitivos e racionalizações.⁴ Assim, meu trabalho envolve tornar críveis algumas dessas idéias, localizando os sistemas energéticos imobilizados na base delas e, o que é ainda mais importante, colocando em ação essas necessidades ou convicções. Você quer aprender a nadar? *Como* você experiencia não saber isso? *Onde* está a energia que falta a essa habilidade? O que você pode *fazer* com essa energia para começar a nadar? Você quer mudar os republicanos? Como você fica se eles continuarem como são? Você tem energia para fazer algo a respeito? O que você poderia fazer amanhã de manhã?

Meus clientes são a maioria silenciosa – exceto pelo fato de que não são realmente tão silenciosos. Reclamam e resmungam e preferiam muito mais que eu ficasse alisando suas costas e dizendo: "Calma, calma... as coisas vão melhorar..." Nada disso adianta e, se você não estiver disposto a tirar da cadeira seu traseiro ideacional e começar a traduzir os pensamentos em comportamentos – mesmo os mais modestos e mínimos (mas, para você, significativos) –, não estaremos fazendo Gestalt-terapia!

Interrupção entre ação e contato

Geralmente, essa é a pessoa que a clínica designa como "histérica". Tem sentimentos difusos, fala muito e realiza diversas atividades, porém não consegue assimilar suas experiências. Não está em contato com seu trabalho e não se abastece com a energia despendida nem com as conseqüências de sua prodigalidade comportamental. Sua energia se espalha pelos limites do corpo em vez de se focalizar num sistema específico que dê suporte a uma função particular. Essa pessoa não é capaz de agir

---

⁴ A classe inferior, um grupo de moradores urbanos social e culturalmente carente, é, em certo sentido, o oposto polar dos indivíduos aos quais me refiro. O indivíduo do gueto precisa estar plenamente consciente de sua experiência e, inclusive, assimilá-la intelectualmente, talvez fazendo uso de algumas das ruminações intelectuais da classe média. Se, por exemplo, está num bar bebendo e alguém chama sua irmã de vagabunda, pode ser benéfico que ele se mantenha num ou dois minutos atento à sua *awareness* antes de sacar a pistola e sair atirando. Na Gestalt-terapia, esse homem visualizaria seus sentimentos na cena do bar. Poderia perceber o medo, ignorado na cena original, ou um sentimento de culpa e humilhação. Esses pensamentos e sentimentos são canalizados para o comportamento impulsivo. O resultado é que nem mesmo a expressividade que se forma é integrada a esse homem.

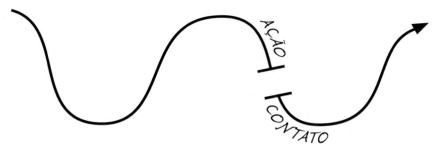

FIGURA 18 *Interrupção entre ação e contato.*

pontualmente, mas se espalha por todo o espaço, é distraída. Quando come, não consegue saborear a comida. Quando faz amor, tem apenas vagas sensações genitais. Quando corre, não tem consciência de seus músculos se contraindo e relaxando. Quando joga tênis, usa força para rebater a bola, mas não olha para ela com atenção.

Essas disfunções dão-lhe uma sensação de irrealidade interna. Em geral, não se sente em contato com o entorno e, às vezes, experiencia esvaziamento ou superficialidade em sua vida interior. Tais sentimentos podem ser fisicamente traduzidos como um vazio no peito ou abdome. Costuma tentar compensar sua sensação de vazio abusando de sexo, comida ou drogas. A função acentuada da sensação lhe oferece uma noção de contato interior, embora limitado. Nesses momentos, estados homogeneizados de consciência transformam-se em figuras claras, presentes em sua *awareness*.

A pessoa histérica precisa de ajuda para se tornar totalmente consciente de pequenas partes de comportamento e suas conseqüências. O objetivo do terapeuta consiste em ajudar esse cliente a localizar sua energia interior, prestar atenção nela e impedir que seja prematuramente lançada no ambiente. Por exemplo, pode-se pedir a esse cliente que caminhe pela sala e se permita experienciar plenamente esse ato, sem se apressar nem se distrair. Ou, ainda, executarem-se alguns experimentos controlados, relativos à atividade sexual ou à demonstração da raiva. Com isso, a pessoa pode focar sua atenção naquilo que a alimenta e aprender a verbalizar claramente como e em que sentido está em contato com a sexualidade e a raiva.

Interrupções entre contato e retração, retração e sensação: perturbações do ritmo

Há um ritmo entre contato e retração. A pessoa aprende a prestar atenção em suas próprias necessidades, em como tentar satisfazê-las e, depois, retrair-se e descansar. Estar constantemente mobilizado também é uma espécie de doença: a doença de não ter paz. Muitas pessoas cultivam uma noção estereotipada de felicidade ou auto-renovação. Querem estar "para cima" e não "caídas". Em sua concepção, "caída" é uma condição de doença ou inutilidade, e não uma parte do ciclo da vida diária.

Um exemplo de ciclo real é o da vigília–sono. Os psicólogos fisiologistas descobriram que todos nós temos ciclos de vigília e que, dentro do período de 24 horas, passamos repetidamente do estado de embotamento mental e físico para o estado de alerta mental e físico. Ficamos excitados e mais tarde, calados; falamos e em seguida silenciamos; trabalhamos e depois descansamos. Às vezes nos sentimos receptivos e, em outros momentos, rejeitamos; às vezes estamos alegres e, mais tarde, tristes; orbitamos em torno dos outros e, em outras ocasiões, necessitamos de solidão.

Nossa cultura reflete um preconceito em relação a experienciar esse ritmo natural. É mais aceitável ser verbal do que calado. Uma produtividade consistente é valorizada; a "preguiça", não. É melhor confluir do que confrontar. Estar alegre é reforçado; estar triste, desencorajado. Socializar é preferível a ficar só.[5] Estar satisfeito consigo mesmo é em geral mais desejável do que estar insatisfeito. Estar completamente no controle de si mesmo é preferível a se sentir intimidado ou constrangido. A certeza é superior à confusão. A energia é melhor do que o cansaço. Essas preferências culturais ocidentais não passam de rejeições de uma vida que tem ritmo, variação de movimentos e continuidade.

O indivíduo que interrompe o fluxo entre contato e retração não é capaz de deixar o processo seguir em frente quando sua experiência alcança o auge ou o clímax. Ele se agarra a ela além do ponto ideal de retorno e então precisa recorrer à negação para cancelar a sensação de fadiga, peso

---

[5] Para muitos, ficar só conota solidão. Para a pessoa criativa e saudável, a solidão é aquele estado em que ela se sente enraizada, sólida, confortável e sustentada pelas próprias pernas. Algumas pessoas não pensam assim; acham que a solidão é uma falta.

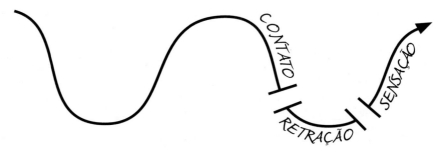

FIGURA 19 *Perturbações no ritmo.*

ou embotamento. Na fronteira do contato, onde acontece a ação em relação ao mundo, esse sujeito se torna confuso. Não sabe se recebeu estimulação suficiente ou, inclusive, se de fato ocorreu a estimulação. Se estiver segurando a mão de uma pessoa, por exemplo, talvez não perceba que esta sente a necessidade de soltar a sua. Esse indivíduo pode se aproximar de alguém excessivamente ou depressa demais, sem sentir qual é o ponto de conforto do outro, o ponto em que o contato precisa ser interrompido. Ele também tem dificuldade em dosar a intensidade do contato e não sabe quanto dar ou receber – tende a não ouvir as mensagens dos outros. Em decorrência disso, esse indivíduo pode descobrir que é rejeitado e se sentir confuso a respeito das distâncias entre ele e os outros. Dessa forma, pode manter uma distância "grande" demais das pessoas e não se beneficiar das coisas boas que o alimentariam caso acontecessem.

Esse indivíduo também tem um problema de dosagem em relação a si mesmo. Pode trabalhar em excesso, já que interrompeu o contato com a sensação de bem-estar ou, por estar imobilizado entre a retração e a sensação, terá dificuldade em retornar à condição de alerta e ação. Talvez não esteja acostumado às sensações de fadiga e sonolência. Em termos de neurose, ou se força sem cessar ou cai em depressão; pode ainda oscilar entre as duas condições. A pessoa maníaco-depressiva é apenas um caso exagerado dessa dificuldade parcialmente resultante de fatores fisiológicos. Na base dos temores de solidão ou inatividade está o medo da imobilidade final: a morte. A pessoa que combate a noção de dar o dia por encerrado e se mantém acordada até as 4 horas da manhã pode sentir muito medo do ritmo diário de viver e morrer.

Processo criativo em Gestalt-terapia 129

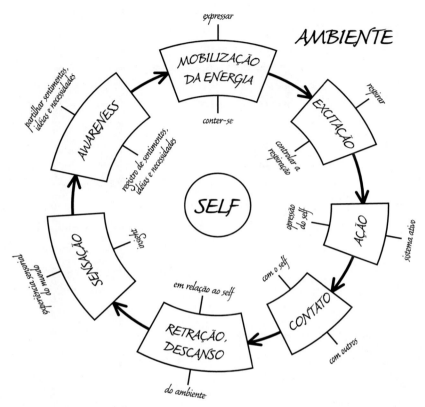

FIGURA 20 Self, ambiente e o ciclo awareness–excitação–contato

Um dos propósitos da experiência terapêutica é nos tornar abertos à variedade de ritmos que existem na vida. Ela nos expõe à riqueza do silêncio e à necessidade do descanso. Quando um cliente se cala e fica ansioso com isso, incentivo-o a prestar atenção na qualidade e nas sensações de estar ali, sem pronunciar palavras. As palavras preenchem a lacuna da ansiedade. A ansiedade, por sua vez, levanta questões específicas que não foram encaradas antes e fornece o combustível para a solução de problemas.

Prefiro viver uma vida em que posso estar com outras pessoas quando escolho sua companhia ou estar sozinho quando minha solidão se torna convidativa. Prefiro me dar permissão para ser insatisfeito ou crítico em relação a mim mesmo a exagerar partes da minha vida que são boas e certas. Gostaria de ensinar meus clientes a permanecerem com a doçura, a candura e a pureza de sua timidez e seu embaraço, deixando que esses sentimentos se irradiem por uma recém-descoberta *awareness*. Qualidades infantis, assim como a capacidade de brincar, são tão significativas para o ritmo da vida quanto a "seriedade adulta". É importante apreciar a confusão e ficar com ela até que surja clareza.

> Há um momento para tudo e um tempo para todo propósito abaixo do céu. Tempo de nascer e tempo de morrer. Tempo de plantar e tempo de arrancar a planta. Tempo de matar e tempo de curar. Tempo de destruir e tempo de construir. Tempo de chorar e tempo de rir. Tempo de gemer e tempo de bailar. Tempo de atirar pedras e tempo de recolher pedras. Tempo de abraçar e tempo de se separar. Tempo de buscar e tempo de perder. Tempo de guardar e tempo de jogar fora. Tempo de rasgar e tempo de costurar. Tempo de calar e tempo de falar. Tempo de amar e tempo de odiar. Tempo de guerra e tempo de paz.[6]

O caso de Carol

Carol começa seu trabalho no grupo afirmando que tem muito pouco a dizer. Instala-se um longo silêncio. Ela parece pensativa e olha para o chão. Após alguns minutos, diz ao grupo que tem problemas para se expressar porque se sente incompetente. Segue-se certa discussão sobre a questão da competência: ela não acha que esse termo seja o mais adequado para descrever sua experiência, pois contém implicações de inferioridade profissional e não é bem isso que ela quer dizer. Sugiro a palavra "inadequada", e ela fica satisfeita.

A experiência sensorial de Carol parece indistinta. Suspeito que a possível riqueza de sensações que ela experiencia não chega até sua

---
[6] Livro do Eclesiastes 3:1-9. *A Bíblia de Jerusalém*. 9ª ed. rev. São Paulo: Edições Paulinas, 1993.

awareness devido à sua ansiedade em falar delas para o grupo. Minha co-terapeuta sugere que Carol nos fale um pouco sobre seu sentimento de inadequação nas situações do dia-a-dia. Modifico essa interferência pedindo que ela diga a algumas pessoas do grupo de que maneira se sente individualmente inferior a cada uma delas.

Depois de avaliar cuidadosamente essa sugestão, ela se volta para mim e me diz de que maneiras se sente inadequada e também como se sente igual a mim. Em seguida se dirige a outra pessoa e comenta com ela outro aspecto de sua inadequação.

Após algumas declarações aos membros do grupo, há uma longa pausa e percebo claramente o quanto Carol está considerando com cuidado tudo que tem a dizer. Sua voz é monótona e sua respiração se torna muito superficial. Ela demonstra poucos sentimentos e parece sem energia. Enuncia suas palavras muito lentamente e com uma cautela agonizante.

A julgar pela qualidade da fala de Carol, suspeito que seu nível de *awareness* tenha sido ativado e seja muito rico. Entretanto, continua invisível para o grupo, servindo como uma postura defensiva. Ela se segura em si mesma, em suas noções, encharcando-se com as próprias idéias. Sua energia está retrofletida, voltada para dentro; ela trabalha contra si mesma, contra sua *awareness* e seu potencial para entrar em contato com os outros. O resultado disso é uma manifestação entrecortada, vacilante, com bloqueios constantes em todos os níveis do ciclo *awareness*–contato. Por isso, grande parte da energia está vindo de mim, da co-líder e de outros integrantes do grupo.

Desconfio que sua tendência narcisista lhe permita imaginar que é superior aos outros, como reação às suas dúvidas sobre si mesma. Digo para ela: "Carol, debaixo desse sentimento de inadequação e da mania de grandeza, desconfio que o que você está realmente pensando é de quantas maneiras você é superior ou, no mínimo, igual a nós".

"Sim", ela confirma, "estava mesmo tendo uma grande dificuldade para encontrar pessoas em relação às quais eu seja claramente inferior".

"Bom, então", sugiro, "entre no seu sentimento de grandeza e conte para o maior número possível de pessoas de quantas formas você consegue ser melhor que elas".

Carol parece encarar essa tarefa como um desafio e seu nível de energia aumenta. Ela se dirige a várias pessoas em seqüência, afirmando para cada uma – primeiro de modo negativo, depois num estilo mais assertivo e convicto – de que maneira ela é melhor.

Contudo, ainda existem muitas pausas pesadas entre suas frases, lançando um silêncio letal, ominoso, sobre o grupo. Digo a ela: "Para uma pessoa que necessita se sentir superior, você talvez ache que as palavras escolhidas devem ser perfeitas para descrever com exatidão a outra pessoa. E, se você escolher palavras comuns, então será ou inferior ou igual a nós. Você se estressa quando tem de articular toda essa precisão em sua linguagem".

Margaret sugere que Carol olhe de cima para as pessoas e descreva os pensamentos que lhe ocorrem ao longo de seu processo de tomada de decisão. Os olhos de Carol se iluminam diante dessa possibilidade e, depois de certo nervosismo inicial, ela começa: "Estou olhando para você, John, e não consigo pensar em nada que me torne superior, então agora eu vou olhar para Mary e acho que posso pensar em alguma coisa para te dizer, Mary, mas me sinto protetora em relação a você..."

No processo de descrever sua experiência interna em relação às pessoas do grupo, Carol começa a se mobilizar. Posso sentir seu crescente envolvimento com o processo. Sua energia flui mais intensamente, conforme prossegue, até passar a sustentar suas próprias manifestações.

Embora Carol agora consiga fluir mais verbalmente, seu rosto e modos continuam sem vida. Seus olhos, no entanto, são muito expressivos. Incentivo-a a expressar seus sentimentos pelas pessoas do grupo de maneira mais concreta, mais física. Minha co-terapeuta sugere que Carol comece a lançar olhares na direção das pessoas. Para isso, Carol fica em pé pela primeira vez. Aproxima-se das pessoas, encarando uma ou outra, olhando-as sedutoramente – dá umas piscadinhas.

Enquanto se relaciona com as pessoas dessa maneira, uma grande animação se instala na sala, todos estão mais excitados. Numa certa altura, ela se aproxima de Harriet e a encara, sem hesitação. Antes, Carol havia dito para Harriet que se sentia mais assentada do que ela parecia ser, e agora é como se exercesse um efeito hipnótico sobre Harriet. Esta começa a chorar e as duas se abraçam. Emana uma intensa sensação de afeto e ligação entre ambas, enquanto Harriet comenta a sensação de paz que está sentindo com Carol.

Nesse momento, Carol é convidada a prestar atenção em sua respiração e a olhar para as pessoas como se estivesse respirando com os olhos. Essa instrução facilita mais ainda seu movimento para completar a experiência. Ela se torna ativa, brincalhona e intensamente física com as pessoas, chegando a "se engalfinhar" de fato com algumas delas. Sua capacidade para o contato é evidente, tanto em sua aparência radiosa como em seu relacionamento autêntico com o grupo.

Finalmente Carol se senta. Seu rosto está aberto; sua respiração, solta. O grupo começa a fazer comentários sobre o processo que todos viveram, e os *feedbacks* inicialmente breves e hesitantes logo são expressos mais profundamente. Antes do fim da sessão, Carol diz: "Estou aprendendo que o mundo é mais maleável do que eu imaginava que fosse. Também estou aprendendo a não ser tão introspectiva e mesquinha, quando existe tanta riqueza à minha volta e tantas oportunidades para eu me expressar".

Essa mulher tinha ficado sentada quase o *workshop* inteiro, sem se envolver minimamente com o que ocorria. Sentia-se muito ameaçada e a possibilidade de fazer alguma coisa parecia bastante remota, até que um dos terapeutas trabalhou com um comportamento expressivo, diretamente relacionado a algo que ela mesma manifestava, isto é, o uso da vivacidade em seus olhos. Os obstáculos e as resistências foram convertidos em eventos interativos, com certa significação tanto para ela quanto para o restante do grupo. Carol evoluiu de uma profunda imersão em pensamentos – algo que era cansativo, pesado e carente de vitalidade – para uma interação verbal e, depois, para uma interação física e uma relação ativa com as outras pessoas do grupo. Por volta do fim da sessão, seu comportamento denotava iniciativa e auto-suporte. A gradual mobilização de energia mostrou-se um aspecto vital nesse processo. Em cada estágio do ciclo sensação–*awareness*–contato, mais energia se torna disponível para que, assim, Carol se tornasse capaz de dar suporte à espécie de atividade exigida para experienciar o fechamento, a retração e o repouso.

A DESCOBERTA DE NOVOS CONCEITOS

Digamos que eu passe por uma experiência, a Experiência A. Esta me leva a acreditar em certas coisas a meu respeito: o Conceito A1. A crença aprendida é que sou fisicamente inferior. Essa crença não me ajuda em nada, especialmente porque, de acordo com a maioria dos critérios, sou bastante "normal". Entretanto, vou vivendo dentro da crença de inferioridade física, que me limita na realização de certas funções: esquivo-me de carregar objetos pesados ou participar de alguma outra atividade que eu interprete como muito perigosa ou extenuante.

Em minha terapia, conto a Erving Polster sobre esse meu conceito de fragilidade. No decorrer do trabalho, ele me estimula a dançar, mostrando como sou elegante e fisicamente forte. Acabo aprendendo até a me equilibrar de ponta-cabeça. Com base nesses experimentos, vejo-me forçado a pensar de outro modo sobre meu corpo. Parto da Experiência A e do Conceito A1 (fragilidade) para a Experiência B, que é uma nova experiência física de mim mesmo. O próximo passo se refere ao Conceito B1, que decorre da nova experiência e se trata de uma nova afirmação

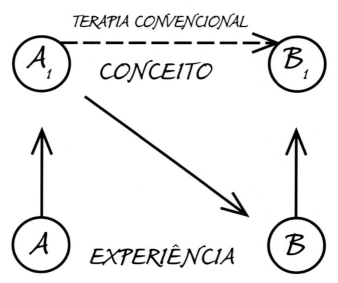

FIGURA 21 *Descoberta de novos conceitos.*

sobre mim mesmo. Essa nova afirmação pode ser: "Sou magro, mas sou forte", "Meu corpo pode parecer frágil, mas sou elegante para me movimentar" ou "Posso parecer frágil, mas sou ágil e rápido".

A Gestalt-terapia pode ser concebida como o desenvolvimento de novos conceitos sobre nós mesmos, ao inventar novas experiências na situação terapêutica. Como processo de aprendizagem, essa transição é mais poderosa do que uma transição cognitiva do Conceito A para o Conceito B. Em outras palavras, se estou conversando com alguém e digo "Fisicamente, sou meio doente", e a pessoa responde "Mas não é essa a impressão que você me dá", e então eu concordo "Acho que você tem razão, eu realmente não pareço doente", a assimilação do novo conceito é muito mais difícil do que quando decorre de uma experiência concreta, vivida na situação terapêutica.

Associo a psicanálise com a aprendizagem lateral, em que a pessoa passa do Conceito A para o Conceito B e para o Conceito C, sem adquirir uma base de experiências nem estruturas fisiológicas para sustentar o novo conceito. O aprendizado que resulta de uma experiência concreta, como o que é gerado pelos experimentos, parece algo como aprender em ziguezague. A pessoa desce ao plano da experiência concreta, desenvolve idéias sobre si mesma, com base em comportamentos, e estes facilitam a formulação de novos comportamentos.

Vamos retomar o caso de Carol. Ela iniciou trabalhando com dois autoconceitos essenciais: a incapacidade de se expressar e um sentimento de inadequação. Durante o trabalho, envolveu-se numa seqüência de experimentos expressivos com os membros do grupo. Teve uma oportunidade concreta de se comparar com os outros, gerando dados e realizando encontros físicos. Seu entendimento conceitual de si mesma começou a mudar. Ela desenvolveu uma nova auto-imagem, passando a se ver como alguém que poderia se movimentar num mundo mais maleável, experienciando sua riqueza e expressando sua vida interior. Como resultado desse processo, sua atitude com respeito a si própria e aos outros mudou, deixando de lado a "mesquinhez" retrofletida para dar lugar a uma avaliação mais realista e equilibrada de si mesma e do ambiente. Esse aprendizado contou com uma base comportamental, ancorando-se em sua voz, em seus olhos e movimentos, em todo seu organismo. Em minha forma de ver, esse aprendizado organísmico tem uma durabilidade maior do que a experiência de aprendizagem cognitiva, na qual a pessoa "deleta" um conceito para "salvar" outro no lugar.

Expansão do alcance experiencial

Outra meta da psicoterapia é levar o cliente a adquirir um amplo espectro de experiências internas sobre si mesmo. Não só ele pode conhecer os dois lados de determinado fenômeno como também experienciar todos os momentos intermediários desse fenômeno. A Gestalt-terapia entende que os "sintomas" não são itens discretos, e sim estreitamentos de âmbito de determinado conjunto de funções. A resposta da pessoa a uma dada situação pode se tornar tão estreita que termina comprometendo sua fluidez e flexibilidade de funcionamento.

Digamos que uma pessoa é histérica ou compulsiva em relação ao ambiente. Se ela reage histericamente, seu tempo de reação é muito rápido e sua experiência, larga e espalhada, como uma enchente repentina. Essa pessoa tem enorme dificuldade para assimilar suas experiências e mais ainda para aprender algo com elas. Seu potencial de aprendizagem é como a água que escoa pelo encanamento, sem pontos de fixação.

No modo compulsivo, a pessoa é tão relutante a reagir e tão lenta e profundamente questionadora em relação ao estímulo que não consegue funcionar com flexibilidade ou rapidez suficiente para se abastecer.

Figura 22 *Âmbito: ampliando o self.*

Nessa polarização específica, Carol cai no extremo compulsivo. Não há nada errado com a compulsividade, quando aplicada a uma tarefa em particular. Mas, quando imobiliza alguém que não consegue se expressar – como ocorreu com Carol –, então a pessoa pode usar um pouco da expressividade "histérica". O objetivo não era ajudar Carol a se tornar uma impulsiva desmiolada, mas ajudá-la a descobrir onde podia funcionar de maneira criativa e fluida, entre sua histeria e sua compulsividade. No grupo, ela pôde experimentar seu âmbito comportamental o suficiente para aprender que a generosidade de manifestações, se ponderada e sem transgredir sua integridade, é altamente satisfatória. A Gestalt-terapia nos ajuda a localizar esses comportamentos intermediários a fim de empregarmos todo o potencial do âmbito experiencial que contemos.

METANECESSIDADES E OBJETIVOS METATERAPÊUTICOS

Abraham Maslow falava da amplitude de necessidades humanas, entre as quais estariam as "metanecessidades". Com essa designação, referia-se a necessidades irredutíveis a componentes menores.[7] Metanecessidades seriam as de pureza, justiça, beleza, verdade. Se você pergunta a um advogado por que ele trabalha com direito e ele lhe diz "Porque amo a justiça", e você pergunta "Por que você ama a justiça?", e ele responde: "Porque amo a justiça", ele está lhe dizendo que a justiça é uma aspiração que para ele não tem mais como ser explicada. É como Jeová dizendo "Eu sou quem sou", o que quer dizer "Eu sou o absoluto não mais redutível. Minha validade pessoal é o que é".

Maslow então desenvolveu a conjectura segundo a qual sempre que as metanecessidades são frustradas surgem "metadoenças". Se uma pessoa vive num ambiente feio e sente necessidade de beleza, ela padecerá de sintomas decorrentes da feiúra do que a cerca. Se vive num estado totalitário e não é capaz de tolerar a ausência de verdade e liberdade ou o direito de ir e vir, começa a sofrer a dor relacionada a essa frustração. Essas necessidades são tão poderosas que a pessoa pode resolver escalar

---
[7] Maslow, Abraham. *Toward a psychology of being.* New Jersey: Van Nostrand, 1962.

uma parede e tentar alcançar a liberdade, mesmo que suas chances de sobrevivência sejam pequenas. Ela prefere morrer a ser suprimida.

Os sintomas resultantes da frustração de necessidades humanas comuns, como as de conforto fisiológico, segurança, amor, pertencimento e reconhecimento, acarretam neuroses, psicoses e outros distúrbios descritos na literatura psicanalítica. Por outro lado, a frustração das metanecessidades, embora possa resultar em patologias que lembram as acima citadas, requer um tipo diferente de experiência de cura. A maior parte das terapias se destina a curar as patologias "comuns", decorrentes da frustração de necessidades de nível inferior, e não serve para corrigir as frustrações de metanecessidades não atendidas, as metadoenças de nossa sociedade, os sofrimentos do espírito e das mais altas potencialidades humanas.

Quando ensinamos técnicas que almejam curar sintomas, como a dessensibilização de Wolpe ou a terapia de condicionamento, ensinamos como erradicar sintomas em vez de como lidar com os estratos mais profundos do espírito humano. Acho razoável esperar que a maioria dos terapeutas tenha um repertório adequado para lidar com a sintomatologia habitual, mas desconfio que quase todos nós não temos recursos para trabalhar com as metadoenças. É por essa razão que muitas escolas de pensamento orientais, ou combinações delas com sistemas ocidentais de psicoterapia, terminaram se tornando tão populares nos Estados Unidos, nos últimos anos. À medida que o sistema de atendimento social cresce e que mais pessoas sobrevivem fisicamente, aumenta a consciência de quantos sofrem na alma, no espírito. Esse tipo de carência requer uma metodologia curativa transpessoal, com uma proposta mais profunda. Um exemplo desse método terapêutico é a escola de Arica.

O Gestalt-terapeuta que é pessoalmente capaz de crescer e transcender o nível da competência técnica, atingindo a expansão e o aprofundamento de sua espiritualidade, está mais apto a trabalhar com as metadoenças do que aquele que apenas aprendeu os aspectos técnicos do ajustamento de indivíduos a seu ambiente atual. Estes últimos – os terapeutas "feijão com arroz" – mantêm a sociedade em seu nível existente de ajustamento, oferecendo-lhe o básico para que possa funcionar em seu dia-a-dia, levando adiante sua vida, ajustando-se às demandas cotidianas. Conforme vou experienciando meu crescimento, tenho aspirações mais elevadas, de atingir a pessoa no nível que for mais relevante para ela. De vez em quando, também é importante inspirar os clientes, propondo um modelo humano de amplo espectro, capaz de instigá-los a almejar metas que nunca antes tinham compreendido e muito menos cogitado alcançar.

* * * * * *

Em termos gerais, os métodos da Gestalt são orientados a efetuar mudanças comportamentais em vez de oferecer apenas uma compreensão intelectual, por mais profunda que esta possa ser. Com o passar dos anos, aprendemos que a pessoa pode se entender profundamente e, apesar disso, continuar com os mesmos comportamentos disfuncionais de sempre. A Gestalt-terapia faz a ponte entre as terapias cognitivas e a modificação comportamental. Expomos o cliente a *insights* experienciais. Essas são algumas de nossas metas. De modo algum elas resumem nosso sistema terapêutico; também não expõem claramente toda a sutileza, a variabilidade de estilos individuais e a larga complexidade do funcionamento humano.

Às vezes acho que somos ambiciosos demais em nossas metas e aspirações, que estamos "mirando as estrelas" antes de conseguirmos efetivar maneiras de viver experiências simples e concretas de suporte em relação a nós mesmos e a nossos entes queridos. Devemos aprender a mastigar, saborear e sentir o aroma de biscoitos de água e sal antes de conseguirmos apreciar pratos da alta culinária. Devemos alcançar a riqueza interna antes de sermos capazes de destilar a ilimitada diversidade das experiências de vida em essências pessoais. Mais adiante ainda, devemos aprender a enxergar a ironia cósmica nessas essências: se nos fixarmos em qualquer sistema que seja, incluindo o deste livro, estaremos nos tornando prisioneiros.

Capítulo 6

O experimento

A Gestalt-terapia é uma versão integrada da fenomenologia e do behaviorismo.[1] Temos uma orientação semelhante à da fenomenologia porque respeitamos a experiência interior do indivíduo: o trabalho terapêutico baseia-se na perspectiva do próprio cliente. Ao mesmo tempo, modificamos comportamentos concretos de maneira graduada e cuidadosamente articulada. Com isso, uma das qualidades singulares da Gestalt-terapia é a ênfase na modificação do comportamento de uma pessoa, dentro da própria situação terapêutica. Essa modificação comportamental sistemática, quando brota da experiência pessoal do cliente, é chamada de experimento.

O experimento é a pedra angular do aprendizado experiencial. Ele transforma o falar em fazer, as recordações estéreis e as teorizações em estar plenamente presente aqui, com a totalidade da imaginação, da energia e da excitação. Por

---

[1] Kepner, E.; Brien, L. "Gestalt therapy: a behavioristic phenomenology". In: Fagan, Joen; Shepherd, Irma L. *Gestalt therapy now: theory, techniques, applications*. Palo Alto, CA: Science and Behavior Books, 1970.

exemplo, ao reviver em ato uma antiga situação inacabada, o cliente é capaz de compreendê-la com mais riqueza e completar essa vivência com os recursos de sua nova sabedoria e entendimento da vida.

Os experimentos podem envolver cada uma das esferas do funcionamento humano. Contudo, a maioria deles tem uma qualidade em comum: pedem ao cliente que expresse alguma coisa comportamentalmente, em vez de apenas passar por uma experiência cognitiva interior.

Há alguns experimentos que efetivamente incluem o envolvimento ativo de processos cognitivos, como a visualização, a fantasia e os sonhos dirigidos. Esses experimentos talvez não dependam do uso dos músculos esqueléticos – pelo menos é essa a impressão que se tem. Entretanto, quando observo cuidadosamente um cliente imaginando uma cena de sua vida, freqüentemente percebo que ocorrem mudanças em sua respiração, sua postura, seu tônus muscular e sua expressão facial. A ausência de movimentos corporais de larga amplitude não significa ausência de envolvimento corporal; todo experimento contém um vigoroso componente comportamental.

A natureza do experimento depende dos problemas da pessoa, do que ela experiencia no aqui e agora, e também do repertório de experiências de vida que tanto ela quanto o terapeuta trazem para a sessão. Os experimentos podem incluir verbalizações num nível totalmente novo para o cliente. Posso pedir que ele concentre a fantasia em sua infância, crie uma "lembrança" e fale dela para o grupo. Outro experimento pode incluir a movimentação de algumas partes do corpo ou uma atenção concentrada em certos aspectos de seu funcionamento físico, como a respiração ou a tensão muscular. Posso pedir ao cliente que fale de forças imaginárias em seu interior, que converse com pessoas de sua vida, que cante, dance, salte, mude de voz, dê socos em almofadões, tenha a atitude de alguém emburrado, grosseiro, delicado, zangado, suave ou sentimental.

O experimento pede que a pessoa se explore de forma ativa. O cliente se torna o diretor-geral da experiência de aprendizagem. Ele ajuda a estipular a maneira como um problema é enfrentado e age conforme seu próprio julgamento na execução do plano. O cliente progride com en-

Processo criativo em Gestalt-terapia 143

corajamento, incentivo e sugestões imaginativas do terapeuta, que atua no papel de consultor e diretor de criação de um cenário para o qual o cliente fornece o conteúdo e o sentimento. Tudo ganha vida no aqui e agora da sessão terapêutica. Esse processo transforma sonhos, fantasias, recordações, reminiscências e esperanças em acontecimentos dinâmicos, fluentes, plenos de vitalidade, envolvendo o cliente e o terapeuta.

Numa certa altura desse evento autogerado, o cliente experiencia o "Ahá!" e diz: "Agora entendo como sou", ou "É isso mesmo que estou sentindo", ou "Agora sei o que preciso fazer, como preciso agir para conseguir o que quero nessa situação". Ele é seu próprio professor. Seu "Ahá!" não pode ser suplantado pela experiência, sugestões ou interpretações de outra pessoa. Sua descoberta se sustenta solidamente sobre seus pés. O consultório se torna um laboratório vivo, um microcosmo em que ele se investiga realisticamente, sem medo de críticas ou rejeição.

O experimento criativo, se funcionar bem, ajuda a pessoa a dar um passo adiante e consolidar uma nova forma de se expressar – ou, pelo

FIGURA 23 *Numa certa altura, o cliente experiencia o "Ahá!" e diz: "Agora, sei o que preciso fazer!"*

menos, leva-a até o limite do conhecido, até a fronteira onde seu crescimento precisa acontecer. No longo prazo, os propósitos do experimento são: aumentar o alcance da *awareness* do cliente, ampliar seu entendimento de si mesmo, expandir sua liberdade de agir com eficiência no ambiente e aumentar seu repertório de comportamentos numa variedade de situações de vida. Mais especificamente, os propósitos da experimentação criativa, na situação terapêutica, são:

- expandir o repertório de comportamentos da pessoa;
- criar condições nas quais ela possa ver a vida como *sua criação pessoal* (assumindo a autoria de sua terapia);
- estimular o aprendizado experiencial da pessoa e a evolução de novos autoconceitos com base em criações comportamentais;
- completar situações inacabadas e superar bloqueios/interrupções no ciclo *awareness*–excitação–contato;
- integrar compreensões corticais com expressões motoras;
- descobrir polarizações que não estão na *awareness*;
- estimular a integração de forças conflitantes na personalidade;
- desalojar e reintegrar introjeções e sentimentos, idéias e atos geralmente "mal situados", instalando-os nos pontos adequados dentro do sistema da personalidade;
- estimular circunstâncias nas quais a pessoa possa sentir e agir com mais força e competência, de maneira mais exploratória e ativamente responsável, oferecendo suporte a si mesma.

O experimento não é um evento monolítico que resolve um problema central e o prepara como um lindo embrulho, na elegante estrutura de uma sessão. O experimento é uma ferramenta, um modo de trabalhar experiencialmente com a pessoa. Muitas vezes, os experimentos podem ser usados para burilar as indagações, e não apenas para respondê-las:

Cliente: Não sei com o que quero trabalhar, hoje.

Joseph: Você gostaria de brincar um pouco com a noção de "não saber", para ver se te traz alguma coisa?

Cliente: Pode ser, nunca tinha pensado nisso. Geralmente me recrimino por não saber alguma coisa de antemão...

Aqui, em lugar de perseguir algo com que trabalhar, o experimento explora a atitude do cliente a respeito da *maneira* como ele experiencia sua forma de lidar com problemas.

Joseph: Ótimo, então entre nesse estado de "não saber"; corra os olhos pela sala e comece a me dizer o que você vê e experiencia, do ponto de vista de alguém que "não sabe".

Aqui, o experimento parte em busca de um tema mais nuclear para o cliente.

Cliente: Estou olhando para aquela pintura abstrata. Não entendo o que quer dizer. Meu pai é pintor, como você sabe, e sempre me sinto inadequado no conhecimento de arte abstrata.

Dessa maneira, a sessão terapêutica pode se tornar uma série de pequenas situações experienciais, situações que estão organicamente entrelaçadas, em que cada evento serve a uma função especial para o cliente e traz em seu bojo uma possível surpresa, uma descoberta totalmente inesperada tanto para o cliente como para o terapeuta. Diversamente do procedimento científico rigidamente estruturado, o experimento gestáltico é uma forma de pensar em voz alta, uma concretização da imaginação da pessoa, uma aventura criativa.

A EVOLUÇÃO DE UM EXPERIMENTO

O experimento transcorre no campo da energia psicológica entre duas ou mais pessoas. Uma delas é chamada de terapeuta ou conselheiro e a outra, de paciente ou cliente. Esses rótulos não representam adequadamente toda a complexidade das transações por meio das quais duas pessoas constroem um enredo dramático dentro de determinada seqüência espaciotemporal, um enredo que costuma mudar sua vida. Assim como quando se observa um casal de namorados, é difícil dizer quem deu e quem recebeu, também aqui não se pode generalizar e dizer que uma pessoa criou e outra seguiu as instruções.

A construção do experimento é uma dança complexa, um empreendimento cooperativo. Em geral, o terapeuta é o guia que aponta os cenários mais significativos. Ele "põe a mão na massa" ao explorar o território. O cliente dificilmente é um seguidor passivo. Muitas vezes está alerta para perceber as sinalizações que mais o aproximarão de sua meta de auto-realização. Para tornar tudo ainda mais complexo, o "cliente" pode ser um grupo, ou o terapeuta e o cliente podem ser um só, como acontece quando a pessoa trabalha consigo mesma num momento de crise.

O processo por meio do qual se desenvolve um experimento é complexo e difícil de ser descrito. Como ocorre com qualquer outra criação, ficamos tentados a dizer "Aconteceu, simplesmente", ou "O trabalho foi evoluindo desse jeito", ou "Observe como estou fazendo e descubra seu modo". Ao mesmo tempo, sei que o desenvolvimento de meu trabalho tem uma seqüência reguladora, um senso de ordem. Embora a seqüência, o conteúdo e a forma mudem com o tempo, quero apresentar um mapa cognitivo geral com o qual você possa se identificar.

Normalmente, o experimento se desenvolve na seguinte seqüência:

- estabelecer a base de trabalho[2];
- negociar um consenso entre terapeuta e cliente;
- graduar o trabalho de acordo com as dificuldades percebidas no cliente;
- trazer à tona a *awareness* do cliente;
- localizar a energia do cliente:
- focar a *awareness* e a energia para o desenvolvimento de um tema;
- gerar auto-suporte para o cliente e para o terapeuta;
- escolher um experimento em particular;
- realizar o experimento;
- questionar o cliente: *insight* e conclusão.

---

[2] As noções de base de trabalho, consenso e gradação foram brilhantemente formuladas nos ensinamentos da dra. Sonia Nevis, do Instituto de Gestalt de Cleveland.

Quando reflito sobre as etapas de desenvolvimento do experimento, constato que sua seqüência pode ser arbitrária. Por exemplo, o trabalho preparatório pode, de fato, vir após o consenso; a fase de localização da energia pode ocorrer imediatamente, no curso da interação natural envolvendo as pessoas. Prefiro considerar essas variáveis como células que entram ou saem flutuando do processo orgânico que o experimento estabelece com o passar do tempo.

Base de trabalho

Antes que qualquer coisa possa brotar da terra, é preciso compreender a configuração do solo, estar disposto a limpar as pedrinhas e a arar bem o terreno. É a mesma coisa com a criação de um experimento na sessão de terapia.

Antes de tudo, o terapeuta deve estar preparado para explorar a perspectiva da outra pessoa: que espécie de histórico serve de base para que ela se comunique? É um aspecto de infância? Vem recheado de queixas? Está ligado a seus atuais relacionamentos? Vem marcado por queixas de dores físicas ou outros incômodos corporais? Tem por base julgamentos, apresenta-se histericamente dispersivo ou está imobilizado por um perfeccionismo obsessivo?

Acolher a experiência de outra pessoa requer o desenvolvimento de um *rapport* no início de cada uma das sessões – como um processo de aquecimento e restabelecimento do contato que se repete todas as vezes. No começo da sessão, é importante não interromper a pessoa, permitindo que ela exponha sentimentos e idéias que espontaneamente lhe ocorrerem, a fim de compreender ao máximo o que ela tem em mente. O cliente geralmente se permitirá ser interrompido e até mesmo dirigido para uma área de interesse do terapeuta; contudo, se um experimento decorrer dessa interrupção, terá pouca relevância para o cliente, que não investirá nele.

Conforme incentiva-se a pessoa a comunicar espontaneamente seus sentimentos e experiências no aqui e agora, várias categorias de comunicação são estabelecidas e gradualmente destiladas pelo terapeuta, até constelarem um tema unificador que ele possa transformar em experimento. Entretanto, é importante que, no início, uma das categorias de comunicação seja mais explorada a fim de que sirva de base para o trabalho com o tema unificador.

Dou um exemplo. Num de meus últimos *workshops*, conversei com um jovem terapeuta, que chamarei de Dick. Ele comentou que sempre se sentia "inferior" em relação a "terapeutas famosos". Enquanto falava, tornou-se óbvio que precisava lidar com o sentimento de desvalorização para com indivíduos realizados, assim como também precisava enfrentar seus sentimentos em relação a figuras de autoridade, incluindo seu pai. Todavia, o que para mim mais se destacou na fala de Dick não foi tanto o conteúdo que expressou, e sim a velocidade com que falou.

À medida que ele falava, várias imagens flutuavam dentro de mim. Eu o via usando uma roupa de atleta para corridas de longa distância. Ele corria muito depressa, atravessando uma região no campo. Em algum ponto da estrada, estavam sua mãe, seu pai, seu padre e alguns professores importantes em sua vida. Era verão e o cenário mostrava-se brilhante e colorido sob o sol. Mas Dick estava tão concentrado em sua velocidade e em alcançar sua meta de grandeza que tinha a visão embaçada e não conseguia enxergar nada à margem da estrada. Não conseguia ver o pai com clareza suficiente para compreender as mensagens que ele lhe enviava. Será que está contente com seu filho, critica-o ou chora de alegria por ele?

Perguntei a Dick por que ele falava tão depressa. De início, ele ficou muito espantado e não conseguiu entender muito bem o que eu queria dizer. Depois de pensar um pouco, terminou dizendo: "Porque fico com medo de que as coisas que tenho a dizer não sejam interessantes para você. Queria acabar logo com isso".

A bse de trabalho com Dick consistiu em pedir que falasse mais devagar, não só para criar um espaço de tempo geral entre as palavras, mas também para que articulasse cada palavra mais cuidadosa e deliberadamente. Dessa maneira, Dick conseguiu dar cadência a suas falas e comportamentos – que, depois de algum tempo, foram úteis para ele se beneficiar ao máximo dos experimentos relacionados com seus sentimentos de inadequação e impotência. Embora essa fase do trabalho parecesse secundária, ocorreu um processo muito importante de aquecimento. Eu o estava preparando para assimilar mais plena e amplamente os futuros estímulos e respostas, associados com seu próprio poder e grandeza.

Em todo processo de aprendizagem existem a questão do preparo e a noção da oportunidade, o *timing*. Se a pessoa não consegue utilizar algum tempo estabelecendo o campo em que o experimento poderá ser adequadamente implementado, o cliente não aprenderá muita coisa nem se recordará de resultados substantivos dessa experiência. Mesmo que o experimento pareça muito poderoso a um observador de fora, o cliente terá dificuldades para assimilar o significado e as implicações do que aconteceu.

Outro aspecto importante da construção da base de trabalho é a curiosidade do terapeuta. Ele deve se mostrar respeitosamente interessado pelo outro ser humano, com um sentimento de reverência e deslumbramento pela natureza de outra vida. Esse interesse contém toda a riqueza do pano de fundo em contraste com o qual a outra pessoa expressa seus sentimentos. O trabalho experimental subseqüente tem em geral raízes históricas sem as quais corre o risco de ser um ato superficial, raso, estereotipado.

Consenso

O processo de negociação com o cliente para a elaboração do esboço de um experimento e a disponibilidade dele para participar é o que se chama de consenso. O cliente precisa saber que estou à sua disposição, que ele não está só.

O consenso é a pedra angular do trabalho de alguns colegas meus. Eles precisam de um acordo explícito com o cliente, um minicontrato, para executar determinada tarefa. A cada etapa crítica do trabalho, o terapeuta deixa claro para o cliente que ele pode tanto concordar em tentar algo novo como não.

A maneira como o consenso acontece é uma questão de estilo pessoal. Se tiver um bom relacionamento com a pessoa com quem estou trabalhando, não sinto necessidade de solicitar repetidamente que ela expresse sua concordância. Em alguns momentos, esse tipo de interação pode inclusive atrapalhar a seqüência do encontro terapêutico. Preparo meu cliente para que diga o que precisa e expresse o que está experienciando, a cada momento. Naturalmente há exceções, e algumas pessoas saem do consultório achando que eu as manipulei. Então, elas precisam voltar na próxima sessão para me contar o quanto estão aborrecidas com isso.

Normalmente, o consenso é algo que presumo, a menos que o cliente proteste ou, de alguma outra maneira não-verbal, resista à sugestão. Em situações como essas, eu tento inventar experimentos inspirados pelo conteúdo da própria resistência. Um acordo explícito do cliente é especialmente importante quando trabalho com um grupo, numa cidade nova, durante um final de semana ou por um período curto. Nesses casos, não conheço as pessoas muito bem, pois não estabeleci com elas nenhum relacionamento prévio. Sendo assim, é essencial que nessas novas interações pouquíssimas coisas sejam tomadas como certas antecipadamente. O cliente deve ser previamente alertado, entre cada experimento, que a qualquer momento pode se recusar a participar, bem como de que precisa experimentar apenas aqueles comportamentos com os quais se sinta seguro e confortável e que lhe pareçam congruentes. O consenso também se aplica ao grupo como um todo, a suas expectativas e aos padrões daquela comunidade.

Gradação

O termo "gradação" indica que ajudo o cliente a executar o experimento naquele nível em que ele está pronto para trabalhar, dentro da sessão. Se ele não se sentir capaz de participar de determinada investigação porque acha difícil demais, o terapeuta deve estar preparado para diminuir a intensidade da tarefa, a fim de que o cliente tenha melhores chances de alcançar êxito em seus esforços.

Digamos que eu peça a uma mulher tímida, que se sente inferior em sua feminilidade, que cruze a sala como se fosse uma pessoa muito sensual. Esse poderia parecer um pedido relativamente simples para alguém acostumada a experimentar novos comportamentos como forma de modificar a autopercepção. Contudo, se essa mulher nunca participou da espécie de "ato teatral" que proponho, ela precisa ser preparada para isso. Nesse caso, se o experimento lhe parecer difícil demais, posso simplificar a solicitação pedindo que ela use sua voz como se fosse muito *sexy*. O uso da voz pode ser muito mais fácil, nesse contexto, que o uso do corpo todo.

Minha colega Sonia Nevis fala em graduar a intensidade para mais ou para menos. O experimento é graduado para mais quando está abaixo do nível de funcionamento do cliente – se o experimento se mostrar simplesmente fácil demais para ele, não será desafiador e não lhe proporcionará uma nova experiência. O experimento é graduado para menos quando é difícil demais para o cliente, como no caso descrito

A gradação de um experimento para mais ou para menos requer um entendimento relativamente sofisticado do funcionamento humano, além do uso da imaginação criativa – uma vez que esse processo não necessariamente envolve o mesmo sistema de funcionamento. Por exemplo, se eu quisesse que um cliente experimentasse um novo modo de movimentar o corpo, mas ele achasse isso difícil demais, eu poderia sugerir um primeiro experimento na esfera verbal, pedindo-lhe que falasse de maneira a refletir os novos movimentos. Também poderia pedir que começasse simplesmente imaginando uma situação na qual se expressaria dessa forma.

Vamos voltar para a mulher tímida e chamá-la de Sadie. Ela tem 35 anos e mora sozinha. É formada em Química e trabalha como técnica no laboratório de uma grande empresa. Fica envergonhada perto de pessoas. Muitos anos atrás, ainda na época da faculdade, apaixonou-se por um rapaz, porém o relacionamento terminou quando ele começou a sair com uma amiga de Sadie. Ela ficou arrasada e se culpou pelo fracasso da relação.

Sadie não tem problemas profundos. É capaz de se sair bem no trabalho e sobreviver num patamar razoavelmente bom. Entretanto, sempre se sentiu mais próxima das coisas que das pessoas: "Sinto que sou mais próxima e entendo melhor as coisas materiais do laboratório. Também gosto de decoração, mas me sinto desconfortável com as pessoas, especialmente os homens. Sinto-me sem graça e desengonçada. Escondi de todos minha sensualidade. Sublimo tudo no trabalho". Sadie é uma mulher muito inteligente. É capaz de verbalizar adequadamente seus sentimentos, contudo se sente paralisada em relação à capacidade de se expressar. Sem experiências anteriores em psicoterapia de grupo, começou a participar de um grupo de Gestalt-terapia. Embora apresente razoável entendimento intelectual de suas dificuldades sexuais e de expressividade, bem como das origens dessas dificuldades, tem dificuldade ainda maior em relacionar esse conhecimento com situações concretas.

Conversando com Sadie no grupo, formulo um leque de experimentos que ela talvez ache úteis para explorar seu comportamento sócio-sexual. Penso no simples ato de cruzar uma sala e se sentir sensual enquanto caminha. Ocorre-me uma fantasia com toda a variedade de pessoas caminhando pelo shopping local. Penso comigo mesmo que algumas pessoas realmente se extasiam com o próprio corpo quando se movimentam pelo espaço. Sadie parece dura, como um boneco de madeira, quando anda pela sala. Penso com meus botões que seria muito bom se ela saísse do plano das palavras e passasse para uma ação concreta.

> *Joseph*: Sadie, como seria para você caminhar pela sala como se estivesse se sentindo realmente sensual?
>
> *Sadie*: Isso me deixa um pouco assustada. Não quero fazer isso. Sinto minha voz tremer um pouco só de dizer isso para você.

(Estou pensando que realmente avancei o sinal quando sugeri esse experimento. Ela parece confortável e mais em contato com sua voz.)

> *Joseph*: Como você se sente em relação à sua voz, agora?
>
> *Sadie*: Está meio aguda e trêmula. (Pausa) Eu costumava cantar quando criança. Em geral, gosto de minha voz.

(Em minha cabeça: "Vou trabalhar com a voz dela agora e com a sexualidade depois".)

> *Joseph*: Você ficaria mais confortável se fizesse um experimento com a voz?
> *Sadie*: Acho que sim.
> *Joseph*: Certo, então me diga o que está sentindo agora em sua voz.

(Penso: "Vou começar exatamente onde ela está".)

> *Sadie*: Agora está tremendo menos. Parece que está ficando um pouco mais grave, conforme vou falando com você.
> *Joseph*: Agora parece bem diferente, até um pouco rouca.
> *Membro do grupo*: Sadie, você está ficando corada no pescoço, conforme fala com Joseph. Você fica bonita com essa cor no rosto.
> *Sadie*: Mesmo?
> *Joseph*: Sadie, você está percebendo seu rosto?
> *Sadie*: (Para o grupo) Sinto-me excitada e acanhada ao mesmo tempo.
> *Joseph*: Agora sinto sensualidade em sua voz.
> *Sadie*: É, sinto um pouco isso.
> *Joseph*: Você conseguiria falar mais com a gente, com essa qualidade sensual na voz?
> *Sadie*: Claro, sem problemas. (Depois de uma pausa, ela se vira para outro membro do grupo) Sabe de uma coisa, John? Sempre te achei atraente. (Todos riem. Há excitação na sala.)

(Penso: agora ela está com uma ótima aparência. Sua respiração não se mostra mais tão rasa e ela parece colocar bastante energia para dentro de seu sistema. Está excitada consigo mesma, com sua voz, e o grupo está excitado com ela. Se houver tempo, vou pedir que explore ainda mais as sensações sensuais, usando mais o corpo todo, como naquele exercício de andar que me ocorreu antes, ou então posso pedir que olhe para as pessoas de maneira sedutora. Não. Acho que simplesmente andar seria mais fácil e envolveria ainda mais por inteiro seu corpo. Acho que agora ela está com a energia para dar esse salto. Vou deixar que continue trabalhando com a voz mais um pouco, com as pessoas do grupo, antes de nos lançar ao próximo estágio do trabalho. Ela também pode ter uma chance de assimilar a experiência de ter uma voz sensual; não faz sentido passar tão depressa por cima de uma coisa boa assim.)

Esta gradação para mais que aconteceu começou com a *awareness* de Sadie de que sua voz estava trêmula e depois evoluiu para uma sensação mais profunda, ficando rouca. Daí passou para a sensação da própria sensualidade e para o contato com John. É muito bom assistir Sadie mudando diante de nossos olhos.

A figura 24 ilustra como a gradação de experimentos para mais poderá ser implementada com Sadie, em próximas sessões. Essa é somente uma das vias possíveis, em que ocorre uma passagem da voz para um movimento mais amplo. Uma abordagem mais naturalista poderia envolver a expansão da *awareness* de Sadie, a fim de perceber como a voz está relacionada com a respiração. Eu poderia pedir que ela falasse com cada pessoa do grupo tão sensualmente quanto possível, fazendo seus comentários a respeito de como se sustenta fisicamente enquanto solta sua voz. Ela pode inclusive acabar cantando para nós uma linda canção de amor, numa experiência mais profunda e mobilizadora do que a do início – o que seria uma sensível gradação da experiência para mais, bem ali, conosco!

Em termos de um movimento físico mais amplo, a gradação para mais pode ser reservada para uma sessão posterior ou ainda completamente abandonada, se não corresponder à experiência de Sadie em sua próxima vinda ao grupo. Entretanto, permanece em mim como um mapa cognitivo. Junto com as pistas incessantes que recebo de Sadie, essas imagens abrangem uma variedade de possíveis situações experimentais a serem futuramente exploradas. Enquanto isso, guardo a satisfação de haver permanecido com a experiência de Sadie com a própria voz e de ter graduado para mais essa área expressiva, alcançando um nível significativo para ela.

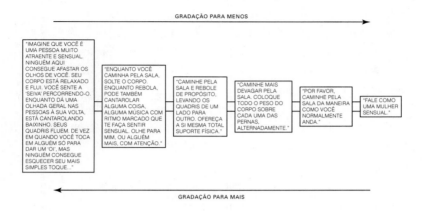

FIGURA 24 *Tema: comportamento sócio-sexual (comportamento expressivo)*

GRADAÇÃO PARA MAIS

Awareness

Para o desenvolvimento de um experimento, minha receptividade e valorização do conteúdo e da qualidade da *awareness* do cliente são prioritárias. Em geral, as sensações são o silencioso preparativo da *awareness* que, em qualquer pessoa, vem comumente acompanhada por larga e rica variedade de *inputs* sensoriais. Quando presto atenção na sensação e na *awareness* de uma pessoa, ao lado de todas as observações físicas de seu comportamento que faço de momento a momento, posso montar uma imagem razoavelmente clara, ou talvez intrigante, do que está se passando com ela.

Se ela está contando uma história triste e exibe um sorriso falso, forçado no rosto, a mensagem confusa que recebo provavelmente reflete uma confusão concomitante em seu interior. Assim, o experimento pode se desenvolver como uma tentativa de esclarecer essa espécie de confusão. Por exemplo, posso dizer para à cliente: "Você poderia continuar contando essa história sobre a doença de sua mãe, mas sorrindo e rindo ao mesmo tempo em que fala?" Se a pessoa se dispuser a exagerar essa espécie de comportamento contraditório, pode chegar a um esclarecimento de maneira muito repentina – a risada histérica pode se transformar num choro sentido e sincero.

A *awareness* e a sensação do cliente, bem como minhas contínuas observações de sua atividade, tornam-se os elementos básicos para a construção do experimento.

De agora em diante, discutirei o desenvolvimento do experimento no contexto do trabalho que fiz comigo, há alguns anos, quando meu irmão foi submetido a uma cirurgia de grande porte.

> Estou sentado na sala de espera de um hospital, aguardando por notícias sobre o estado de meu irmão. Ted acabou de passar por uma cirurgia do coração. Enquanto falo em meu gravador, percebo que minha voz está grave e baixa. Tenho uma sensação de estômago levemente embrulhado. Estou pesado e um pouco triste. Sinto umas pontadas nas costas. Estou sentado curvado para a frente. Sinto-me muito sozinho. Penso que ninguém está comigo aqui, para me consolar ou compartilhar comigo o que sinto por meu irmão. Estou arcando com todo o peso da responsabilidade nessa situação específica. É disso que estou ciente.
>
> Conforme falo, minha *awareness* começa a mudar e se focaliza mais na respiração. O minigravador que uso está apoiado em meu peito. Visualizo meu irmão e sua dificuldade para respirar; há uma quantidade enorme de tubos ligados nele, inclusive um bem grosso, que desce pela traquéia. (Visualizo isso com base em uma visita anterior a Ted.)

Energia

> Focalizo a respiração e minha energia se encontra principalmente no peito. Antes, ela parecia bloqueada na garganta e minha voz saía muito fúnebre. Agora, sinto uma discreta vitalidade na voz.

Quando trabalho com um cliente, presto atenção nos pontos em que seu organismo está ativado, onde está vibrando. Assim que localizamos essa fonte de auto-suporte, ele pode trazer essa excitação para nosso encontro. O experimento será arrastado se só contar com a fonte de energia do terapeuta.

Pode-se pensar que a energia é uma "carga" geral que transpira da superfície da pessoa. Por exemplo, alguém que está seriamente deprimido tem um baixo nível de energia emanando de seu ser como um todo. Também podemos pensar na energia em termos mais localizados e buscar a presença de excitação ou imobilidade no rosto, nos braços, no pescoço, nos ombros, no peito, na barriga, na pelve, nas nádegas, nas pernas. A presença da energia pode ser detectada na forma de movimentos, na respiração, na cor da pele, na posição relativa das várias partes do corpo e na postura.

Quando a situação é ideal, a pessoa deseja trabalhar numa área da vida em que tenha investido energia ou sinta uma intensa ausência de excitação. Desse modo, ela está ciente de trabalhar com uma carga que existe nela mesma ou pode localizar a razão pela qual essa carga está ausente.

Foco

Agora, vejo um experimento para este momento como um esquema de solução do problema. Neste exato momento, meu problema é que preciso de algum tipo de suporte. Se eu fosse meu terapeuta, criaria experimentos relacionados com auto-suporte.

Para desenvolver um experimento, devo encontrar um evento ou "lugar" psicológico que precise ser rastreado ou acompanhado. Em certo sentido, quando localizo a energia da pessoa e presto atenção nela, focalizo o trabalho na área em que um possível experimento possa ocorrer. No decorrer de uma sessão de terapia, o foco pode mudar várias vezes, dependendo naturalmente da qualidade da experiência do cliente e da direção que toma. Não obstante, o foco deve estar presente o tempo todo, porque sem isso o trabalho se dissipa, perde a noção de um propósito para o cliente e diminui sua possibilidade de um aprendizado sólido.

Auto-ajuda preparatória

Um grupo de experimentos pode girar em torno de minha postura física. Posso me sentar com as costas retas, o que faço imediatamente, respeitando a postura com o melhor suporte físico possível. Coloco os pés firmemente no chão. Começo a respirar mais fundo. Esse conjunto de mudanças físicas me permite sentir um suporte fisiológico mais abrangente e evidente.

À medida que sigo minhas instruções, começo a sentir a energia se espalhando pelas pernas e subindo até a cabeça. Agora, olhando para minhas anotações, elas parecem mais penetrantes e bem definidas. Tenho uma sensação mais forte de estar presente – aqui, nesta sala –, com mais clareza do que antes.

Alguma vez você já observou um pianista-concertista ajustando cuidadosamente a altura do banco antes de dar início à execução da peça? Ou um violinista plantando firmemente os pés no chão enquanto toca? Ou como o pedreiro se coloca diante da parede que está levantando, e o ritmo que imprime ao trabalho? Todos eles estão estabelecendo condições, tanto em seus corpos como no ambiente, visando extrair delas o melhor suporte possível para a condução de suas atividades específicas.

Quando trabalho com um cliente, presto atenção à minha postura física e respiração, assim como a possíveis distrações que talvez desviem minha atenção do trabalho que tenho pela frente. Também me esforço para ensinar ao cliente como dar sustentação às suas atividades, a fim de que tudo que emana dele esteja "bem assentado", totalmente suportado por seu organismo. As palavras dele (como as minhas), por exemplo, não devem soar como um bando de pássaros voltejando pela sala, fazendo apenas barulho. O ideal é que sejam bem escolhidas, cadenciadas e plenamente suportadas por uma respiração livre de bloqueios. O ideal é que nós dois possamos ouvir respeitosamente essas palavras e delas nos nutrir.

Desenvolvimento do tema

Continuo sentado aqui, sentindo-me fisicamente suportado e, mais uma vez, tomo consciência de minha solidão. Esse tema envolve pessoas ausentes desta sala: minha mãe e meu pai, minha esposa, meus filhos, a esposa de meu irmão, os filhos dele.

Ao passo que o "foco" define o processo e a direção de uma sessão de terapia, o tema está relacionado ao seu conteúdo. O terapeuta é brindado com uma ampla massa de conteúdos variados que deve destilar, condensar, resumir, denominar e unificar. A palavra finalmente destilada das informações vindas do cliente é chamada de tema. Como no caso do foco, o tema de um experimento não permanece estático. Os temas são entrelaçados e criam uma rica trama experiencial numa determinada situação (existencial).

Os temas podem existir em diferentes unidades ou tamanhos, tanto na sessão terapêutica quanto na vida da pessoa. Podemos retomar cada um deles várias vezes, abordando-os de formas diferentes a cada vez. Assim, minha solidão na sala de espera está, inicialmente, relacionada com uma necessidade de apoio social naquela situação, ao passo que a noção de solidão pode ter um alcance mais profundo à luz do confronto com minha própria morte, enfim.

Um bom experimento é construído baseado em dado tema, com a intenção de explorá-lo mais plenamente, analisar suas características únicas ou encaminhá-lo para uma possível solução. Com essa finalidade, o cliente, depois de arar um trecho do solo de sua existência, deverá estar em condições de expressar em palavras como o compreende ou percebe num outro nível. Daí em diante, ele pode continuar explorando o "encaixe" entre aquela experiência específica e o restante de suas experiências.

Escolha do experimento

Um experimento poderia consistir em me pedir que imagine essas pessoas sentadas à minha volta. O que eu diria para elas? "Bom, pessoal, vocês precisam estar aqui, eu preciso de vocês.

Preciso de seu suporte. Preciso dizer como estava meu irmão no momento em que o vi. Preciso compartilhar com vocês minhas experiências com as cirurgias que fiz. Preciso conversar sobre a possibilidade de Ted vir a morrer. Precisamos estar juntos neste momento de crise, darmos as mãos, talvez chorar juntos."
Enquanto digo isso, sinto uma leve tontura. Não sei bem se é de excitação ou de medo. Precisaria de um pouco de ajuda para modificar este experimento a fim de levá-lo em frente até gerar a sensação de conclusão. Neste exato momento, sinto que pelo menos abri o jogo.

Agindo como meu próprio terapeuta, penso em falar como se fosse as pessoas que não estão aqui comigo agora. No papel de Helen, minha esposa, digo: "Veja, o cara não quis que eu viesse. Não queria que eu voltasse ao hospital até terminar a operação, então fico longe. Estou atendendo aos desejos dele".

E, então, eu (Joseph) respondo para ela: "Você é uma pessoa que sabe mostrar respeito. Mesmo assim, sinto que não deveria ter levado tão ao pé da letra o que eu disse. Você sabe que eu preciso de você e sabe que você e eu precisamos um do outro para nos dar suporte, para sermos bons um para o outro".

Esse diálogo me ajudou a chegar ao menos a um esclarecimento cognitivo das questões envolvidas em minha solidão naquela sala de espera; por isso, alcanço certa sensação de paz com o significado de estar lá sozinho.

Outra parte de mim entra em foco agora: a sensação de que realmente gosto de como estou me cuidando e do que estou fazendo comigo, neste estado solitário. O fato é que na maior parte do tempo gosto de ficar sozinho. Boa companhia. Idéias interessantes. Divirto-me lendo ou escrevendo perto da lareira. Adoro pintar e ouvir música. Geralmente, a solidão é suave; até mesmo agora, neste momento, me sinto bem comigo. Sinto suporte em minha solidão. Percebo que, quando não consigo dar suporte a mim mesmo em minha solidão (como me sentia antes), fico ansioso, entediado ou solitário. Se estivesse com algum colega, talvez levasse esse tema um pouco mais adiante, até um ponto que não consigo enxergar agora.

Outro experimento poderia trabalhar duas de minhas forças internas. Uma delas é a sensação de estômago embrulhado que identifico como medo de morrer. A outra é a força da respiração em meu peito, que lembra mais o sopro de vida. Eu poderia criar um diálogo interno envolvendo o medo de morrer e o sopro de vida.

Uma nova onda de idéias me ocupa a mente, relacionada com várias situações inacabadas em minha vida que abrangem a morte de pessoas que amei na juventude. No papel de meu próprio terapeuta, sugiro a mim mesmo reencenar as situações em que escapei com vida enquanto outros eram mortos.

O experimento

Sento em três cadeiras diferentes nesta sala de espera vazia, representando três papéis: primeiro, sou meu próprio terapeuta; depois, a pessoa com a situação inacabada – o cliente; por fim, realizo um diálogo com minha tia Paula, no qual sou igualmente eu mesmo e ela.

Terapeuta: Do que você se lembra?
Cliente: São muitas as lembranças relacionadas com esse tema de morte e morrer. Mas uma se destaca, de modo indelével. Dessa nunca vou esquecer...
Terapeuta: Fale disso no presente, como se estivesse acontecendo agora.

Cliente: Estamos na guerra. A cidade está em chamas. Os alemães ocuparam parte dela. A maioria dos sobreviventes se amontoa nos porões. Tio Wolf, que é médico, consegue que a ambulância de sua clínica nos leve para fora da cidade, junto com sua equipe. O grupo fica completo quando meus pais, meu irmão e eu somos apressadamente apanhados numa certa esquina. Nos colocam, uns em cima dos outros, na carroceria de um caminhãozinho verde, quadrado – lotado com o pessoal da clínica. Estou sentado no fundo, olhando pela janela da porta de trás. A próxima parada é para encontrar a única irmã de minha mãe, Paula, com seu marido e seu bebê. O caminhão pára na rua marcada. Esperamos. Uns quinze segundos depois, o caminhão começa a andar. Ao longe, vejo tia Paula correndo atrás do caminhão. Estou amortecido. Paralisado. Imóvel. Congelado. Talvez esteja gritando. Não acho que esteja gritando... Não me lembro muito bem.

Terapeuta: Grite para ela, Joseph.

Cliente: "A tia Paula está lá! Pare o caminhão! Pare! Pare agora!" Ninguém parece me ouvir! O caminhão continua se afastando cada vez mais depressa. Tia Paula continua correndo, com o bebê no braço esquerdo e acenando para nós com a mão direita. O marido dela vem correndo logo atrás, abanando os dois braços. A boca dele está aberta. Ele deve estar gritando, mas não consigo ouvir porque as portas estão trancadas.

Terapeuta: Joseph, grite para o motorista, grite para seus pais.

Cliente: "Pare este maldito caminhão! Parem agora, seus mortos de medo de merda. A rua está deserta. Não tem nenhum alemão à vista. Parem, a gente pode pegar eles! Eles cabem!" (Estou chorando, gemendo) "Vamos salvá-los! Eu adoro a tia Paula. Quero que eles estejam aqui comigo!" Mas o caminhão agora está longe. Eles se tornaram só pontinhos no fim da rua. Foram mortos pouco depois de termos partido.

Terapeuta: Traga sua tia Paula de volta, agora, Joseph. Traga-a de volta e diga tudo que está sentindo.

Cliente: Tia Paula, perdoe-me. Eu tinha só 7 anos. Nunca vou me perdoar por sua morte, pela morte do bebê e de tio Meyer. Perdoe-me.

Terapeuta: E o que ela diz?

Paula: Meu querido Joseph, sempre te amei muito. Você era meu sobrinho predileto. Você não podia fazer nada. Eu te perdôo, se você precisa de perdão. Perdôo-te mil vezes. Por favor, deixe-me descansar em paz agora. Deixe-me ir, deixe de lado esse pesadelo, esse pesadelo só seu. Viva feliz. Enterre-me em paz. Desfrute a vida, sua família, seu trabalho.

Cliente: (Chorando) Estou chorando por você, por todos nós, pelas dificuldades, pelas tragédias. Antes de dizer adeus, só queria que você soubesse que dei seu nome a uma de minhas filhas – Karen Paula –, e ela é muito querida... Adeus. (Para o terapeuta) Esta cena para mim é muito real. Há 34 anos que carrego essa culpa. (Para Paula) Paula, você se sentiria orgulhosa de mim se estivesse viva. Tenho certeza. Seu amor não foi em vão. Sua pureza vive dentro de mim.

Terapeuta: E como você se sente agora?

Cliente: Estou feliz por ter feito isso. Estou feliz por estar vivo. Gostaria de poder dançar agora – como Zorba, na praia. Ainda me sinto um pouco pesado no fundo. É muito difícil me despedir de minha idéia de tragédia.

Terapeuta: Agora você conseguiria se despedir de sua tristeza?

Cliente: Adeus, tristeza. Preciso descansar agora.

Essa foi uma poderosa experiência de libertação. Permiti-me regurgitar e ventilar, reviver emocionalmente e expelir a mais profunda e dolorosa experiência de minha vida. Fiquei surpreso com a intensidade e a presença daqueles acontecimentos tão antigos vindo à tona durante o trabalho. Senti que, em parte, resolvi uma situação inacabada e muito difícil para mim. Ao final, senti-me esgotado porém aliviado ao mesmo tempo.

O trabalho experimental comigo mesmo desenrolou-se como um processo de gradação natural e espontânea, partindo de um material relativamente fácil de enfrentar (ego-sintônico) em direção a conteúdos de raízes históricas antigas, ligados a sentimentos dolorosos (ego-distônicos). A figura 25 ilustra o processo de gradação natural e não-planejada. Em cada estágio, ofereci-me a dose de dificuldade que era capaz de agüentar naquele momento.

Insight e conclusão

De repente, o tema fechou o ciclo para mim. Minha história dizia respeito a solidão, morte e culpa: sentia-me sozinho e especificamente culpado pela morte de minha tia Paula. Em minha onipotência infantil, considerava-me o único responsável por salvar a vida dela. Também me sentia culpado pela minha sorte. Ficar sozinho, ali na sala de espera, enquanto meu irmão estava à beira da morte, trouxe novamente à tona sentimentos semelhantes, desencadeando esse antigo tema.

Mas agora sou adulto. Sei que, se Ted não sobreviver, vou me sentir muito triste e lamentar demais, contudo não serei considerado o responsável por tal desfecho. Disse a mim mesmo: "A cirurgia foi uma decisão sua, Ted, e você teve muita coragem. Estou feliz por você ter feito isso. Também estou feliz por mim, por estar em boas condições físicas, por estar vivo".

Foi esse o aprendizado que experienciei depois de uma série de experimentos. O leitor sensível poderá ter uma série de *insights* importantes a meu respeito, com os quais não estou conscientemente em contato neste momento.

Processo criativo em Gestalt-terapia 165

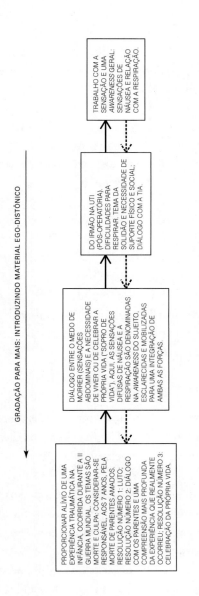

FIGURA 25 *Gradações ego-sintônicas x ego-distônicas nos experimentos do autor consigo mesmo*

Há aqui uma lição a ser aprendida: nunca suponha que o cliente, tendo completado uma experiência, aprendeu com ela a mesma coisa que você. Pergunte o que ele aprendeu. Embora as palavras dele possam não corresponder a suas experiências organísmicas, mesmo assim estarão expressando o que sabe nesse momento. Muitas vezes, esses aprendizados soam incrivelmente simplistas e limitados em comparação com a profundidade de sua compreensão dos atos do cliente. Grande parte do que ele aprende é difícil de ser expresso em palavras e precisa permanecer incubado por algum tempo em seu organismo. Um dia lhe ocorrerá como um *insight* espetacularmente "novo em folha", enquanto o terapeuta já está em contato com esse fenômeno há meses.

Quando comecei a trabalhar comigo, não tinha idéia de qual seria o desfecho dos experimentos. Basicamente, contava com *awareness*, imaginação e, sobretudo, com a fé em meu processo interno. A fé diz: "Fique no processo e confie em seus sentimentos, palpites e intuições à medida que for avançando. Não acontecerá nada terrível que você não consiga enfrentar, porque se você realmente não puder lidar com alguma área, perceberá que, simplesmente, ela se afastará. Além disso, há a chance de que algo de bom aconteça no fim, se você ficar consigo tempo suficiente para obter uma conclusão parcial do trabalho".

Dois experimentos clássicos

Alguns experimentos de Gestalt tornaram-se clássicos. No experimento da *reencenação*, a pessoa "revive" uma situação inacabada de sua vida para que possa ser modificada pela realidade vital do aqui e agora e por sua nova competência. A *encenação* pode ser usada para se trabalhar um sonho ou fantasia; nesse caso, solicita-se à pessoa que coloque em ato seu sonho e seus componentes significativos. Na seqüência, ela pode construir diálogos entre partes do sonho, a fim de entrar em contato com aspectos polarizados de seu caráter. Os experimentos com a *cadeira vazia* e a *volta ao mundo*, descritos a seguir, são maneiras de trabalhar a integração de forças opostas na personalidade.

Os experimentos descritos aqui refletem meu estilo pessoal, na interface com os clientes com os quais trabalho. Os experimentos "clássicos" são úteis somente quando ajustados especificamente a cada situação, com cada cliente; oferecem resultados apenas medíocres quando empregados indevidamente, como fórmulas rígidas. Os experimentos são ferramentas que se propõem a ser constantemente modificadas, e não bravatas exibidas como "troféus profissionais".

Volta ao mundo

Um homem que, comigo, mostra-se alerta e interessante queixa-se de que, com os outros, é tedioso e cansativo. Num experimento que apelidei de "volta ao mundo", peço a Mort que "aceite" ser tedioso e cansativo comigo, que seja o máximo possível essa parte de sua personalidade.

Começamos aceitando como válida a experiência de Mort – o tema do tédio, para ele, é real. Então, instalo-me com ele nesse lado cansativo e tedioso de si, dando-lhe permissão para explorar essas características temidas. Sinto que, se Mort conseguir se relacionar plenamente com sua verdadeira capacidade de ser cansativo, irá fatalmente ao encontro da polaridade oposta, ou seja, a capacidade de ser brilhante. Portanto, volta ao mundo.

Mort começa falando devagar, de modo pesado, sobre a pesquisa molecular que realiza em seu laboratório. Insisto para que se torne tão tedioso quanto possa e, no começo, o conteúdo que menciona é bastante comum e sem graça. No entanto, quanto mais ele se esforça para ser aborrecido, mais sua fala se torna viva e colorida.

Enquanto ele fala, peço que preste atenção em sua energia e na localização desta, e que continue focalizando esse ponto de vivacidade para se expressar verbalmente, conectado a ele. Mort diz que a energia está "empacada no meio". Queixa-se de um desconforto no peito. Quando presta atenção em seu fôlego, que está curto, sua voz ganha força e ritmo e sua respiração se torna um pouco mais ampla.

Depois, Mort sai espontaneamente da cadeira e começa a andar de cá para lá, enquanto continua explicando os problemas de sua pesquisa. Deixo que continue nesse movimento, sem forçá-lo a nada. Ele me cativa com seu envolvimento, cada vez mais intenso. Então eu pergunto: "O que está se passando em seus sentimentos, agora?"

Mort: Não me sinto chato agora. Entrei mesmo de cabeça nessa história com você.

Joseph: Você estava se sentindo assim no começo? (Levando-o a expressar sua *awareness* do contraste)

Mort: Não, eu sentia como se estivesse me arrastando e tinha um tipo de peso no peito. Agora ele está indo embora.

Joseph: Como você sentiu essa mudança enquanto falava? (Pedindo que pense nas mudanças que ocorreram em seu corpo, para que as associe com seu envolvimento)

Mort: Não estou muito certo, Joseph, mas parece que me deixei respirar mais e então senti um calor no peito e na barriga. Depois disso, também senti que minha fala fluiu mais. Ainda estou sentindo esse fluxo.

Joseph: Bom, como é que você se torna chato com os outros, Mort? Alguma idéia a respeito? (Forçando-o a uma clareza a respeito de como ele cria sua chatice)

Mort: Não me dou chance de ficar empolgado. Fico ali, sentado, só esperando ser chato, e travo a respiração. Mas que droga, me faço de morto! Sabe, quando levantei e comecei a andar de um lado para o outro, foi aí que realmente me senti vivo. Mas que coisa, Joseph! Acho que posso resolver esse problema no laboratório também.

Joseph: Antes de você começar a fazer isso, Mort, me diga o que pode fazer na próxima vez que perceber que talvez fique chato com os outros. (Levando-o a focalizar um problema por vez e criando a certeza de que ele sabe exatamente o que aprendeu e como pode usar esse aprendizado no futuro)

Mort: Bom, primeiro, tenho de me dar uma chance de desenvolver minhas idéias, preciso me dar um pouco de tempo. Estou sempre afobado. Você realmente me dá tempo. Além disso, devo prestar atenção na respiração e no ponto onde sentir a energia dentro de mim. Não consigo ficar empolgado instantaneamente. Parece que preciso começar mais devagar e ir aumentando de intensidade, quando passo a fluir mais com as palavras e os movimentos.

Joseph: É, isso faz bastante sentido para mim também. Talvez, durante a semana, você possa experimentar esse processo. Toda vez que achar que está sendo chato, dê um tempo para si mesmo e perceba sua respiração e sua empolgação; fique aí, mas sem desistir antes da hora. Muito bem, te vejo na próxima terça. (Confirmo a validade de seu aprendizado, dou um "reforço positivo" e peço que faça lição de casa, ou seja, que continue a usar o comportamento modificado no mundo externo)

Esse pequeno experimento foi significativo para Mort. Sobretudo, ele assumiu a autoria de sua experiência de aprendizado. Ao ensinar sua experiência para mim, tornou-se o professor de si mesmo. A totalidade de seu ser estava envolvida, e ele pôde construir certa noção de conclusão. Para mim, esse processo é mais dinâmico e efetivo do que a resposta dada pelo cliente às minhas interpretações de seu comportamento. O aprendizado "chega até os ossos", porque a pessoa realiza as próprias descobertas.

Cadeira vazia

Há alguns temas recorrentes em nossas vidas, temas relativos a vozes conflitantes dentro de nós ou a conflitos com pressões do ambiente. O experimento com a cadeira vazia dá à pessoa a oportunidade de assumir a autoria das forças opostas em seu íntimo, a fim de integrá-las com criatividade. A cadeira vazia permite que a pessoa dialogue com uma polaridade em seu interior.

Em outra forma, a cadeira vazia se torna alguém do passado com quem a pessoa tem algum assunto inacabado. Por exemplo, Dorothy se queixa de sentir culpa. Quando indagada, ela fala de "coisas que minha mãe me ensinou". Peço a ela que imagine sua mãe sentada na cadeira vazia. Peço que verbalize para a mãe como se sente culpada, visando, assim, entrar em contato com as opiniões, atitudes e crenças dela, que tinha assimilado em bloco. Nesse processo, Dorothy começa a liberar a energia que estava imobilizada na imagem introjetada da mãe.

Com excessiva freqüência, sentimo-nos "manipulados", "forçados", "coagidos", "intimidados". Projetamos nosso poder, do qual abdicamos ou que entregamos para o meio ambiente, e, por conseguinte, a cadeira vazia se torna o poder com que a pessoa fala e depois retoma para si mesma. Esse recurso é então freqüentemente utilizado por sua eficiência em levar a pessoa a retomar algo que inadvertidamente descartou e se realimentar com algo que originalmente tenha parecido difícil, doloroso ou repulsivo.

Quando Dorothy chega, queixando-se de sentir raiva de sua igreja, dos pais, do marido, o experimento com a cadeira vazia pode ajudá-la a assumir a autoria da própria rigidez de sua moral (atribuída à igreja), a relutância em sair de casa (atribuída aos pais) ou a raiva e a insensibilidade (projetadas em seu marido). Sem negar a validade da visão de mundo de Dorothy, o experimento com a cadeira vazia também pode lhe permitir distinguir sua rigidez daquela que atribui à igreja, separar sua relutância pessoal em sair de casa dos sinais silenciosos enviados por seus pais e enxergar sua insensibilidade em contraponto à insensibilidade do marido.

Se Dorothy tem pouca *awareness* de como a igreja determinou seus valores, um diálogo com a igreja na cadeira vazia destina-se a colocar em foco a influência dessa instituição. Falar sobre a igreja, contar episódios sem um propósito definido, dificilmente leva a algum lugar; em vez disso, dissipa a energia e raramente produz alguma mudança comportamental.

O experimento ajuda Dorothy a mudar de atitude. Ela pára de falar sobre as experiências com a igreja e passa a lidar diretamente com essa imagem interior. Ela pára de falar comigo – o que contém a promessa muda de um possível conselho ou explicação – e começa a direcionar energia para a fonte do desânimo e da ansiedade que experiencia. Esse procedimento me livra do "paredão" de seu olhar e me confere a liberdade de observar seu trabalho, formular seus significados, planejar estratégias futuras e lhe dar o *feedback* que ela precisa para constelar seus próprios *insights*.

Dorothy está falando com a "igreja", na cadeira vazia, como um segmento da realidade de vida que traz para dentro da sessão. Contudo existe outro nível de trabalho no mesmo experimento, talvez um pouco mais profundo. Numa certa altura do processo, Dorothy enxerga a aceitação interior de alguns valores doutrinários e a rejeição de outros. Nesse estágio, o experimento envereda por outro rumo:

> *Joseph*: Dorothy, alguma vez você pensa na igreja como parte de sua vida interior?
>
> *Dorothy*: O que você quer dizer?
>
> *Joseph*: Bom, existe em você alguma parte aí dentro que a critica sem piedade?
>
> *Dorothy*: Sim, especialmente quando digo para mim mesma que sexo é pecado, que eu não deveria ter prazer.
>
> *Joseph*: Vamos imaginar que damos um nome a essa parte, algo como Dorothy Carola, e deixamos você conversar com ela; quem sabe não acontece alguma coisa nova?
>
> *Dorothy*: Vamos ver se entendi isso direito. Nesta cadeira está Dorothy Jones, que quer ter prazer; na outra, Dorothy Carola, que a faz sentir culpa o tempo todo.
>
> *Joseph*: Sim, exatamente isso. E, enquanto trabalha, quero que você trate essa parte por esse nome toda vez que trocar de cadeira. (O uso do nome ajuda Dorothy a assumir a autoria das atitudes que atribui à igreja)
>
> *Dorothy*: Dorothy Carola, eu detesto você; você me dá enjôo.
>
> *Joseph*: Você se dá enjôo. (Pausa) Tente agora falar como a Carola. (Aqui, enfatizo a questão da responsabilidade: ela, não a igreja, é responsável por se sentir repugnante)
>
> *Dorothy*: (Trocando de cadeira) Vou te fazer sentir enjôo. (Virando-se para Joseph) Sabe de uma coisa, sinto náusea quase o tempo todo. (Olhando para a cadeira vazia) Vou fazer você sentir náusea toda vez que se sentir interessada por um homem.

Joseph: Por favor, troque de cadeira. (O movimento físico de um lugar para outro reforça a diferenciação – e a posterior integração – dos aspectos polarizados do caráter de Dorothy)
Dorothy: Dorothy Carola, estou com muita raiva de você.
Joseph: Dorothy, você está com raiva de si mesma? (Novamente, ajudo-a a olhar para si mesma – ajudo-a a localizar seus sentimentos em vez de projetar a culpa)

Dorothy dá a impressão de não ter ouvido meu último comentário. Presumo que ainda não esteja pronta para processar seu trabalho. Continua trabalhando, usando os dois nomes. Lentamente, começa a reconhecer que, além de precisar lidar com a igreja ali, na sua frente, está brigando com uma mulher em seu íntimo: Dorothy Carola é uma mulher sádica, crítica, que só sabe inculcar culpa. Ela raramente aprova o comportamento de Dorothy. Parte de seu caráter é a madre igreja internalizada a partir das experiências de Dorothy quando ainda pequena, pronta a aceitar tudo que lhe era oferecido. Nessa altura, penso em trabalhar mais diretamente com a expressão de sua raiva. Decido afinal não ir por esse rumo, sentindo que, nesse momento do trabalho, uma completa expressão de tal sentimento poderia ser assustadora demais para ela. Ela me dá a impressão de estar enfrentando tudo de que é capaz. Avalio que está trabalhando no máximo de sua capacidade.

Eis outro trecho do trabalho:

Joseph: Você disse que uma parte é a madre igreja. Tem outra parte?
Dorothy: O jeito que falo quando estou nesta cadeira me lembra também como minha mãe falava.

Passamos mais um pouco de tempo falando de sua mãe internalizada e deixando Dorothy expressar um pouco da raiva que sente da mãe e da igreja. Aos poucos, ela vai se dando conta de que o foco de seu trabalho deve incidir sobre a internalização dos valores em vez de sobre a projeção da culpa. Em algum ponto do caminho, Dorothy pode perceber que precisa aprender a integrar a crítica implacável com a necessidade de levar a vida mais livre e plenamente; aprender que não conseguirá extirpar a crítica nem enterrá-la, mas que deve domá-la a fim de se tornar mais sensível a suas necessidades legítimas como mulher adulta.

O nível e a ênfase do experimento mudam conforme Dorothy trabalha, primeiro, o relacionamento com a igreja enquanto igreja e, depois, em seu diálogo com Dorothy Carola – ou as partes da igreja que ela introjetou na infância. Mais adiante ainda, Dorothy trabalha com a mãe como a crítica introjetada. Por fim, trabalha na integração da autocrítica com sua parte expressiva, com sua necessidade de ter valores solidários com uma ativa participação na vida.

Nesse ponto do processo, Dorothy é capaz de apreciar os reais problemas doutrinários da igreja sem se torturar. Ela pode começar a olhar sua mãe e ver nela uma senhora idosa, oriunda de uma pequena cidade da Irlanda, carente de amor – outro ser humano às voltas com a própria vida, enfrentando as próprias dificuldades. Ela se sente mais doce em relação a si mesma e começa a experienciar certo conforto interior.

ELEGÂNCIA DOS EXPERIMENTOS

Desenvolver um experimento é como desenvolver uma obra de arte – os dois processos e seu resultado podem ter elegância. Um processo elegante é aquele bem cadenciado, em que cada parte do trabalho é facilmente observada e assimilada pelo cliente. Associo elegância com clareza e lucidez de propósito: o cliente tem certa noção da relevância do trabalho para seu problema ou dilema, e o terapeuta tem clareza acerca do propósito do experimento ou do que está buscando. Associo a questão do *timing* com a elegância do trabalho: cada aspecto do experimento é apresentado num certo momento da prontidão do terapeuta e, ainda mais importante, da prontidão do cliente.

Experimentos elegantes têm graça e fluidez na transição de um aspecto ou dimensão da experiência do cliente para o seguinte. O trabalho flui graciosamente, sem pressa. Experiencio a elegância no trabalho quando sou capaz de focalizar e acompanhar a experiência da outra pessoa, de momento a momento, sem me deixar distrair indevidamente por detalhes irrelevantes. Sei que não estou indo bem quando, no meio de um tema importante para o cliente, faço uma pergunta sobre algum detalhe por interferência de interesses pessoais. Por exemplo, um cliente me diz como tem sido autodestrutivo e acaba de destruir seu carro novinho em folha. Eu pergunto: "Que tipo de carro era?", esquecido de focalizar o sentimento dele de ser destrutivo ou de querer lamentar a perda de algo valioso. Entretanto, é importante ter em mente que devemos ser respeitosos e atentos ao desenvolvimento de nossas imagens. É a partir da matéria-prima delas que costumam nascer os experimentos criativos.

O experimento criativo brota de uma diversidade de imagens, de modo que a ação escolhida corresponda à experiência do cliente, referindo-se ao núcleo do problema em vez de a algum fenômeno tangencial associado a ele. Voltando a Dick, que se queixa de sua posição diminuída em relação às outras pessoas, resolvo trabalhar com a velocidade de sua fala somente para deixá-lo mais plenamente preparado para o tema mais amplo. Se eu tivesse me deixado absorver apenas pela velocidade de suas palavras, teria cometido um erro tático crucial. O terapeuta deve estar sempre preparado para surpresas criativas. Por exemplo, quando Dick começa a desacelerar a fala, de repente se lembra de que sempre precisou se apressar ao falar com seu pai, caso contrário ele poderia subitamente sair andando da sala. Vemos aqui como o desenvolvimento natural do experimento parte da periferia para o tema central.

Um experimento elegante ou, mais precisamente, a série de experimentos, é como uma sinfonia. Existe um primeiro movimento, em que se introduz a informação, assim que surge o tema geral. O segundo movimento tem qualidade de busca, na qual muitos detalhes são introduzidos e o entendimento da pessoa é enriquecido. O terceiro movimento pode expor uma importante dinâmica do desenvolvimento do tema mais amplo. O quarto movimento conclui, com o sentimento de proporcionar resolução e integração, bem como a celebração de si mesmo.

No caso de Dick, o primeiro movimento lidava com a informação dessa posição subalterna. O segundo movimento trabalhou com o modo como ele se menosprezava e impedia a assimilação por conta de acelerar suas experiências. Para intensificar sua compreensão, o terceiro movimento expressava o relacionamento que mantinha com o pai crítico, da vida real. Nesse movimento, ele articulou um entendimento mais claro do modelo que seu pai tinha sido e de como havia engolido, indiscriminadamente, a desaprovação paterna. Além disso, começou a reconhecer o próprio tirano interno que constantemente o depreciava, e a assumir a autoria do diálogo interior entre o menininho afobado e impotente e o tirano. No último movimento, Dick flui com o sentido de auto-avaliação, grandiosidade e celebração de si mesmo. Ele é como Zorba, o grego, dando-se tempo para desfrutar sua liberdade e substância.

Num experimento elegante, o terapeuta está aberto a um leque de sentimentos que emergem, do peso à leveza, da sobriedade ao humor, da doçura à dureza, da celebração ao luto, da profundidade à simplicidade das crianças. O terapeuta tem uma noção do que é esteticamente funcional: quando o humor funciona e quando é inócuo; quando a ironia introduz riqueza no contato e quando é cáustica, destrutiva e imprópria; quando é preciso agir como um professor-bedel severo e quando pode ser um avô ou uma mãe amorosa. O terapeuta tem noção de como a dramatização pode expandir a ação e esclarecer questões – e quando parece forçada e superficial.

Enquanto escrevo estas palavras, tomo consciência de quantas vezes fico aquém de minhas metas de elegância no trabalho que faço. Entretanto, também estou em contato com aqueles momentos especiais em que, no decorrer de uma sessão, a sinfonia aparece dentro de mim, em sua estrutura total, e é apenas refinada na interação com o cliente.

Capítulo 7

Grupos como comunidades criativas[1]

Em sua melhor forma, o grupo é não só uma pequena comunidade coesa, na qual as pessoas se sentem recebidas, aceitas ou desafiadas, mas também um lugar e uma atmosfera em que elas podem se tornar criativas juntas. O grupo ideal é um local para cada pessoa testar seus limites de crescimento, uma comunidade em que os componentes podem desenvolver ao máximo seu potencial humano.

Nesse contexto, o grupo pode ser definido como uma *comunidade de aprendizagem*, ou seja, indivíduos que, com o objetivo de resolver problemas pessoais e interpessoais, se reúnem com um líder treinado. Os "problemas" podem variar dos sintomas fóbicos de um indivíduo a sentimentos de isolamento e alienação em relação a outras pessoas. O objetivo do grupo pode também ser relativamente

---

[1] Partes deste capítulo foram extraídas de uma conversa gravada em fita com Richard Borofsky e Antra Kalnins, em 15 de agosto de 1972, em Wellfleet, Massachusetts. Sou grato a eles por me ajudarem na formulação de minhas idéias.

bem-definido, como, mulheres que se reúnem para lidar com questões desencadeadas por crises existenciais ou pelas mudanças cada vez maiores em seus papéis nos relacionamentos. Aprender implica mudar comportamentos, não só em prol da adaptação ou ajustamento, mas de uma mobilização rumo a níveis mais elevados de *awareness* e auto-atualização.

Não se pode dizer que existe um grupo só porque pessoas foram colocadas juntas em algum lugar. Todo grupo é um sistema único com um caráter próprio e especial e uma noção peculiar da própria força; um conglomerado de energias emanadas por seus membros individuais, inter-relacionadas num padrão sistemático. É um todo, uma entidade, uma Gestalt cuja natureza é maior do que a soma de suas várias partes.

Esse inter-relacionamento pode ser dispersado ou defletido por alianças, conflitos internos, lealdades e várias formas de estática. O Gestalt-terapeuta aprende uma variedade de métodos para otimizar a energia do grupo e integrá-la num sistema criativo de trabalho, dotado de foco e direção. Esse esforço cooperativo requer, por parte do grupo, aceitação e consideração por seus membros individuais; e requer do líder a habilidade especial de transformar os talentos e as resistências do grupo em um sentimento de comunidade unificada.

Como catalisador, o líder de um grupo gestáltico integra temas individuais variados em criações comunitárias espontâneas. Esse processo de transformação é muito complexo e inclui a noção do momento certo para as interferências (*timing*), a fluidez nas interações e nos movimentos com o processo em andamento, a mobilização da energia grupal e um *feedback* contínuo entre o grupo e o líder. O líder gestáltico, portanto, precisa se manter continuamente sensível ao leque emocional e estético do grupo.

Antes de descrever o que considero o processo de um grupo gestáltico, gostaria de compará-lo com vários sistemas de terapia de grupo, a fim de salientar o que faço.

MODELOS DE PROCESSO GRUPAL: CONFIGURAÇÕES E LIMITAÇÕES[2]

Carl Rogers: consideração incondicional
e humildade de liderança

Tradicionalmente, o grupo tem sido usado, de várias maneiras, como um todo. Os terapeutas rogerianos estimulam o grupo de maneira não diretiva, como veículo para os membros desenvolverem confiança e encontrarem formas de dar suporte uns aos outros. O grupo determina seu próprio destino, esclarecendo e seguindo seu caminho. Ao facilitador cabe manter a continuidade da situação, mais do que inventar novos eventos para serem amplificados, desenvolvidos, esclarecidos e explorados pelo grupo.[3]

Vejo o grupo rogeriano como um círculo de indivíduos, todos com igual poder, e o terapeuta (indicado no diagrama da figura 26 por um X) como um dos participantes. O terapeuta rogeriano busca conferir pleno poder ao grupo e ao seu processo. Dentro do grupo, ele se expõe pessoalmente e não se apresenta como especialista ou figura de poder. Considera-se um facilitador não autoritário que está "ali", simplesmente – com completa liberdade para expressar seus sentimentos, suas observações ou suas respostas para o grupo –, um participante de uma comunidade que se administra sozinha, enfatizando o processo em andamento e o desenvolvimento dos sentimentos.

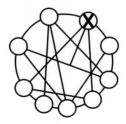

FIGURA 26 *Grupo rogeriano.*

---

[2] Meu foco incide sobre o escopo das terapias existenciais, conforme descrito no capítulo 4, "Raízes e pressupostos", e não tanto sobre as terapias de orientação psicanalítica.
[3] Rogers, C. *Carl Rogers on encounter groups*. Nova York: Harper & Row, 1970.

Entendo o terapeuta centrado no cliente como uma espécie de figura materna que proporciona suporte, forma e "cola" para a coesão de uma comunidade afetiva de integrantes que se expõem pessoalmente. A comunidade formula seus problemas e trabalha como uma unidade para solucioná-los. O processo requer um tempo considerável – talvez uma semana, antes que o grupo seja capaz de funcionar como uma comunidade integrada e coesa que resolve problemas –, mas essa abordagem é potencialmente poderosa se o processo alcança o ponto da resolução.

Às vezes, esse sistema me parece aquele em que o terapeuta alega não ter autoridade e apresenta uma espécie de humildade irreal. Entretanto, seja como for que ele se denomine ou se apresente, o facilitador detém um imenso poder dentro do grupo. Se ele saísse do grupo no meio de uma sessão, sua ausência teria grande impacto sobre as pessoas, muito mais do que a ausência de qualquer outro integrante.

Parece existir, por parte do líder, uma "ingenuidade compulsória" com respeito às dinâmicas de poder operantes no grupo. Pode haver discrepância entre as expectativas dos membros em relação ao líder como um guia especialista ativo e à sua exposição pessoal. Como resultado dessa discrepância, as questões de poder e liderança podem acabar não sendo discutidas abertamente dentro do grupo, e continuarem a existir subliminarmente, com o potencial de distorcer e confundir o processamento de questões "supraliminares".

A Gestalt antiga: a roda quebrada da carroça

Na época em que o conheci, Fritz Perls ensinava Gestalt-terapia demonstrando-a com alguém do grupo. Os outros se reuniam à sua volta, observavam e geralmente se encantavam com sua habilidade e engenhosidade para trabalhar com cada pessoa. Não era feita nenhuma tentativa – e nem havia a intenção – de envolver o grupo nesse processo. Fritz achava que as pessoas podiam aprender pela observação e, inclusive, vivenciar experiências de crescimento simplesmente assistindo-o trabalhar. Ele não se interessava pelo processo grupal em si, mas pela demonstração de métodos de trabalho com indivíduos, na presença de um grupo.

Vários discípulos de Perls levaram ao pé da letra esse estilo voltado para o trabalho com o cliente individual e criaram um modelo de terapia em grupo no qual as pessoas se revezam para "trabalhar" com o mestre, no centro, enquanto as demais assistem. Um exemplo desse modelo é o poderoso, concentrado e elegante trabalho de James Simkin. Em seus grupos, as pessoas se comprometem a trabalhar determinada questão e depois ele as traz, uma a uma, para o centro do grupo. Embora o cliente possa ser solicitado a se comunicar com o grupo num experimento individual, os integrantes não precisam participar ativamente no experimento.

O diagrama da figura 27 retrata esse sistema como uma roda quebrada de carroça. Está quebrada porque existe pouca interligação envolvendo os membros do grupo; o que prevalece é uma conexão vicária com a ação no centro. A roda quebrada não gira; não é uma comunidade, no pleno sentido do termo. As pessoas experienciam um contato terapêutico vicário com o terapeuta e a pessoa na "cadeira vazia", porém têm pouca afinidade entre si, além da ansiedade por ocupar o centro do grupo.

A força desse sistema reside no fato de o terapeuta e o cliente experienciarem um tipo de suporte comunitário; eles parecem estar cercados por um círculo de energia que diz "sim" ao esforço que a pessoa faz em seu trabalho com o terapeuta. Essa energia é claramente sentida no centro e visivelmente sustentada por risos ocasionais e outras demonstrações valorizadoras. A fraqueza desse sistema consiste em não usar as idéias, sentimentos e talentos dos componentes do grupo a serviço de um processo criativo pelo bem de todo o grupo. Outra desvantagem é que o terapeuta faz todo o trabalho e não permite que o grupo lhe dê suporte ou se incumba do desenrolar da situação.

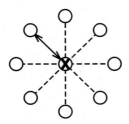

FIGURA 27 *Grupo de James Simkin.*

Uma última limitação é a que atribuo ao principal valor em ação nos grupos liderados por Perls e seus discípulos mais próximos: assumir a responsabilidade por si mesmo. Isso se reflete na Oração da Gestalt: "Eu sou eu, e você é você; se, por acaso, nos encontrarmos, ótimo; caso contrário, não há nada que se possa fazer". Essa perspectiva não é adequada para se lidar com a noção da responsabilidade social, com a idéia de as pessoas tomarem conta umas das outras na terapia grupal ou em qualquer outro contexto comunitário.

Psicodrama: um movimento revolucionário

Outra importante modalidade de terapia em grupo é o psicodrama, no qual os membros do grupo são usados como personagens do drama de um indivíduo em especial, que age como protagonista. O protagonista permanece foco da atenção terapêutica no grupo, do começo ao fim. Uma limitação do psicodrama é, portanto, seu foco em uma só pessoa e o compromisso com uma estrutura formal e com a integridade do drama como drama, geralmente ignorando o processo que se desenrola na situação, bem como o desenvolvimento da *awareness* dos participantes do grupo.

No entanto, é importante salientar que o psicodrama foi um movimento verdadeiramente revolucionário para sua época. Usamos a expressão "aqui e agora" como se tivesse acabado de ser criada quando, na realidade, J. L. Moreno já falava do "agora e aqui" desde a década de 1920, tendo sido um verdadeiro pioneiro na ênfase da solução criativa de problemas, no contexto de uma comunidade, recorrendo ao drama[4]. É essa ênfase inovadora na dramatização que caracterizou o *zeitgeist* dos anos 1950 e assentou as bases da popularidade da abordagem gestáltica em grupos.

PRINCÍPIOS DO PROCESSO GRUPAL EM GESTALT

O processo grupal em Gestalt, conforme é desenvolvido em nosso Instituto em Cleveland, funciona de acordo com quatro princípios bá-

---

[4] Moreno, Jacob Levy. *Who shall survive? Foundations of sociometry, group psychotherapy and sociodrama* (Nova York: Beacon House, 1953) e *Psychodrama: foundations of psychotherapy*, vol. 2 (Nova York: Beacon House,1959).

sicos: 1) a primazia da experiência grupal em andamento; 2) o processo de desenvolver a *awareness* grupal; 3) a importância do contato ativo entre os participantes; 4) o uso de experimentos interativos, estimulados por um líder ativamente envolvido.

A primazia da experiência presente significa que o foco da atenção recai sobre a experiência do indivíduo, de momento a momento. No nível grupal, tal princípio implica que, seja o que for que aconteça no grupo, esse material é relevante e precisa ser esclarecido, enfatizado e focalizado criativamente para atingir sua resolução. Não se deve desconsiderar nenhum comportamento no grupo. Toda ação grupal é potencialmente relevante e, em geral, reflete preocupações que devem ser elaboradas por seus membros.

Todo tema individual também é sociointerativo. Por exemplo, se uma pessoa se comporta como um mendigo, sempre existe alguém que se recusa a lhe dar alguma coisa, da mesma maneira como sempre existe outro alguém que dá demais. É assim que criamos uma sociedade; é aí que o grupo se desenvolve. Nenhum tema individual está desvinculado do tema comum. A existência de um mendigo pode implicar a existência de alguém que é mesquinho ou sovina, ou pode apontar para alguém generoso. Quando o mendigo do grupo se comporta como se não tivesse nada que ver com aqueles que podem conhecer a própria riqueza emocional, devemos não só explorar a experiência do indivíduo que se sente um mendigo, mas também o que essa sensação de si mesmo quer dizer sobre as outras pessoas do grupo, sobre a Gestalt social que emerge nessa situação.

Vejamos outro caso: a assim chamada situação edipiana. Se um homem se sente indevidamente ligado à sua mãe e apresenta esse problema, é obvio que há a possibilidade de lidar com uma figura materna escolhida dentro do grupo. Mas esse homem também teve um pai e talvez irmãs e irmãos, além de ter vivido numa determinada comunidade. Seu romance com a mãe não ocorreu num vazio: desenrolou-se no seio de um sistema social. O grupo, como microcosmo da sociedade, é capaz não só de recriar esse sistema, como de modificá-lo de mil maneiras diferentes para permitir enxergar de que forma se pode reinventar a comunidade e como se pode resolver os problemas de uma miríade de maneiras.

Awareness, em Gestalt-terapia, significa simplesmente que uma pessoa está ciente de sua experiência. No nível do processo grupal, isso assume a forma de preocupações e temas compartilhados. Embora nem todos se preocupem com determinados temas, estes podem dominar o grupo em determinado momento. É como se o tema pairasse no ar, sobre o grupo, não podendo ser descartado com facilidade. Essa *awareness* grupal, essas preocupações grupais, representam mais do que a soma das *awarenesses* individuais e devem ser elaboradas por todos. A estratégia para lidar com a *awareness* grupal é: primeiro, intensificar ou explicitar o teor da preocupação, depois, traduzir a *awareness* dessa questão em excitação, ação e, finalmente, em interação entre os membros do grupo.

Outro princípio da Gestalt-terapia é o fato de que o crescimento ocorre na fronteira entre indivíduo e ambiente. Em outras palavras, é o encontro entre o que *é eu* e o que *não é eu* que me força a inventar novas respostas para lidar com o ambiente e me instiga a mudar. O ambiente exerce um impacto sobre mim. E, por meio de um equilíbrio entre assimilação e acomodação num ambiente em incessante mudança, eu cresço. O grupo de Gestalt enfatiza a intensificação do encontro e do contato entre as pessoas.

No nível do processo grupal, o contato é experienciado como a sensação da singularidade de cada um, a sensação da diferença que há entre os membros do grupo e também as semelhanças entre eles. O contato é uma experiência de comunalidade, comunidade e individualidade. Cada pessoa, independente do que estiver fazendo, é encorajada a se conscientizar de sua parte na sociedade e de seu papel no grupo, conforme este vai mudando de momento a momento.

Isso é diferente do grupo da "roda quebrada", em que as pessoas ficam num tipo de anonimato em branco. Nesse tipo de grupo, uma pessoa acha que não tem qualquer coisa que ver com as outras. Numa verdadeira comunidade, um membro silencioso aprende a tomar consciência do papel que desempenha, a qualquer momento. O sofrimento que ele sente tem significação social. Possui valor dinâmico, presença; é uma força no grupo, mesmo que originalmente o indivíduo possa ter experienciado seu silêncio como algo destituído de valor ou significação social. As pessoas se tornam conscientes dos papéis que assumem e se dão conta de que estes existem e são definidos pelo fato de que outras pessoas os estão acomodando – para que alguém se cale, alguém deve falar. E, com isso, reunimos todos os lados e todas as forças da vida do grupo.

O ambiente social, em sentido global, está sempre se acomodando. Se eu peço a um policial informações sobre um endereço, ou ele me diz como chegar lá ou me diz que está muito ocupado. Contudo, mesmo que diga que está muito ocupado, ele está acomodando sua resposta à minha solicitação. Assim, em nossa metodologia, moldamos o grupo como um microcosmo do verdadeiro ambiente social. Queremos dar à pessoa uma oportunidade de se descobrir e se entender, em sua realidade social. Também queremos ensinar a ela o poder de modificar o comportamento dos outros numa situação experimental relativamente segura e flexível.

No sistema rogeriano, o terapeuta abdica de sua autoridade e, de algumas maneiras sutis, nega seu poder, sua perícia e sua capacidade para causar impacto no grupo. No modelo de Simkin, o terapeuta assume o controle autoritário da ação. No processo do grupo gestáltico, embora o terapeuta seja claramente uma autoridade, ele tem livre movimentação dentro do grupo. Ele pode escolher estar no centro, estimulando ativamente o trabalho individual com os membros do grupo, ou preferir recuar, afastando-se do centro e participando como um dos componentes. Sua presença é sentida sempre e seu poder, claramente experienciado. Ele incentiva e estimula o grupo a adotar comportamentos experimentais e a modificar intencionalmente seu processo.

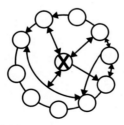

FIGURA 27 *Grupo gestáltico.*

Uma suposição de grande importância, com destaque dentre todos os princípios da Gestalt, afirma que, no grupo, tudo é possível. O grupo tem sua vida intrínseca, sua energia, suas potencialidades especiais e sua promessa de fazer experimentos com as vicissitudes da vida individual a fim de resolvê-las. Essa criatividade tanto ajuda as pessoas a lidarem com os problemas que estiverem experienciando, quanto é usada para resolver os problemas da comunidade como um todo.

Regras básicas para participantes de grupos gestálticos

Para promover a *awareness* do grupo, bem como a excitação e o contato, os líderes de grupos gestálticos cuidam de comunicar aos participantes suas regras básicas e essenciais. Alguns explicam as regras logo no começo, enquanto outros as introduzem à medida que pareça apropriado, dentro do processo grupal. Eis algumas delas:

- Assuma a autoria de sua fala e de seus comportamentos. "Se você quer dizer 'eu', diga 'eu' em vez de 'você' ou 'a gente', ou qualquer uma das várias palavras que costumamos usar para evitar nos comprometer de modo explícito com o que estamos dizendo, o que acaba contribuindo para que as conversas se tornem impessoais e gerais".[5]
- Dê prioridade ao que está experienciando aqui e agora. Compartilhe sentimentos, pensamentos e sensações presentes.
- Preste atenção na maneira como ouve os outros. Jackson pergunta a seus alunos: "Você está ouvindo essa pessoa que fala ou está 'distante', só esperando o momento de entrar em cena?"[6]
- Quando você formula uma pergunta, em geral está garantindo uma saída honrosa para não afirmar alguma coisa. A menos que realmente esteja interessado numa informação (como "Quantos anos você tem?"), faça afirmações no lugar de perguntas. Exemplo: perguntar "Você está preocupado com o bem-estar das pessoas neste grupo?" é uma forma acovardada de dizer "Eu acho que você não se importa nem um pouco comigo".

---

[5] Jackson, C. W. Palestra no Instituto de Gestalt de Cleveland, Ohio, 1973.
[6] Idem.

- Faça um esforço para falar diretamente com a outra pessoa, em vez de com o espaço no meio da sala; você exercerá mais impacto sobre os outros.
- Ouça o que a outra pessoa está sentindo e valide essas vivências. Evite interpretar o "verdadeiro" significado das afirmações do outro. Evite também buscar as causas dos atuais sentimentos da outra pessoa, dizendo, por exemplo, "Você está ansiosa porque..."
- Preste atenção em sua experiência física, assim como nas mudanças de postura e gesticulação dos demais. Por exemplo, se está começando a se sentir desconfortável e com a cabeça doendo porque alguém fica falando sem parar, compartilhe seu incômodo com essa pessoa.
- "Presuma a confidencialidade do que os outros dizem, a menos que haja um acordo explícito para agir de outro jeito."[7]
- "Experimente correr riscos enquanto participa das conversas."[8] O grupo é um laboratório humanista no qual você pode testar a influência de comportamentos que considerou inaceitáveis até então. Existe a possibilidade de que algumas pessoas se afastem de você; mesmo assim, o modo como você reage a essas respostas pode ser importante para seu próprio crescimento. Por exemplo, você pode fantasiar: "Se eu expressar minha raiva, vou destruir alguém". Depois de expressar sua raiva, você percebe que alguém se comoveu muito ou se assustou, mas que essa pessoa continua viva e respirando.
- Aprenda a "colocar entre parênteses", ou compartimentalizar, sentimentos e expressões que definitivamente interromperão um importante evento em andamento no grupo. Se você não fizer isso sozinho, outros o farão quando se sentirem interrompidos.
- Respeite o espaço psicológico dos outros da mesma forma como quer que respeitem o seu. Se alguém está retraído e deprimido, respeite o desejo dessa pessoa de ser deixada "em paz" por um

---

[7] Nevis, E. "Ways of heightening contact". Palestra no Instituto de Gestalt de Cleveland, Ohio, 1975.
[8] Jackson, C.W. Palestra no Instituto de Gestalt de Cleveland, Ohio, 1973.

tempo. Embora incentivemos as pessoas a mudar, não as coagimos a adotar novos comportamentos.

Devemos ter em mente que essas regras não são aplicadas de maneira rígida nem autoritária. A intimidação mata a semente do potencial de auto-revelação e do desenvolvimento de um processo grupal criativo. As idéias destinadas a facilitar a mobilização da energia e o contato podem ser comunicadas de modo que sufoquem a excitação e causem temor e desconfiança. É aqui que o estilo de comunicação do líder se mostra significativo.

O EXPERIMENTO EM GRUPO

O sistema gestáltico é uma integração da pureza experiencial de Rogers, por um lado, com a abordagem claramente estruturada de Simkin, por outro. A ação grupal sempre começa com a experiência presente dos integrantes, e não com alguma interação predeterminada entre duas pessoas ou algum outro exercício arbitrário.

Um *exercício* grupal é um recurso de aprendizagem preparado para o grupo antes que ele se reúna. Normalmente, não se relaciona com o desenrolar natural do processo grupal. Por exemplo, o líder começa a sessão pedindo que as pessoas formem pares e conversem umas com as outras durante vinte minutos. Depois que os pares retornam, são solicitados a apresentar, perante o grupo, a pessoa com quem falaram. Nesta altura, quero mencionar de passagem que os grupos de sensibilização consistem em coleções de exercícios pré-fabricados, pré-planejados, que o líder simplesmente distribui em série pelo grupo, sem levar minimamente em consideração o processo grupal em andamento.

Já o *experimento* é um acontecimento criativo que decorre da experiência do grupo. Esse acontecimento não é predeterminado e seu desfecho não pode ser previsto; é uma criação do grupo como um todo. A seguir, exemplifico um acontecimento dessa ordem.

Vários membros do grupo começam a criticar os líderes. Cada uma dessas pessoas parece ter um estilo especial de lidar com o problema: algumas falam em alto e bom som o que acham, outras se esquivam de uma expressão direta, e assim por diante. Os líderes perguntam ao grupo se essa situação os faz pensar em alguma situação de seu passado. Alguém conta um episódio de sua família em que os pais se divertem entre si, mas não incluem os filhos. Todos parecem se identificar com a analogia, e os líderes incentivam cada um ali a se visualizar como membro de uma família presente. Conforme o drama vai se desenrolando, o grupo desenvolve percepções mais nítidas de sua relação com os líderes; por exemplo, como pais e filhos tornam-se cúmplices para criar insatisfação e rebeldia. Cada um dos integrantes tem a oportunidade de explorar seu papel nesse enredo, e o experimento ajuda todo o grupo a descobrir um novo contexto para examinar seus próprios problemas, sem se isolar dos líderes.

A ação grupal pode começar com um integrante fazendo um comentário ou com uma conversa entre vários deles. Essa interação pode incluir ainda intervenções verbais do terapeuta, de outros membros do grupo ou de todo o grupo. O experimento sempre surge dos dados que já estão ali, da existência do grupo no aqui e agora, depois amplificando a situação específica e impelindo-a mais adiante. Em seu nível mais alto, o experimento introduz o grupo a uma criação inédita para a solução de problemas, em que cada um dos membros aprende algo especial sobre si mesmo.

Os experimentos podem decorrer da experiência de uma pessoa em particular, como um sonho ou fantasia, ou até de um dilema que envolva o grupo inteiro. Experimentos sobre situações do cotidiano podem ser utilizados pelo grupo, como conflitos familiares, problemas entre casais, situações de perda e luto, pesadelos, problemas de escola, esperanças, devaneios, aspirações e questões existenciais inacabadas. O grupo imaginativo inventa para si experimentos sob medida a fim de trabalhar sua situação imediata. Desse modo, o experimento não só se dirige ao tema do grupo, como respeita a capacidade de seus participantes de implementar o que o inventor propõe.

Nesse tipo de experiência, a energia flui não só entre o terapeuta e os membros do grupo, mas também em várias combinações e permutas entre as pessoas. O grupo usa sua energia atual e em constante desenvolvimento. Quando as pessoas não ficam imóveis em cima da própria energia, são constantemente revigoradas e têm sempre a sensação de que podem escolher participar da ação e modificar os eventos que estão em andamento. A energia da pessoa pode ser direcionada "para fora", rumo ao grupo, na tentativa de mudar o ambiente, assim como a energia do grupo pode ser dirigida "para dentro", rumo ao indivíduo, para catalisar e apoiar seu aprendizado sobre si mesmo. Por exemplo, o grupo pode ajudar alguém a criar novas caracterizações de si mesmo, pedindo que mude radicalmente seu comportamento e faça as coisas do jeito oposto ao que está acostumado.

O experimento genuíno em grupo envolve testar e expandir igualmente o papel do terapeuta. Ele também pode se encontrar em posição de mudar sua conduta costumeira no grupo; nem sempre ele é o líder que inventa os experimentos. Sua tarefa mais importante é criar uma atmosfera ou formato em que brote a criatividade do grupo e toda a sua inventividade. O grupo pode propor um tema que seja pesado e significativo, como o luto, por exemplo. A capacidade do terapeuta para orquestrar esse tema requer vários recursos internos:

- seu entendimento clínico de luto e estados similares;
- sua capacidade de visualizar uma situação "real" que possa ser elaborada dentro do grupo, sem forçar a ação;
- sua capacidade para energizar o grupo, avivar seu fogo, afim de que a ação possa se desenvolver até o ponto de resolução;
- sua sensibilidade para a capacidade emocional do grupo: a dose eficaz de intensidade, loucura, encontro físico e esforço muscular;
- sua noção do lúdico, seu senso de humor e flexibilidade, bem como sua disponibilidade para se curvar à vontade da imagem do grupo;
- sua noção de oportunidade (*timing*), de quando parar uma situação que parece iminentemente perigosa aos membros do grupo; e de resolução, para que ninguém saia no final da sessão ainda com alguma dor pendente.

Ao mesmo tempo em que considera as qualidades dinâmicas dos membros individuais e do grupo como um todo, o terapeuta é um improvisador, um diretor que determina a iluminação, a trilha sonora e o cenário para a ação dramática.

É especialmente o uso da metáfora que permite às pessoas se reunir e seguir rumo a uma nova direção. A metáfora é uma maneira de ligar coisas que geralmente não estão conectadas. A metáfora da "família", do exemplo anterior, proporcionou ao grupo um novo tipo de elo e desencadeou um rico acervo de lembranças e sentimentos que deram novo significado à situação vigente, impregnando-a com mais vitalidade. Os indivíduos podem se conectar quando exploram uma metáfora porque a nova imagem atrai todos eles, ainda que de maneiras diferentes. Para todos, a experiência da família é similar e, ao mesmo tempo, significativamente distinta nos detalhes dos eventos e sentimentos.

A chave consiste em escolher uma metáfora ou imagem que seja moderadamente nova, diferente o bastante para que as pessoas se empolguem e queiram explorar novos modos de se relacionar entre si, porém sem se sentirem ameaçadas. Ao mesmo tempo, a metáfora não deve estar tão fora do alcance da imaginação das pessoas que elas não sejam capazes de se identificar com ela e trabalhar com seu conteúdo. É mais fácil trabalhar com a noção de uma família do que com a imagem de colônias de bactérias, por exemplo.

Experimentos grupais baseados em experiências individuais

Um membro do grupo conta um sonho. Primeiro, ele é trabalhado no nível individual e, depois, transformado em experimento grupal, de modo que cada indivíduo possa usufruir das imagens originais de quem teve o sonho. Acredito que todos nós compartilhamos temas arquetípicos. As imagens dentro do sonho ou da fantasia são, portanto, seletivamente atraentes a vários integrantes do grupo e úteis para promover o entendimento deles mesmos dentro do processo grupal.

O sonho individual, assim, pode ser usado para beneficiar o grupo todo. Logo que o indivíduo trabalhar seu sonho e entrar em contato consigo, por meio do conteúdo onírico, o grupo todo poderá assumir partes do enredo dramático e participar ativamente do sonho. Desse modo, se o sonho contém uma casa arruinada, um menino aleijado, seus pais e uma carroça, os membros do grupo podem escolher aqueles papéis que parecem relevantes para sua vida. Alguém pode escolher ser o menino aleijado e dizer ao grupo como se sente impotente em relação a mulheres fortes, explicando que tal papel o ajudaria a lidar com esse problema. Outra pessoa escolhe o papel da mãe dominadora, outra ainda o da casa arruinada, e assim por diante. O sonhador ajuda o grupo a compreender seus personagens, e o terapeuta facilita a encenação do sonho como experiência dramática para o grupo todo.

Em meu artigo sobre o trabalho com os sonhos como teatro[9], dou como exemplo uma vinheta do sonho acima, em que entram em cena apenas dois personagens, nenhum dos quais a pessoa que havia narrado o sonho. Uma parte do sonho originalmente relatado ao grupo pelo paciente foi: "Vejo minha mãe se aproximando e sinto um incômodo estranho no peito..." O "menino aleijado" é desempenhado por John, um homem de 40 anos. Ele tem fisionomia triste, ombros caídos para frente e parece respirar depressa e pouco. Não surpreende que se ofereça para desempenhar o papel do menino, que sofre de enfisema. Myra, uma mulher de meia-idade que "faz bico" o tempo todo, se oferece para ser a "mãe dominadora" e várias pessoas do grupo sorriem e aprovam com movimentos de cabeça.

A vinheta começa com uma apresentação nos moldes de Perls. O homem fala primeiro: "Sou um menino aleijado, não consigo respirar e essa é a minha existência". A mulher responde: "Sou uma mãe dominadora. Mantenho meu filho aleijado e essa é a minha existência". O rosto de Myra enrubesce e seus olhos se enchem de lágrimas. Ela fala para o grupo de sua relação com o filho mais velho. Os dois personagens prosseguem...

> *Menino*: A vida inteira precisei que você tomasse conta de mim, mas agora estou começando a sentir sua sufocação... Quer dizer, minha sufocação. Sinto que você vai me sufocar até eu morrer.

---

[9] Zinker, J. C. "Dreamwork as theatre", *Voices*, verão de 1971, 7:2.

Mãe: Quando você era muito pequeno e vivia doente, eu tentei te proteger de um desconforto desnecessário...

Menino: (Interrompendo) Sim, e com 7 anos, eu tinha medo de ir sozinho para a escola e vomitava quando chegava lá.

Joseph: John, como é que está seu estômago neste momento?

Menino: Tudo bem, mas ainda sinto como se ela estivesse me estrangulando.

Joseph: (Para a mãe) Myra, coloque as mãos no pescoço dele e aperte um pouco. Deixe que ele sinta a sufocação.

Mãe: (Obedecendo a instrução) Eu só quero cuidar de você...

Menino: (Arrancando as mãos dela e tossindo) Então sai de cima de mim! Me deixa viver! (Ele dá a impressão de ter respirado profundamente pela primeira vez naquela noite)

Membro do grupo: Ela não te ouviu.

Menino: (Berrando bem alto) Sai de cima de mim; me deixa respirar; me deixa viver minha vida! (Arfando com intensidade)

Outro membro do grupo: Quero ser o alter-ego de Myra. (Para o Menino) Se eu te deixar em paz, te deixar ir, você vai me odiar pelo resto da vida?

Mãe: (Completando essa colocação) Se eu ao menos pudesse sentir que você me ama quando você fosse embora, não seria tão difícil...

Menino: Eu preciso que você me ajude a ir embora; eu sempre vou te amar, mas de outro jeito, como homem, como um homem forte, e não como um aleijado.

Os dois se abraçam espontaneamente e Myra, dando-se conta de que terá de conversar com o filho mais velho, que trancou a matrícula na faculdade e voltou para casa, há seis meses.

As experiências individuais no grupo podem ser transformadas em experimentos do grupo, capazes de envolver a maioria de seus integrantes e não só os personagens principais. Por exemplo, no caso anterior, os membros do grupo podem desempenhar o papel de alter-egos para os diferentes personagens. O alter-ego expressa uma força, um motivo ou um sentimento que o "ator" ignora, mas que mais alguém do grupo conhece por experiência própria.

Nessa técnica, diversos integrantes do grupo ficam em pé durante a representação do episódio, vão até onde está a pessoa que fala e explicitam aquela parte da experiência dela que pode não estar em sua *awareness*. Quando o menino pondera "A vida inteira precisei que você tomasse conta de mim, mas agora estou começando a sentir sua sufocação", alguém vai até ele e pondera "No entanto, não sei o que teria feito sem você para cuidar de mim esse tempo todo". Depois de feita essa declaração, o personagem do menino é solicitado a repetir a frase para entrar em contato com uma força polarizada em seu íntimo. No caso da mãe, ao dizer para o filho "Quando você era muito pequeno e vivia doente, eu tentei te proteger de um desconforto desnecessário", outra pessoa do grupo pode refletir o sentimento reprimido de raiva da mãe e dizer "Cada vez que você ficava doente, eu ficava com mais e mais raiva e realmente queria te esganar. Você aleijou minha vida de muitas maneiras, e ainda sinto raiva de você por isso!" Novamente, a mãe pode resolver repetir essas frases. A ação se torna mais complexa, porém mais esclarecedora tanto para a mãe como para o "alter-ego" no grupo que está elaborando a raiva de sua situação familiar.

Outros parentes e amigos significativos podem ser introduzidos no episódio para aumentar a dose de realismo e permitir a expressão simbólica de outras forças e conflitos na vida das pessoas. Podemos ter tias amorosas, tios alcoólatras, professores receptivos e outros personagens relevantes para o sonhador ou para os integrantes do grupo. Assim, cada um ali pode explorar situações inacabadas em sua vida.

O sonhador, criador original do drama, não está perdido no processo; ele pode observar a trama, o pesadelo ou a realização de um desejo se concretizando diante dos olhos. Pode entrar em cena e modificar a ação. Pode assumir um dos papéis e demonstrá-lo em detalhes. Pode experimentar variados desfechos: o menino aleijado se transforma num super-homem, ou num torturador sádico, ou num rabino todo convencido de suas razões. Desse modo, o sonhador entra em contato com uma ampla gama de forças em seu interior e coloca-as em teste, no ambiente de suporte fornecido pelo grupo. Ele pode experienciar ou apenas observar como determinados comportamentos afetam os outros e o preço que talvez deva pagar por tais atitudes.

A representação de um sonho também pode ser modificada pelo grupo a fim de trabalhar suas próprias questões. Isso é perfeitamente aceitável, em especial depois que o sonhador e seus personagens primários já chegaram a um entendimento do tema original e da relevância deste para sua vida.

Todos se envolvem. As pessoas trocam de papéis, tornam-se alteregos umas das outras, experimentam diversas interpretações do conteúdo do sonho. Todos são revigorados pelo processo de compreender uma nova parte de si mesmos. Cada um no grupo se torna o criador ativo da vida de um personagem, moldando-o, assumindo-o e saindo dele, experimentando comportamentos com toda liberdade, no contexto imaginário da encenção do sonho. Por fim, o grupo como uma comunidade assume a autoria do sonho, introduzindo espontaneamente variações em seu processo e modificando o desfecho da ação.

Temas que surgem no grupo e o desenvolvimento de experimentos

O desenvolvimento de um experimento pelo terapeuta se relaciona com a situação em que o grupo se encontra. Eis alguns exemplos dessas situações:

- insatisfação com o líder;
- falta de energia no grupo;
- falta de intimidade ou de coesão dentro do grupo;
- dificuldade para começar;
- ficar sem saber como encerrar uma experiência de grupo;
- dizer adeus a alguém que está deixando o grupo;
- raiva dentro do grupo por causa de um assunto em particular;
- desenvolvimento de cumplicidades no grupo;

- tédio no grupo e falta de motivação;
- competitividade, lutas de poder;
- tendências passivo-agressivas dentro do grupo;
- conselhos dados de forma estereotipada por membros do grupo;
- dificuldades não resolvidas entre dois ou mais membros do grupo;
- impasse no grupo ao lidar com certo tema;
- os membros do grupo começam a falar baboseiras e não entram em contato de verdade;
- morte de alguém do grupo ou de alguém importante para um de seus integrantes;
- duas pessoas do grupo se apaixonam.

Esses são apenas alguns dos muitos problemas grupais que têm a própria integridade e podem não envolver simplesmente uma pessoa só expondo a questão. Naturalmente, o terapeuta criativo pode trabalhar apenas com o nível experiencial de determinado tema. Ele pode se colocar ali para "azeitar", encorajar e esclarecer os temas envolvidos, simplesmente fazendo observações claras e pontuais sobre o processo em andamento. Por outro lado, pode desejar ampliar e expandir o processo, desenvolvendo experimentos situacionais cujo objetivo característico é a solução de problemas.

Vamos pegar uma situação do grupo e depois ampliá-la, tornando-a um experimento que possa ser inventado pelo líder ou por vários outros participantes. A situação envolve a insatisfação com um membro do grupo: as pessoas têm se queixado de que Mark está sempre cansado demais, fica recolhido no seu canto e às vezes até cai no sono. O grupo acha que ele não tem energia suficiente e que, quando sua energia está presente, não está disponível para os outros. Trata-se de um problema sério. É fácil para Mark se tornar defensivo e começar a falar que vai sair do grupo. Mas antes que seja tomada uma medida tão drástica, o grupo deveria ter uma oportunidade de experienciar sua imaginação e capacidade de solucionar problemas.

Como o comportamento de Mark divide o grupo, alguém menciona que parecem estar num tribunal. Essa é uma imagem que imediatamente atrai o grupo todo, já que muitas das frases são ditas em tom de acusação e condenação. Aos poucos, a imagem do tribunal se transforma num experimento. Beverly sugere que Mark "seja levado a julgamento". A idéia de um julgamento num tribunal dá ao grupo a sensação da capacidade de transcender seu próprio nível e analisar a situação com relativo distanciamento objetivo, com certo humor em relação à sua experiência, bem como a sensação de garantir que verão Mark como um ser humano real. Estamos diante de uma dramatização em grupo com desfecho incerto.

Mark pede àqueles que o acusaram com mais veemência de ser uma presença pobre que atuem como os promotores do tribunal. Várias pessoas simpáticas a Mark se oferecem para ser seus advogados de defesa e representantes legais. Outros membros ressaltam que há algumas pessoas agressivas no grupo que apóiam e inclusive encorajam o recolhimento de Mark e que elas também deveriam ser julgadas. Melissa discorda: "Precisamos deixar a coisa clara. Vamos julgar uma pessoa só – Mark. Ele é o foco, o problema". O grupo concorda.

Naturalmente existe a questão do corpo de jurados, formado por membros do grupo não comprometidos com uma posição ou outra, e dispostos a examinar a questão. São gastas várias horas na produção do cenário para a sala do tribunal e todos os personagens se comportam com renovado vigor. Embora o resultado desse tipo de experimento nunca seja plenamente previsível, em geral traz uma resolução criativa para os conflitos internos do grupo. Seguem alguns trechos do experimento em andamento:

Promotor: Meritíssimo, este homem zomba da terapia em grupo!
(No fundo alguém diz: "É isso mesmo!" Outra pessoa ri.)
Juiz: Ordem no tribunal. (De lado) Esta é a minha chance de exercer algum poder neste grupo. Agora posso ter tantas opiniões quantas quiser.
Promotor: Sim, e eu posso apontar o dedo para este homem também. (Apontando para Mark) O que ele faz no grupo? Boceja, dorme e peida. Mal responde às outras pessoas e às necessidades delas.

Fica bastante deprimido e se recusa a aceitar a oferta de ajuda dos colegas. Ele é simplesmente um peso no grupo!

(No fundo, "Ouçam, ouçam...")

Advogado de defesa: Meritíssimo, há pessoas neste grupo que colaboram para que Mark fique afastado e inquieto. Posso chamar John como testemunha?

Juiz: Pode.

(John senta-se de frente para o grupo. O juiz fica às suas costas.)

Advogado de defesa: John, você vem a este grupo há várias semanas. Parece uma pessoa objetiva e equilibrada. Você poderia dizer para este tribunal de que maneira algumas pessoas do grupo contribuem para o recolhimento de Mark?

John: Bom, Excelência, eu percebo que, quando Martha começa a discursar sobre temas feministas e bate boca com Bill por causa das atitudes dele, Mark se distancia. Acredito que Mark associa a atitude enfática de Marta e sua agressividade com a mulher dele... e então fica ansioso.

(Ao fundo, "E com a mãe italiana mandona dele, também!")

Juiz: Ordem! Cancele o termo "italiana" do registro, por favor. E recomendo que você questione Martha diretamente.

(Martha muda de lugar com John.)

Martha: Meritíssimo, sou como sou. Não encorajei deliberadamente Mark a se distanciar. No entanto, pensando agora nisso, lembro que todas as vezes em que levantei a voz, vi uma expressão de sofrimento no rosto dele... Talvez eu queira me tornar mais silenciosamente presente para outras pessoas, a fim de que Mark – de quem gosto muito – possa ter uma oportunidade de dizer o que pensa.

(O grupo todo aplaude e Martha parece um pouco constrangida.)

Juiz: O advogado de defesa pode se pronunciar agora.

Advogado de defesa: Gostaria de ressaltar a noção desse comportamento cúmplice a respeito da questão. Estivemos acomodados em nossas atitudes, colaborando para que Mark permanecesse calado no seu canto. Todos nós, não só Martha. As pessoas ficam se exibindo e dizendo que querem trabalhar, mas não prestam atenção umas nas outras. Não ouvimos uns aos outros.

A discussão prossegue. São chamadas várias testemunhas. Todos parecem se pronunciar com grande carinho sobre sua relação com Mark. De tempos em tempos, Mark vai para o banco das testemunhas para responder aos comentários. Há aplausos, vaias e algumas gargalhadas ocasionais. A sala está eletrizada de tanta energia. A cena do tribunal parece ter mobilizado Mark. Nunca antes ele pareceu tão ativo e participativo.

Advogado de defesa: Meritíssimo, o réu deseja apresentar sua defesa para o júri.

(Mark vai para o banco. Seu rosto está vermelho; seu lábio inferior treme ligeiramente.)

Mark: Senhoras e senhores. A vida inteira, fui forçado e coagido por minha mãe e meu pai. Sempre fiz o que me disseram. Como agir corretamente, como ser mais agressivo e ambicioso em minha profissão. Eu queria ser padeiro, mas minha mãe e meu pai insistiram para que eu trabalhasse no negócio da família; nunca aceitaram como eu era. Agora sou adulto. Mas na maior parte do tempo, sinto que estou fugindo. No trabalho, não tenho um momento de descanso. Em casa, me falam das contas que precisam ser pagas antes de eu conseguir pendurar o casaco. Meritíssimo, este grupo é especial para mim. É o único lugar do mundo onde posso ser Mark, onde posso descansar e escapar de toda a monotonia da vida diária. Posso falar ou calar. Posso rir ou chorar, como estou fazendo agora. Posso até mesmo tirar um cochilo, se precisar... E *agora*, neste santuário, neste oásis, estou sendo coagido, forçado e acusado! Estou sendo criticado e intimidado para me comportar de maneira socialmente aceitável. Meritíssimo, senhoras e senhores, peço que me permitam ser Mark, só isso. Que eu possa me desenvolver e mudar no *meu* ritmo, do *meu* jeito. (Há um longo silêncio na sala. Alguém está fungando. Martha coloca os braços em torno dos ombros de Mark e delicadamente o beija no rosto.)

Primeiro jurado: Meritíssimo, consideramos o réu inocente da acusação de ser um membro inadequado do grupo. Queremos encorajá-lo a se abrir mais conosco, da maneira como se abriu durante este julgamento, porque foi muito eloqüente e lindo e estava conosco. Ele nos proporcionou grande prazer com sua presença.

Mark se tornou seu próprio defensor, forte e expressivo. Conforme foi vivenciando sua força e sua energia cada vez maiores, seu papel no grupo se transformou. Passou a ser visto como um integrante mais cheio de vida, como alguém que poderia contribuir para a vida e o desenvolvimento da história grupal. Além disso, vários relacionamentos dentro do grupo se tornaram mais claramente definidos, ao passo que outros ficaram mais fortes. O expediente do tribunal deu ao grupo a oportunidade de examinar sua natureza. Velhas cumplicidades foram rompidas e novas lealdades, estabelecidas.

Há outros experimentos que podem ser inventados, dependendo da situação em que o grupo esteja envolvido. Mencionarei alguns experimentos que já experienciei em trabalhos grupais ao longo dos anos. A maioria desses acontecimentos se baseia na visão metafórica que o grupo tem de si mesmo.

O grupo está numa nave espacial ou em algum outro veículo, empreendendo uma longa viagem. (Um exemplo dessa metáfora será citado ao final deste capítulo.)

O grupo reconstrói uma lembrança traumática de um de seus integrantes.

O grupo cria a morte, o enterro e a ressurreição de um de seus membros, preocupado com sua "ausência de vitalidade".

O grupo atua como uma congregação e realiza um encontro de orações e bênçãos.

O grupo é uma tribo primitiva, celebrando algo de grande significação para si.

O grupo realiza um ritual de nascimento, começando com um ato amoroso simbólico entre dois de seus integrantes e a participação de todos na sala de parto.

O grupo como uma instituição: cadeia, escola, sanatório, uma situação específica de trabalho etc.

O grupo como uma casa, edificação, castelo, em que cada membro representa certo aspecto da estrutura, dependendo do tema existencial do indivíduo.

O grupo como um zoológico, em que cada pessoa decide ser certo animal.

O grupo como um animal, do qual cada pessoa representa uma parte: os músculos do esfíncter, os órgãos genitais, o abdômen, os pêlos, as costas fortes etc.

O grupo encena a fantasia de certa experiência de alguém presente. Por exemplo, uma pessoa do grupo diz: "Estamos flutuando pelo espaço". Essa metáfora então será representada com o envolvimento de todos.

Não se traa aqui de experimentos pré-fabricados. Sempre decorrem de questões grupais específicas e são voltados para essas situações.

A "MECÂNICA" DA EXPERIMENTAÇÃO

Embora o experimento possa ser visto ou vivido como um "acontecimento", ele não "acontece, simplesmente". Exige do líder muito trabalho e *insight*. Os aspectos dos preparativos, do melhor momento, da coesão e disponibilidade da energia devem ser trabalhados durante todo o desenrolar do processo experimental.

Técnicas e criações

Falar de técnicas é uma maneira limitada de apresentar nossa metodologia. Assim, em lugar de falar de técnicas ou truques específicos, podemos falar de diferentes veículos à disposição. Um desses é o trabalho com os sonhos como teatro, que, de maneira metafórica, expressa a existência e a experiência do grupo.

Esse processo envolve usar metáforas e fantasias, desempenhar papéis, contar histórias e improvisar. Os temas podem ser arquetípicos, como o bem e o mal, ou existenciais, como nascimento e morte, separação, casamento, luto, bem como emergências de vida ou relacionamentos básicos entre mães e filhos, pais e filhas.

Se você é um líder de grupo, pergunte que metáfora ou analogia lhes vem à mente quando pensam em si mesmos. São um animal ou outro tipo de organismo? São uma situação, como uma viagem? Que espécie de veículo são? Qual é seu destino? Quem é o navegador? Permita que o processo se desenrole. Deixe a energia do grupo fluir. Estimule as pessoas que se furtam à ação a representar seus papéis na criação ou a representar suas próprias polaridades.

O grupo pode começar por uma metáfora, um sonho ou uma fantasia grupal e terminar criando uma sociedade inteira. O grupo se torna um microcosmo de todas as polaridades e experiências da humanidade. O grupo tem tanto o poder de reencenar a vida tal como seus membros a experienciaram, quanto o de começar a vida toda de novo, criando uma sociedade que ainda não existiu. Esse tipo de experimento pode ser tão mobilizador e envolvente que o mero processo de experienciar seu desenrolar oferece prazer estético e é perfeitamente compreendido. Ninguém mais tem de dizer "Esse foi o significado da experiência" ou

"Essas foram as implicações da experiência". Ninguém precisa interpretar a experiência: seu impacto é evidente por si.

Preparação e gradação

Não basta inventar uma idéia para um experimento. Deve-se considerar se o grupo está pronto para levá-lo adiante ou se é difícil, fácil ou imaginativo demais para o grupo absorvê-lo e fazer algo com ele. O processo todo da preparação para a execução de um experimento é crucial e não pode ser ignorado sem gerar sérias dificuldades.

A figura 28 descreve a gradação de um experimento particular, envolvendo um problema de não-comunicação dentro do grupo.

A primeira coluna apresenta uma situação específica entre Mary e John. Depois, os níveis de 1 a 5 constituem um experimento com níveis crescentes de participação grupal. Cada um dos níveis visa apresentar um material palpável que os membros individuais estão preparados para pôr em prática. O nível 1 pode ser uma intervenção simples, como: "John, me pergunto se por acaso você não está entendendo mal o que Mary está te dizendo". Esse nível não é um experimento, e sim uma afirmação que o terapeuta faz de sua impressão; ele expressa o que lhe parece ser o problema entre John e Mary. Nesse nível, John e Mary estão preparados para pensar sobre seu problema de comunicação e prontos para o próximo nível, em que executam comportamentalmente um experimento simples, como aparece no nível 2 da figura.

O experimento, então, se intensifica em passos graduados que contribuem, cada um deles, para a solução do problema, até que o grupo todo se envolva. Nesse exemplo, a tabela está supersimplificada por não poder conter todas as minúcias das intervenções e interferências dos integrantes do grupo. E, embora o experimento possa ser modificado dependendo das reações específicas dos membros, em momento nenhum deve perder sua qualidade orgânica e fluida, sintônica com o sentimento do grupo.

Energia e noção de oportunidade (*timing*)

O grupo é como o parceiro amoroso. Deve-se dar atenção a seus sentimentos, suas necessidades e à sua energia disponível. A questão da

Situação

As pessoas não parecem estar se ouvindo, especialmente certas duplas, sempre envolvidas em discussões sem sentido. Mary e John discutem de novo; e John, desmotivado, parece que vai desistir completamente de falar. Os outros membros do grupo parecem frustrados e impacientes.

Nível 1

"John, me pergunto se por acaso você não está entendendo mal o que Mary está te dizendo." (Intervenção simples)

Nível 2

"John, será que você poderia dizer para Mary o que acha que a ouviu dizer?" (Experimento simples)

Nível 3

"Mary, você poderia dizer exatamente para John o que falou e também quando as afirmações dele distorceram o que você disse?"

Nível 4

"Como o grupo parece ter problemas para ouvir, sugiro o seguinte experimento: cada um escolhe a pessoa com quem tem o menor contato ou que menos entende. Dirijam-se então a algum lugar e repitam o que John e Mary fizeram, e depois troquem de papel, para que ambos tenham chance de testar a capacidade do outro em prestar atenção e ouvir."

Nível 5

"Vamos falar sobre a experiência de vocês. Houve alguma área específica que foi cansativa ou difícil de ouvir?"

FIGURA 28 *Gradação de experimentos grupais.*

energia adequada é da máxima importância. Olhe para o grupo. Observe seus olhos, posturas, respiração, nível de atenção entre si e em relação a você. Qual a impressão que dão, agora? Parecem precisar de um intervalo ou de mais estimulação? Todo professor aprende quando sua aula começa a entediar os ouvintes. Se não sabe fazer essa leitura fundamental da energia do grupo, transforma-se num exibicionista chato e autocentrado, que perde o grupo depois de dois ou três contatos.

O terapeuta se encontra numa posição muito parecida. Ele precisa saber qual energia está presente no grupo e não deve hesitar em conferir seus palpites com ele. Por exemplo, o terapeuta pode estar cheio de energia e projetá-la no grupo, sem se dar conta de que as demais pessoas não sentem o mesmo interesse ou empolgação. Não é pecado nenhum ter um palpite errado, e é muito gratificante quando um, que está certo, se vê confirmado.

O aspecto do *timing* é difícil de descrever. A pessoa precisa de uma sensibilidade especial para saber quando alguma coisa vai funcionar e quando não vai. É preciso levar em conta se está tarde e qual a receptividade de cada pessoa do grupo, assim como seus relacionamentos, a cada momento. Às vezes é prudente simplesmente interromper uma ação porque o tema já foi desenvolvido o mais adequadamente possível para o grupo, naquele estágio. Em outras oportunidades, é preciso testar se naquele momento o grupo se sente pronto para um salto criativo. Um experimento intuitivo e brilhante, no contexto errado, será um fracasso. Entretanto, se aplicado num momento inadequado, nem por isso perderá seu valor intrínseco.

Coesão do grupo

A experimentação criativa requer um grupo capaz de cooperar e trabalhar duro, com um líder respeitado, de quem as pessoas gostam e que possui ampla bagagem como ser humano de verdade. Sem um mínimo de coesão, cooperação e disposição para envolver o terapeuta, os esforços do grupo para ser criativo simplesmente cairão no vazio.

Há vários indícios do nível de coesão de um grupo. Quando alguém fala e os outros dão a impressão de investir energia em ouvir e reforçar o processo de quem fala, temos aqui um sinal positivo. O *timing* das respostas também é um indicador da coesão grupal, embora possa ser enganoso. Uma resposta imediata a uma indagação de alguém pode sinalizar interesse, mas é preciso ouvir com cuidado o conteúdo da resposta. Às vezes, as pessoas escutam a fala de alguém visando pescar alguma coisa para usar depois, não a fim de entender o que está sendo dito, mas para poder contar a sua história:

> *John*: Estou muito aflito com os exames de meio de ano. Não estudei praticamente nada.
>
> *Bob*: (Desviando para si) Eu costumava deixar os trabalhos para o último minuto. Lembro que em meu último ano...

Em alguns grupos, a coesão é demonstrada pela facilidade do contato físico entre seus integrantes; em outros, o contato físico constitui uma maneira de se esquivar da verdadeira intimidade. O contato visual também reflete a união do grupo, especialmente quando é examinado como parte da vida total deste. Reparei que, em algumas famílias, as pessoas literalmente não são visíveis umas às outras. É como se quem está falando já fosse "conhecido" e, portanto, não precisasse de atenção: "John é assim; agora, ele provavelmente vai se queixar e choramingar", ou "Beverly está *sempre* deprimida; ela vai fazer cara de triste e começar a chorar a qualquer momento", ou "Joe é quem mais faz os protestos aqui; ele discorda de praticamente qualquer coisa". A estereotipia de papéis e as caracterizações impedem que se viva o contato como novo e enfraquecem a coesão do grupo.

A coesão de um grupo às vezes está relacionada com sua noção de um propósito. Quando as pessoas parecem desnorteadas, pode ser preciso pedir que expliquem a cara de perdidas que estão fazendo. Sempre me sinto mais à vontade quando sei de antemão qual o propósito geral do grupo, especialmente quando o trabalho tem um prazo limitado. Aprendi bem a lição. Há algum tempo, fui convidado pelo administrador de um hospital psiquiátrico no meio-oeste a passar um dia com um grupo de psiquiatras, a fim de ilustrar como funciona a Gestalt-terapia.

Aceitei o convite e presumi que os componentes do grupo estivessem a par desse projeto. Depois de trabalhar com eles durante seis longas e penosas horas, descobri que ninguém no grupo (o administrador não estava ali) tinha ouvido falar de mim, de Gestalt-terapia ou da razão específica pela qual eu estava ali. Feitos esses esclarecimentos, passamos mais duas proveitosas horas aprendendo uns sobre os outros e sobre os conceitos da Gestalt.

As pessoas em grupos coesos costumam expressar sentimentos fortes de afiliação e afeto, que podem se manifestar tanto em reações prazerosas entre elas como na liberdade que sentem para discutir umas com as outras, quando o assunto é importante. Confrontos não são situações venenosas; neles, as pessoas podem manifestar sua individualidade e o sentimento de mútua confiança. Por outro lado, as pessoas que se aliam tacitamente num acordo para só dizer "sim" umas às outras evidenciam um tipo superficial de contato. A coesão também pode ser determinada pelo grau de confiança vigente no grupo, geralmente refletido na manifestação de temas emocionalmente delicados.

Em geral, a construção da coesão envolve a construção de um contato adequado entre os membros do grupo, que também permite o apontamento dos pontos que estão perdendo a ligação. Voltemos ao exemplo anterior com John e Bob:

> *Bob*: (Esquivando-se) Eu tinha o hábito de... lembro que no meu último ano...
>
> *Joseph*: Bob, acho que John não está interessado em suas experiências no último ano da faculdade. Ele está tentando nos falar de sua ansiedade.
>
> *Beverly*: É, você desviou o assunto que ele estava trazendo. John, eu quero saber mais de você.
>
> *John*: Acho que de repente estou me destruindo quando não trabalho na hora em que era para fazer isso. Preciso decidir o que quero aproveitar da escola...

O tema de John começa a se desenvolver, com o apoio do restante do grupo. É esse tipo de suporte que faltava ao grupo de Belville, citado anteriormente.

A JORNADA EXISTENCIAL

O grupo de Belville se reuniu comigo no decorrer de várias semanas. O aspecto dramático desse grupo foi o fato de que, por mais que nos dedicássemos a lidar com os problemas individuais, alguns dos quais eram bastante sérios, a atmosfera do grupo não mudava. O grupo continuava num clima de desconfiança, insatisfação, discórdia e falta de compromisso.

Num dado fim de semana, cheguei para o *workshop* inseguro sobre como enfrentar as dificuldades do grupo, achando que precisávamos de um veículo por meio do qual cada pessoa pudesse expressar em segurança seus sentimentos acerca da vida naquele grupo. Pensei então que uma fantasia teria a vantagem de não soar como um confronto direto ou um desafio insolente para um combate ou bate-boca improdutivos. Assim que fossem expressas, as fantasias individuais poderiam se combinar entre si para contar uma história sobre os problemas do grupo. Como uma combinação de imagens abstratas guarda certa distância da realidade desagradável e ameaçadora de uma paranóia em grupo, pensei que essas pessoas brilhantes poderiam se deixar fascinar pela idéia de tecer uma história distante o suficiente de sua comunidade para não ameaçá-las. O produto final representaria uma declaração simbólica da vida do grupo; eu esperava que uma tradução dessa declaração abstrata pudesse expor as dificuldades concretas do grupo e seus dilemas existenciais.

Assim, comecei aquela noite pedindo a cada pessoa do grupo que escrevesse sobre uma fantasia ou sonho de como era estar naquele grupo. Ao serem lidas, as fantasias se revelaram uma série de pesadelos, histórias de horror recheadas de monstros, meteoros flamejantes, animais pré-históricos, criaturas do fundo do mar – todos devoradores e destrutivos, em meio a cenários áridos, solitários e isolados. O que fosse belo também era hesitante, incerto e inseguro. Esse processo levou a noite inteira e quando as pessoas falaram de suas imagens brotou, então, um sentimento de reconhecimento, de dificuldades experienciadas em comum.

Na manhã seguinte, passamos de fantasias e sonhos individuais para a construção de uma fantasia grupal. Eu esperava que o sonho do grupo como um todo servisse de veículo para que se examinassem mais aberta e francamente. Mark começou a construir o sonho comum e Jack foi solicitado a anotá-lo *ipsis litteris*. Outras pessoas colaboraram com o enredo onírico da forma como quiseram, recorrendo a seus sonhos pessoais da noite anterior. Eis o sonho que o grupo criou:

"Apertem os cintos", disse Brenda, a aeromoça. Ela tem uma varinha de condão, como uma latinha refrescante, que joga água nas pessoas. Um som estranho de murmúrios vem pelos alto-falantes – música das esferas. Morton está montado em Pégaso, cavalgando e gritando "Aiô, Silver", quando de repente um tigre sai do tanque do avião. "Onde estão os pássaros?", diz o tigre, lambendo os beiços. Ele tem um mapa de viagem e pede informações sobre o caminho. Todos no avião são animais. Sid é um tigre que ri, um tigre estrábico. Ao seu lado está um sujeito que fica o tempo todo parando a cena para tirar fotos. Os *flashes* deixam as pessoas momentaneamente sem visão. E alguém diz: "Esta é minha existência". Há um seqüestrador a bordo, vestindo um longo manto preto. Pelos alto-falantes chegam músicas como "Waltzing Matilda". Aparece um sujeito com um baralho de tarô, distribuindo uma carta para cada um. Bárbara tira O Louco. O piloto avisa: "Agora lerei um trecho do Gênesis. Preparem-se para encontrar seu Criador. A vida deve prosseguir". Ginecologistas no fundo do avião despem seus aventais e mostram que vestem capotes para chuva. São espiões de um pequeno país dos Bálcãs. Eles gritam: "Vocês mataram Howard

Johnson". Um coro repete: "Não". Uma pessoa diz: "Não, foi o tordo". O piloto avisa: "Em vinte segundos, vocês vão acordar". Os passageiros gritam: "Não, não, não quero acordar!" "Preparem-se para aterrissar." "Não acredito." O pânico se instala. Ninguém sabe o nome de ninguém. A porta do piloto se abre e Roger, de fantasia e capa, com um S no peito, vem pelo corredor dizendo: "Vou sabotar este avião!" Todos se sentem péssimos, incompletos, fragmentados, excitados e ainda não sabem o nome uns dos outros. Precisamos de um navegador, se não vamos ter um acidente. Então acordamos.

Depois da criação do sonho, Jack foi solicitado a ler o texto para o grupo. Todos ficaram boquiabertos. Florence comentou que havia ali a enormidade de um tema religioso para uma comunidade. Argumentei que, se o grupo considerasse esse texto num contexto espiritual, em que amor e respeito mútuo estivessem implicados, suas próprias mensagens uns para os outros poderiam continuar a ter peso para o grupo. Sugeri, então, que David, um pastor, se levantasse e ministrasse o sonho como um texto religioso. Acrescentei que, quando algo significativo fosse lido, as pessoas que se identificavam com aquele trecho poderiam dizer "Essa é minha existência" ou "É assim que somos como grupo, somos desse jeito".

Fiquei surpreso ao descobrir que, a cada frase lida, praticamente todo o grupo respondia. Segue uma amostra do ritual que surgiu diante da leitura de David do "texto religioso", e as reações da "congregação":

> *David*: [...] Cada um no avião é um animal.
> *Grupo*: Essa é nossa existência.
> *Florence*: Sim, e há várias semanas espero que possamos ser humanos uns com os outros.
> *David*: [...] Sid é um tigre que ri, um tigre estrábico...
> *Sid*: Essa é minha existência.

Bárbara (O Louco): Sid, tenho me divertido com seu lado leve, moleque, mas hoje preciso de seu adulto, sua maturidade. Essa é minha existência.

David: [...] Há um seqüestrador com um longo manto preto...

Grupo: Essa é nossa existência.

Bob (Piloto) para Ted (Seqüestrador): Só por hoje, Ted, queria que você nos deixasse voar direto, sem ficar nos contando quais são seus problemas mais recentes e ameaçando ir embora se a gente não der atenção. E é aí que *eu* estou.

Grupo: Essa é nossa existência.

Ted: Vai se f...! (Longo silêncio) Mas você tem razão e isso dói.

(Longo silêncio)

David: Os ginecologistas no fundo do avião retiram os aventais e mostram seus capotes de chuva. São espiões de um pequeno país dos Bálcãs. Eles dizem: "Vocês mataram Howard Johnson", e um coro repete: "Não". Uma pessoa diz: "Não, foi o tordo!"

Grupo: Essa é nossa existência.

Brenda (Aeromoça): Está na hora de admitir que nossos ginecologistas, Joseph e Myrna, querem fazer o parto de nossos bebês. Que eles não têm qualquer outro motivo...

Jerry: Está na hora de parar com essa paranóia a respeito dos líderes. Está na hora de confiar mais. Estou disposto a confiar mais. Essa é minha existência. (Ao fundo, "Ouçam, ouçam!")

Bob (Piloto): Fomos desconfiados e ariscos e, ao mesmo tempo, muito espertos para negar e intelectualizar nossa desconfiança uns dos outros. É assim que eu realmente sinto. Tenho nojo da gente!

David: [...] O pânico se instala – ninguém sabe o nome de ninguém...

Grupo: Essa é nossa existência.

Uma voz: Sinto vergonha da gente.

Figura 29 *Essa é nossa existência!*

Jack: Está na hora de saber quais são os medos e sentimentos dos outros. Está na hora.

Outra voz: Amém!

David: A porta do piloto se abre e Roger está de fantasia e capa com um S no peito. Ele vem pelo corredor dizendo: "Vou sabotar este avião!"

Grupo: Essa é nossa existência.

Mort: Já não basta um seqüestrador? A gente ainda precisa de um sabotador? Pelo amor de Deus! O que precisamos é de um pedreiro, um construtor! Essa é minha experiência. Precisamos de Brenda, a aeromoça, com sua varinha mágica de dar água, para podermos crescer.

David: [...] E eles ainda não sabem os nomes uns dos outros.

Grupo: (Num coro de vozes altas) Essa é nossa existência!
David: [...] Precisamos de um navegador, se não vamos ter um acidente.
Judy: Amém!
Vozes: Isso é o fim se não conseguirmos...
Mort: ... um navegador sábio!
Vozes: Essa é nossa existência!

Ao final do trabalho, o grupo fez um movimento silencioso, expressando toda a intensidade da verdade contida em suas revelações. E também a tristeza, depois de terem ouvido o depoimento que haviam criado sobre si mesmos.

Após vários minutos de silêncio, o grupo começou espontaneamente a encenar a fantasia que tinham criado. As pessoas foram se sentando como se estivessem num avião e conversando entre si sobre para onde estavam indo, sobre qual era seu destino. Então Bob levantou os olhos, deu uma olhada geral na sala e disse: "Não temos um navegador. Sem um navegador, vamos sofrer um acidente". E Jerry respondeu: "Tem um bebê aqui. Ele tem os mais puros motivos". (Judy viera com seu bebê, que tinha apenas meses de vida.)

Mort se ofereceu para sentar ao lado do piloto como porta-voz do "navegador-bebê". Falou com uma voz suave, calma, quase suplicando: "Para aterrissar este avião, preciso ser amado. Sou só um bebezinho indefeso e me sinto só. Preciso que vocês tomem conta de mim. Preciso que vocês me amem". Enquanto falava, seus olhos se encheram de lágrimas e, espontaneamente, várias pessoas se aproximaram de Mort para consolá-lo. Com a mesma naturalidade, o avião lotado começou a se reunir em pequenos grupos, em que as pessoas foram se aproximando umas das outras, conversando baixinho, com os braços entrelaçados, consolando-se, dizendo o que queriam de alguém, expressando abertamente o quanto se sentiam perdidas.

A cena prosseguiu até que o piloto anunciou: "Apertem os cintos, já temos amor suficiente aqui para aterrissar este avião". As pessoas se seguraram umas nas outras, como se esperassem uma aterrissagem tumultuada. As faces estavam coradas; alguns se abraçavam e choravam. Em seguida, ouviu-se a voz da aeromoça: "Senhoras e senhores, acabamos de pousar no país da confiança, na cidade do amor entre irmãos... (pausa)... e irmãs". Alguém disse: "... e, assim que recolherem sua bagagem, teremos muito trabalho pela frente!"

Foi esse o ápice da experiência daquele grupo em particular. Ela não só revelou a condição existencial do grupo como, pela primeira vez, as pessoas começaram a se apoiar e a confiar umas nas outras, enxergando a possibilidade de realizar um trabalho coletivo construtivo no futuro. Foi a primeira vez em que senti naquele grupo que de fato podíamos aprender juntos de verdade, que podíamos ser uma comunidade.

Iniciei lidando com a primazia da experiência do grupo, pedindo que seus membros expressassem individualmente, de forma metafórica, qual era o problema. Achei que o grupo tinha um problema de confiança e que a metáfora nos daria a liberdade de atacar essa questão de maneira aberta e criativa. A *awareness* individual e coletiva foi estimulada pelo compartilhamento das primeiras fantasias, num processo incrementado pela criação de uma fantasia grupal. Era como se o grupo inteiro estivesse se olhando num espelho de parede a parede.

O contato foi estimulado pela identificação do tema grupal da alienação e mais intensificado ainda quando o grupo seguiu trabalhando com o sonho, especialmente ao vê-lo transformado num ritual religioso. O crescente envolvimento de todos com a realidade do grupo como uma comunidade ficou evidente quando as pessoas se sentiram seguras o suficiente para participar do experimento. A eloqüente declaração de um tema, nesses casos, é uma maneira de entender o problema e até mesmo de achar uma solução para ele.

De muitos modos, a solução para o dilema do grupo estava implícita no estilo, no modo como fora elaborado: o meio se tornou a mensagem. Conforme o sonho ia sendo encenado, a intenção de resolver o problema se mostrava implícita nas ações. Assim, quando pedi a David que lesse o texto para o grupo como uma declaração religiosa, eu já estava dizendo: "Vamos salientar o quanto tudo isso é perturbador para nós; vamos rezar por isso; vamos tornar essa questão tão importante que não nos seja possível escapar de nós mesmos". Ou, ao pedir que houvesse um navegador, o grupo estava tentando dizer: "Vamos achar um jeito de nos orientar para podermos pousar este avião lotado numa parte do mundo onde nos seja possível viver juntos". A resolução não só ocorreu com a dramatização e a encenação, mas também em virtude do modo como a fantasia foi concretamente traduzida numa nova maneira de as pessoas se verem.

O experimento deixou claro que o dilema tinha sido criado pelo próprio grupo e que, ao criar o sonho, ele assumia a responsabilidade por seus problemas. Num sistema autoritário, em que o terapeuta propõe uma solução, essa proposta tem muito menos força do que a aflição e a invenção do grupo todo. O grupo se hipnotiza com seu próprio poder criativo. É impossível ignorar esse tipo de auto-exame. Se o grupo inteiro se manifesta e diz "Temos de pousar num local seguro onde possamos viver", ninguém consegue se distanciar disso e dizer para o líder "Que coisa mais ridícula, você está propondo uma coisa muito banal", porque o grupo todo já se comprometeu com esse tipo de declaração. Cada um internaliza a mensagem a seu modo. É inevitável.

Capítulo 8

Polaridades e conflitos

A mim parece que o *sine qua non* de conhecimento, felicidade e existência do homem pode ser encontrado na idéia de reconciliação das diferenças. Pouco importa se estamos falando de saúde mental e estrutura da personalidade ou se nos referimos ao contexto da sociedade. Pouco importa de que tamanho é a sociedade. Pouco importa se a sociedade é um casamento, um grupo pequeno, uma grande organização industrial, uma comunidade, uma nação, muitas nações. A questão fundamental é a reconciliação do indivíduo com o grupo, com a organização, a integração de partes num todo unificado. Esses aspectos constituem questões de totalidade, inteireza, completude, unidade, ordem, estrutura.[1]

---

[1] Jones, Ronald C. (Sem título). In: Brockman, J.; Rosenfeld, E. (orgs.). *Real time I*. Nova York: Anchor Press/ Doubleday, 1973.

Os conflitos podem ser saudáveis e criativos ou confluentes e improdutivos. O conflito improdutivo caracteriza-se quando eu mesmo não me entendo e acuso você de alguma coisa que é culpa minha, envolvendo pelo menos duas formas de defesa: repressão e projeção. Os conflitos saudáveis acontecem quando os envolvidos são pessoas integradas, com certo nível de autoconsciência (*self awareness*) e nítido sentido de diferenciação. O conflito se há claro desacordo a respeito de algo que é um problema verdadeiro entre nós; o conflito não resulta da projeção de aspectos pessoais em outro indivíduo, aspectos que não conseguimos enfrentar em nós mesmos. Os conflitos saudáveis, se trabalhados com habilidade, resultam em bons sentimentos entre as pessoas – são situações em que todos saem ganhando, e não crises em que uns ganham e outros perdem.

Não perco uma chance de dizer a meus amigos que gosto de criar caso. Em primeiro lugar, as pessoas que discordam raramente são monótonas. Depois, no conflito há potencial para nos diferenciarmos dos limites de outras personalidades. Com freqüência, pessoas ligadas por vínculos profundos se perdem nos limites psicológicos uma da outra, chegando inclusive a ficar parecidas. Sempre que dois limites claramente diferenciados entram em atrito, os indivíduos experienciam um sentimento vibrante de contato.

O mesmo fenômeno vale para os conflitos internos, intrapsíquicos. Quando alcançam a *awareness* com clareza, os conflitos podem permitir que a pessoa perceba sua diferenciação interna; no nível da criatividade, oferecem a possibilidade de um comportamento integrado, altamente adaptativo porque cobre toda a ampla gama de respostas entre os extremos polarizados, anteriormente experienciados. A pessoa é capaz de responder com flexibilidade a uma variedade de situações, baseando-se em toda essa miríade de condutas. Por outro lado, as respostas polarizadas são em geral restritas, desprovidas de imaginação e frágeis diante do estresse da vida diária.

O conflito que se repete de forma estereotipada, sem soluções específicas nem aprendizados, promove uma cumplicidade entre as pessoas, não um contato. Desse modo, é o potencial para aprender que assinala a promessa criativa de um conflito.

POLARIDADES: A BASE PARA ENTENDER CONFLITOS

Uma boa teoria do conflito cobre tanto os de ordem intrapessoal quanto os interpessoais. Começa com o indivíduo como um conglomerado de forças polares que se entrecruzam, embora esse cruzamento não se dê necessariamente no centro. Num exemplo muito simplificado, digamos que uma pessoa tem como característica a delicadeza e também sua polaridade, a crueldade; a característica da dureza, mas também a da doçura. Além disso, ela não possui uma oposição só, e sim várias oposições relacionadas, criando "multilateralidades".[2] Por exemplo, a crueldade pode não ser a única polaridade da delicadeza: a insensibilidade e a frieza diante dos sentimentos dos outros também podem sê-lo. Se colocarmos essa multilateralidade num diagrama, chegaremos a um desenho mais ou menos como o da figura 30.

Conceitos e sentimentos polarizados são complexos e entrelaçados. Evidentemente, estão relacionados com o histórico particular do indivíduo e com sua percepção da própria realidade interior. A realidade interior de cada um consiste nas polaridades e características ego-sintônicas (aceitáveis à consciência do indivíduo) e nas ego-distônicas (inaceitáveis ao *self*). Em geral, a auto-imagem exclui a dolorosa *awareness* das forças polarizadas em nosso íntimo. Prefiro pensar que sou brilhante em

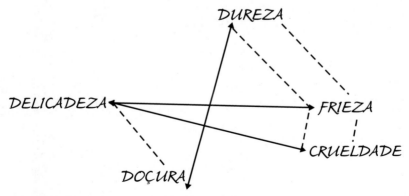

FIGURA 30 *Diagrama da multilateralidade.*

---

[2] "*Multilarities*" [multilateralidades] é um termo criado por Erv Polster.

vez de cansativo, elegante em vez de desajeitado, suave em vez de duro, delicado em vez de cruel.

Teoricamente, a pessoa saudável é um círculo completo, que possui milhares de polaridades integradas e entrelaçadas, todas fundidas umas com as outras. A pessoa saudável está ciente da maioria de suas polaridades – inclusive daqueles sentimentos e pensamentos que a sociedade condena – e é capaz de se aceitar assim. Ela pode dizer para si mesma: "Às vezes sou doce, mas nas situações em que me sinto ameaçada, real-

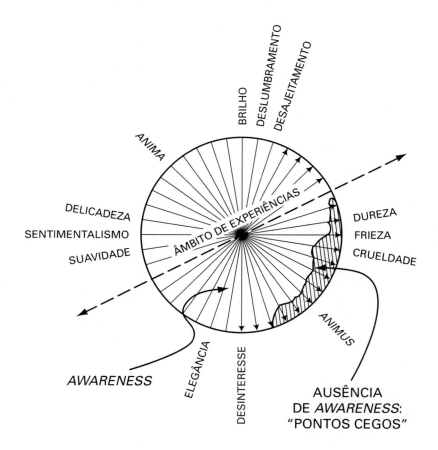

FIGURA 31 *Auto-imagem saudável. A pessoa está ciente de muitas forças opostas em si. Está disposta a se enxergar por uma ampla variedade de maneiras "contraditórias". Ela experiencia relacionamentos envolvendo várias partes de sua vida interior.*

mente gosto da minha dureza. Quando estou numa fila e alguém entra na minha frente de propósito, não me sinto suave, e acho isso ótimo". A pessoa pode em geral ser elegante, porém desajeitada em algumas situações. A pessoa saudável pode esbarrar no garçom, no restaurante, e não ter de dizer a si mesma: "Como sou idiota".

Mesmo assim, podem existir "pontos cegos" na *awareness* da pessoa saudável. Ela pode reconhecer sua suavidade, mas não estar consciente de que também é dura. Quando sua dureza lhe é apresentada de manei-

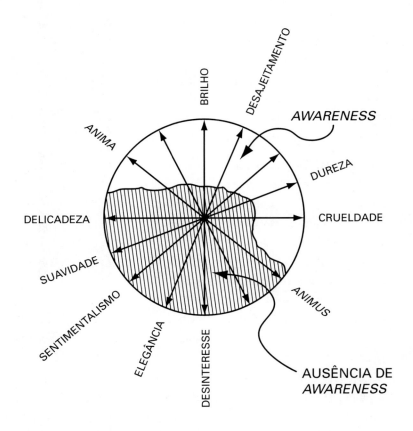

FIGURA 32 *Auto-imagem patológica. A pessoa "perturbada" se vê de maneira estereotipada, unilateral. Sempre é só isto, nunca aquilo. Tem uma* awareness *muito limitada de toda a multiplicidade de forças e sentimentos interiores. Sua autopercepção carece de fluidez e amplitude. É vulnerável a ataques.*

ra consciente, ela pode até sofrer, contudo se mostrará aberta a incorporar em sua auto-imagem mais essa noção sobre si mesma. A pessoa saudável talvez não aprove sempre todas as suas polaridades, mas o fato de estar disposta a encará-las com *awareness* quando as percebe é um aspecto significativo de força interior.

Há buracos imensos na *awareness* da pessoa perturbada. Sua visão de si mesma é rígida e estereotipada; ela é incapaz de aceitar muitas partes de si mesma, como mesquinhez, homossexualidade, insensibilidade, dureza. Ela nega as assim chamadas polaridades negativas, aqueles aspectos que foi condicionada a pensar que são inaceitáveis ou repugnantes e, então, projeta essas características nos outros. Tomar consciência de polaridades inaceitáveis gera ansiedade. O resultado desse processo é o surgimento de sintomas neuróticos – a neurose advém da inabilidade em controlar o aparecimento da ansiedade.

CONFLITO INTRAPESSOAL

Para mim, a auto-imagem é análoga aos lados claro e escuro da lua. O conflito intrapessoal envolve embates entre as polaridades clara e escura da pessoa. Por exemplo, quando uma mulher diz "Não" a um filho, seu lado claro e luminoso lhe diz: "Você está sendo razoável. O pedido que ele fez não tem cabimento, portanto está certo dizer 'não'". Ao mesmo tempo, o lado escuro das polaridades dessa mãe (talvez algo que ela aprendeu com *sua* mãe) diz: "Você está sendo cruel e dura. Você não é uma boa pessoa por ter feito isso". Desse modo, ela começa a se torturar, quando já devia ter esquecido totalmente o incidente. Embora essas situações normalmente envolvam outras pessoas, o conflito é desencadeado pelo que ela faz consigo.

Um aspecto do lado escuro da lua é a consciência, ou superego. Ele geralmente age como um Hitler, como uma espécie de consciência inflexível, rígida, que não sabe ser razoável: "O que você quer dizer com 'vou dormir às dez horas', se ainda não respondeu àquelas cartas todas e não retornou os telefonemas?" Outra forma de definir esses dois lados é definir a parte que reclama como sádica e a parte clara – que, além de engolir tudo que é pesado e desagradável, se mostra incapaz de reagir – como masoquista. É quase como se houvesse duas pessoas numa só. Uma maneira de lidar com um conflito desse tipo consiste em separar claramente as "duas" pessoas. Por exemplo, digo a um cliente: "Ponha o sádico neste divã e sua vítima sofredora nesta cadeira, e deixe que falem um com o outro. Quem sabe eles não conseguem se entender?" Nesse processo, quanto mais "eles" trabalham, mais *awareness* o cliente desenvolve sobre sua dinâmica intrapessoal e o relacionamento entre suas partes conflitantes. E quanto mais ele aprender sobre os aspectos misteriosos de si mesmo, mais saudável se tornará.

Em suma, é isso que a terapia pretende fazer: remover o que é misterioso. No escuro, imaginamos demônios e forças maléficas escondidas "lá". Quando acendemos a luz, sentimo-nos a salvo. Basicamente, é disso que trata a teoria psicanalítica: a mecânica de instigar as polaridades dolorosas que existem em nosso interior até que atinjam o campo da consciência para, então, lidarmos com o que acontece quando elas começam a borbulhar e gerar ansiedade. Freud realizou um esforço bem-sucedido para acender as luzes em nossas vidas psicológicas. Grande parte da Gestalt-terapia concretiza e operacionaliza as idéias freudianas, tornando-as intervenções terapêuticas mais eficazes.

AMPLIANDO A AUTO-IMAGEM

Minha teoria das polaridades determina que, se eu não me permitir ser grosseiro, nunca serei genuinamente delicado. Se estiver em contato com minha indelicadeza e ampliar essa parte de mim, quando minha delicadeza surgir, será mais rica, plena, completa. Se eu não me permitir o contato com minha feminilidade, minha masculinidade será exagerada, até mesmo perversa: serei um sujeito grosseiro, áspero. Muitos clientes me disseram: "Você é homem, mas é diferente, suave, e isso é bom". Quando um lado da polaridade se amplia, é praticamente automático que, em algum ponto, o outro lado também se amplie. Chamo esse dinamismo de fenômeno "volta ao mundo": se você voar rumo ao norte por tempo suficiente, terminará alcançando o sul.

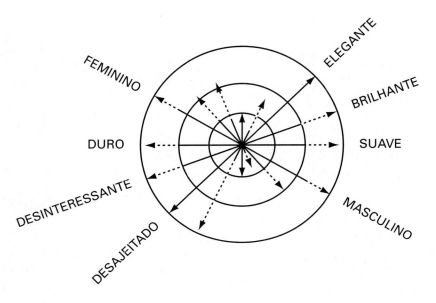

FIGURA 33 *"Ampliando" a auto-imagem. O movimento numa direção inevitavelmente ampliará a polaridade oposta.*

A fim de crescer como pessoa, tendo experiências mais produtivas de conflito com os outros, preciso ampliar minha auto-imagem. Preciso me ensinar a invadir aquela parte de mim que não aprovo. Há várias técnicas envolvidas nesse processo. Primeiro, devo identificar a parte de mim que desaprovo. Depois, preciso entrar em contato com ela. Esse é o passo preliminar: entrar em contato com meu processo de guardar segredos de mim. Posso colocar uma parte de mim no divã, representando meu *self* secreto; essa parte poderia dizer: "Sou misterioso e interessante. Você devia me valorizar porque te protejo e não deixo que se mostre terno". A outra parte, sentada na poltrona, poderia rebater: "É, mas não pagamos um preço por isso?" Em seguida, volto para o divã e digo: "Sim, boa parte do tempo me vejo só, quando não gostaria de ficar só, e fico ruminando meu próprio mistério".

Assim que me sentir mais receptivo a meu eu secreto e entendê-lo melhor, poderei me relacionar com outra pessoa que tente penetrar nesse território interior ou que seja uma ameaça para essa parte de mim. Chamo esse processo inteiro de ampliação da auto-imagem, pois cria mais espaço para a imagem que faço de mim. Quanto mais amplo é o conhecimento que tenho de mim, mais confortável me sinto comigo mesmo.

Um de meus clientes experiencia uma severa crise de ansiedade, tornando-se vítima de uma parte que diz: "Você não merece viver. Você é uma pessoa má: sua vida é ruim. Você não é bom o suficiente". Ele não consegue assumir a autoria dessa atitude maldosa e sádica, que também faz parte de seu caráter. Ele sempre a experiencia como "algo" que repentinamente o aborda, como se viesse do espaço exterior. Enquanto trabalha comigo, percebe que essa parte "má" se desenvolveu em seus primeiros anos de vida. Quando ele era pequeno, toda vez que saía de casa, os outros meninos o chutavam, batiam e humilhavam. Aos poucos, ele começou a se identificar com essas crianças e, depois de algum tempo, elas o ensinaram a ser seu próprio crítico, seu próprio inimigo. Agora, já adulto, ele não precisa mais de "amigos" com raiva. Ele mesmo faz o serviço e chuta seu próprio traseiro todos os dias.

Logo que conseguiu entrar em contato com esse crítico sádico introjetado, pôde se sentir mais receptivo em relação a essa parte inaceitável de si. Hoje, quando se percebe autocrítico, ele conversa com esse lado: "Ei, você realmente sofreu, não foi? Você é aquela parte de mim que foi espancada. Sinto muito que você tenha se encarregado dessa função. Será que não estaria na hora de parar de pegar pesado comigo? Afinal de contas, você sabe que sou uma pessoa decente".

Poderia-se pensar que, aceitando a realidade de seu sadismo e atitude crítica, esse sujeito se tornaria um sádico. É uma falácia. Quanto mais ele aceitar seu lado sádico e punitivo, menor será a possibilidade de agir de modo sádico no futuro. O interessante resultado do processo de ampliação é o fato de que as polaridades do crítico se tornarão mais evidentes, mais solidificadas. Assim, se para ele a polaridade crítica e sádica for capaz de curar e aceitar, então as qualidades da capacidade de curar e aceitar vão se tornar genuínas e reais tanto em relação aos outros, como a si mesmo.

Por outro lado, quanto menos ele tiver consciência dos aspectos negativos de si, mais se perceberá atuando essas partes. Lembro-me de um rapaz que veio me procurar horrorizado com o próprio comportamento. Quando indaguei mais a fundo sobre isso, ele disse: "Não sei o que

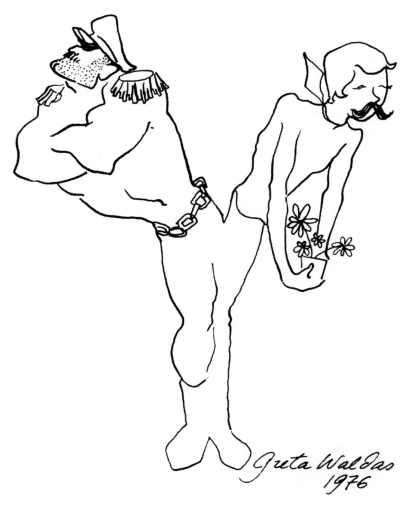

Figura 34 *O interessante resultado do processo de ampliação é o fato de que as polaridades da característica se tornarão mais evidentes, mais solidificadas.*

me deu, mas bati tão forte no meu filho bebê que quebrei a perna dele. E ontem o atirei na parede". Esse jovem pai não tinha o menor contato com seu sadismo. Esse lado era totalmente renegado. "Brotava" de dentro dele, como um objeto estranho, fora de controle.

A pessoa que sempre se mostra respeitosa e educada pode não ter contato com sua raiva, seu ressentimento e seu sofrimento pelas mágoas que lhe foram causadas. Para ela, é muito difícil aceitar a própria ira. Às vezes, só consegue lidar com a raiva sendo para os outros uma pessoa melhor do que a forma como é tratada. Assim não enfrenta as conseqüências de ser uma vítima – e, para ela, é inconcebível se identificar com o agressor.

Darei outro exemplo. Não podemos concordar plenamente em fazer alguma coisa a menos que tenhamos a possibilidade de dizer "Não". Uma mulher se queixa porque concordou em doar parte de seu tempo recolhendo contribuições para uma causa social, quando não tem esse tempo extra ou acha que já fez isso tantas vezes antes que outra pessoa deveria se incumbir agora. Ela não consegue dizer "Não", pois sabe que alguém precisa realizar a tarefa ou talvez por não causar uma boa impressão se recusar-se. Por isso, ela diz "Sim" e se sente abusada ou se comporta como mártir. Ela não está fazendo esse trabalho porque realmente o deseja. Seria melhor que dissesse: "Olha, sei que a causa é nobre e entendo sua dificuldade para atrair voluntários, mas já fiz isso muitas vezes antes e estou cansada e ocupada. Por isso, desta vez, não vou participar". Se ela puder aprender a dizer sinceramente "Agora, não", terá muito mais prazer em dizer "Faço, sim" na próxima vez em que aceitar a tarefa. O "Agora, não" amplia a plenitude do "Faço, sim".

CONFLITO INTERPESSOAL

O conflito interpessoal costuma decorrer do conflito intrapessoal. Nesse caso, quando o indivíduo reprime a *awareness* de parte de si mesmo e a projeta em mais alguém: é mais fácil enxergar o mal no outro do que em si mesmo. O demônio é uma grande projeção de nosso mal interior, assim como Deus o é de nossa bondade. É mais fácil brigar com alguém do que conosco mesmo; é mais fácil "resistir ao mal" do que enfrentar a maldade de nossas intenções. Lutar comigo mesmo se trata de um processo solitário que gera muita ansiedade. É menos doloroso atacar uma parte de nós mesmos culpando outra pessoa por ser desse jeito, especialmente se a culpa não é clara e aberta.

Às vezes, atacamos partes dos outros que são ótimas, mas, para nós, muito assustadoras. Digamos que tenho em mim um lado que realmente gosta de se aninhar, abraçar alguém e embalar essa pessoa, cantar para ela, porém, em algum momento da vida, aprendi que o homem "maduro" não faz isso, ou que essa conduta é esteticamente feia, ou que vou me meter em confusão. Logo, essa é uma coisa deliciosa de se fazer, mas que, se eu quiser pôr em prática, vai me causar incômodo. Então, vejo uma mãe com o filho de 12 anos no colo, embalando-o, e digo: "Olhe para ela, está estragando o menino, fazendo dele um 'molenga'. Ela é fraca, não sabe como lidar com o filho. Deveria dar um basta e parar de tratá-lo com tanta ternura". Mostro toda minha desaprovação: "Qual é seu problema? Por que é tão mole?" O resultado disso seria uma bela discussão.

Dada minha experiência pessoal como um "exibido", para mim é fácil ser especialmente sensível ao exibicionismo de outra pessoa. Quando não estou ciente de estar me exibindo, a tendência é me sentir atraído por esse tipo de comportamento em alguém: um exibido reconhece outro. Se quiser ter um conflito construtivo, um conflito criativo, é melhor que, primeiro, eu entre em contato com essa parte em mim, pois ao acessar esse aspecto de minha vida interior, extraio o veneno de minha possível raiva.

Se alguém de quem não gosto exibe um comportamento que para mim é tão repugnante a ponto de eu renegá-lo, não posso ser objetivo a respeito dessa conduta. Não posso ter clareza a esse respeito. Simplesmente fico furioso. Por exemplo, alguns alunos informam que uma colega não apareceu para dar sua aula. Eu deveria ser a última pessoa do mundo a ouvir esse tipo de crítica porque desaprovo meus atrasos. Sinto-me culpado se estou apenas poucos minutos atrasado. Quando enfim ela chega, fico todo inflado com minha perfeição e lhe digo que não gosto do que ela fez, que essa é uma porcaria de comportamento e que ela é uma incompetente. Como resultado, todos na sala terminam sentindo raiva de mim. Se eu fosse um pouco mais cordial comigo mesmo quando me atraso, poderia ter me mostrado mais razoável com a colega e dado tempo para ela me informar de alguma coisa, antes de condená-la intempestivamente.

Em minha opinião, reconhecer as próprias polaridades afeta o processo de a pessoa se apaixonar. Em geral, apaixonamo-nos pela pessoa que representa as polaridades que estão em nossa sombra. Digamos que sou uma mulher que não experiencia algumas partes de si. Não tenho autoconfiança, não me sinto inspirada. Vejo-me como uma pessoa muito monótona. Tenho certeza de que não sou criativa. Então conheço um homem. Ele sai comigo; é um sujeito animado e apaixonante. Ele diz: "Vou virar este mundo de cabeça para baixo". Parece alguém criativo, mostra-me algumas coisas que fez e eu me apaixono perdidamente. Ele é uma delícia. Deixa-me de altíssimo astral. Faz-me sentir ótima. É como se um pedaço perdido de mim de repente estivesse de volta, bem aqui! E, normalmente, a linguagem do amor é exatamente assim: "Ele é um pedaço de mim. Sem ele, não estou completa. Com ele, sou inteira".

Trata-se de um sentimento maravilhoso, mas sempre há um problema com esse tipo de situação. Provavelmente, tal homem não é tudo que ela pensa que ele é. Ele talvez tenha outras características que ela pode não querer ver. Ou, se ela só o enxerga como a parte que falta em si, pode mais tarde se ressentir de uma parte da vida dele com a qual não consegue ter contato direto. Por exemplo, ela pode pensar: "Se você está mostrando esse lado criativo de mim para o mundo e se divertindo com isso, e eu sou uma dona-de-casa sem graça, que fica enfiada em casa sem realmente me colocar em uso, disso eu não gosto em você. Sinto ciúme de você. Acho que essa parte de mim deveria estar bem aqui". Mas como isso poderia ser possível se ele é outra pessoa, alguém em separado?

Muitas vezes, o marido e a esposa repartem as polaridades; cada um completa uma polaridade "vazia" ou "sombria" do outro. Portanto, são necessárias duas pessoas para criar alguém completo. Esse tipo de relacionamento é uma cumplicidade, um estado no qual ambos vivem dentro de uma única pele psicológica. Isso vale tanto dinamicamente quanto em termos de comportamentos concretos. Em geral, os conflitos acontecem quando um dos parceiros ataca no outro a polaridade sombria, que é problemática ou que não reconhece em si mesmo.

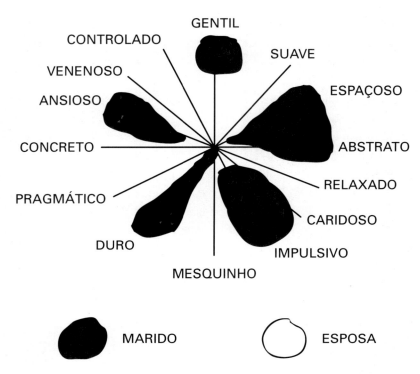

FIGURA 35 *Muitas vezes, o marido e a esposa repartem as polaridades e cada um completa uma polaridade "vazia" ou "sombria" do outro.*

As polaridades projetadas podem estar na sombra, ser desconhecidas e problemáticas (ego-distônicas) ou estar na sombra, ser desconhecidas e suportivas (ego-sintônicas). Se o marido age impulsivamente, a esposa pode defini-lo como "o animado". Ela talvez goste desse traço, em parte porque avalia como seria agradável se ela mesma tivesse essa qualidade. Trata-se de um exemplo da projeção de uma polaridade ego-sintônica da sombra. Entretanto, também é possível que ela tenha receio de sua própria impulsividade e, por isso, a impulsividade dele a aborrece. Quando ele se comporta desse modo, ela se torna ansiosa, sente raiva dele e o acusa de ser desmiolado e impulsivo. Ela só conseguirá lidar com ele de forma eficiente se puder avaliar honestamente a própria impulsividade reprimida.

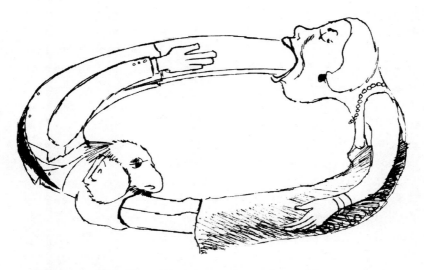

FIGURA 36 *O conflito geralmente ocorre quando um dos parceiros ataca no outro a polaridade sombria.*

Segundo minha teoria, a fim de que haja um bom casamento para essas duas pessoas, a esposa deve travar conhecimento com sua criatividade, com sua animação natural, identificando em si tudo aquilo que admira, adora, valoriza e "curte" no marido, e vice-versa. Digamos que o marido se apaixonou pela suavidade dela, por sua generosidade e capacidade de dar suporte. Ele deverá aprender a manter contato com a própria suavidade e capacidade de doar, com seu sistema particular de auto-ajuda e também reconhecer de que maneira pode dar suporte aos outros.

Como resultado, não existiriam dois círculos sobrepostos de polaridades, em que um toma conta do outro, mas dois seres humanos inteiros, capazes de amar um ao outro a partir de uma plena *awareness* que cada qual tem de si próprio. Então, o marido poderia dizer à esposa: "Por minha suavidade, posso valorizar sua gentileza e delicadeza. Também valorizo essas qualidades em mim". Em vez disso, o que ouço na maioria dos casais é um comentário ressentido como: "Fale com ele sobre isso. O criativo aqui é ele". Depois de dez anos de casamento, a característica atrativa não é mais uma coisa boa. Tornou-se algo detestável.

Quando falavam sobre a casa nova, um marido me disse: "Fale com ela sobre a decoração da casa, ela é a decoradora. Não entendo nada de cores e tecidos". Bom, o que acontecerá se o marido resolver se interessar pela decoração? Esse contato especial entre dois seres diferenciados pode ser empolgante, mas será que a esposa não vai se ofender com o fato de ele se intrometer em sua área? Enquanto houver diferenciação, haverá conflito, porém um conflito saudável. Por exemplo, o marido pode dizer: "Acho que deveríamos mandar estofar esta poltrona de vermelho vivo". A esposa responde: "Você ficou maluco. Como você pode falar uma coisa dessas se não tem mais nada dessa cor na sala? Acho que devia ser cor de laranja". E ele retruca: "Bom, não tinha pensado nisso. É uma possibilidade, mas tem um pouco de vermelho vivo naquelas almofadas". De repente, aparece um ponto de partida produtivo para a continuidade da interação entre duas pessoas fortes e respeitosas.

Vejamos o caso de Joan e Bob. Joan voltou a trabalhar depois de vários anos dedicados ao lar e à família. Outro homem poderia achar a esposa mais interessante se ela ampliasse seu horizonte de interesses, mas Bob queria ser reconhecido como único provedor da família. Ele se sente ofendido com o fato de Joan agora repartir esse papel e privá-lo de sua noção de importância para a família. O homem que se sente seguro em sua área de competência, que reconhece sua bondade como ser humano, não achará ruim ver a esposa experimentar a sensação de competência em seu universo particular de trabalho. No entanto, Bob se sente como um homem insignificante que não está se saindo bem o bastante; ele tem uma noção precária de seu valor como pessoa. Joan vai para o mundo e desenvolve uma vida interessante, ao passo que a dele não poderia ser mais desinteressante. Bob não consegue se permitir curtir o prazer dela porque agora ela está "na boa" e ele se sente ameaçado. Foi-se o tempo em que Bob podia dizer: "Ficar em casa é só o que você consegue fazer. Eu posso sair e conseguir mais". Se, porém, digo para Bob "Você é realmente um sujeito competitivo, você acha que precisa ser melhor do que ela em tudo que ela é", ele poderia responder "Não sou competitivo. Que asneira é essa que você está me dizendo?" E então, ele pode racionalizar a necessidade de Joan ficar em casa.

O sentimento de inferioridade é primo-irmão da competitividade. Enquanto eu me sentir inferior, terei de provar minha competência para todo mundo. Se me sinto adequado em meu crescimento como pessoa, não preciso fazer comparações. Digo: "Bom, não sou um físico nuclear, nunca vou ser, mas não me sinto ameaçado só porque ele é um cientista bem-sucedido. Gostaria de aprender alguma coisa com ele. Claro que ele pode enriquecer minha vida com os conhecimentos que tem. E, se quiser, também pode aprender algo com minhas realizações".

Essa é a diferença entre um relacionamento maduro e um relacionamento competitivo, no qual ninguém chega a parte alguma enquanto ambos não assumem a autoria de suas experiências particulares. O mais provável é que Bob – para quem a esposa deveria se limitar a ficar em casa – tenha certos aspectos em si com os quais não mantém nenhum tipo de contato. Não precisa nem ser o medo da castração; poderia simplesmente ser sua sovinice. Sua mesquinhez é que diz: "Não vou dividir Joan com o resto do mundo".

Um conflito parecido pode ocorrer entre Bob e sua filha de 18 anos. Já o ouviram dizer "Você é minha filha e quero que me telefone às dez da noite para me dizer onde está" e também "Esta saia é curta demais para você; precisa ser mais comprida". O que ele está dizendo para a filha não é: "Quero ensinar a você como ser uma mulher ou uma pessoa responsável". Ele está dizendo: "Você me pertence. Você é minha. Você é minha propriedade". Bob não tem consciência de sua mesquinhez nem de sua noção de estar acima da possibilidade de errar.

A esposa de um terapeuta-cliente tinha a sensação de que, caso se tornasse psicóloga, seu marido acharia uma forma de diminuí-la ou criticar seu trabalho. Quando trabalhamos juntos esse problema, ela tomou consciência do quanto era competitiva em relação ao trabalho do marido. Não só quer se tornar psicoterapeuta, como quer ser tão boa quanto ele, que já tem quinze anos de experiência. Durante anos, ela não havia se permitido estudar essa área por achar que o marido não apoiaria seu esforço nem sua capacidade.

Depois de um tempo, ela acabou voltando para a faculdade e, como aluna, ajudou o marido num trabalho de terapia com um casal. Passadas cinco ou seis sessões, ela disse para ele: "Sabe, estou percebendo que é gostoso trabalhar com você. Você não me ameaça, não me critica e me deixa ser como sou. Posso falar e você não salta em cima do que eu digo; você me deixa ter meu espaço nesse processo". Essa esposa projetava suas autocríticas no marido. Era muito dura consigo mesma, por isso supunha que ele também seria duro com ela. Ela havia crescido com pessoas que eram duras umas com as outras o tempo todo e tinha internalizado essa experiência, guardando-a no fundo do ser como um bolo de coisas não digeridas.

TRABALHANDO COM CONFLITOS

Tenho um rótulo para meu método de trabalho com conflitos interpessoais: "aceitar a acusação". O primeiro passo consiste em ensinar cada pessoa a tomar consciência de seu lado escuro. A autoterapia é sempre um bom preparativo para um conflito criativo. A segunda parte desse processo leva cada um a considerar: 1) de que maneira posso ouvir sua aflição em relação a mim; 2) o que fazer com essa aflição, sem levar o outro a assumir uma atitude defensiva e sem despertar sua cólera, o que então me tornaria mais defensivo ainda; 3) de que modo essa aflição poderia ser trabalhada para que o outro não se sentisse um desequilibrado mental por me acusar ou por enxergar esse lado em mim – em outras palavras, reconhecendo que a aflição verbalizada tem sua validade, ainda que me incomode um pouco.

Por exemplo, um patrão vai até a mesa de sua atarefada secretária e inicia uma longa conversa. No meio da falação, ela diz: "Você está falando demais. Talvez você tenha tempo sobrando para conversar comigo, mas estou tentando digitar isto aqui. Você quer que eu fale com você e, mesmo assim, espera que eu termine todo este trabalho". A primeira reação dele talvez seja: "Como você pode falar uma coisa dessas para mim? Você é uma desaforada. Não tem educação. Não tem a menor consideração por mim". Como alternativa, essa secretária poderia dizer ao patrão que reconhece a experiência dele, não só a sua: "Sabe, quando me empolgo com uma idéia, interrompo meu marido enquanto ele está preenchendo a declaração de renda anual e fico falando do que aconteceu comigo. Sei que você está empolgado, mas preciso terminar de digitar isto aqui para você".

A abordagem que uso em terapia consiste em dizer: "Como um especialista em interromper os outros, acho que você está me interrompendo" ou "Como um especialista em interrupções, sei o que é interromper alguém". Assim que você consegue assumir a autoria de sua experiência com o problema, não fico mais achando que você está dizendo que sou uma porcaria de pessoa.

Se a mãe que está falando com os filhos consegue assumir a autoria de algo que eles fizeram, dizendo "Lembro-me de quando tinha a idade de vocês; fiz uma coisa muito parecida com o que vocês fizeram agora", ela conseguirá se comunicar com eles com muito mais eficiência do que se dissesse "Bom, vocês são crianças e têm muito a aprender. Eu já sei que esse tipo de coisa não se faz". Essencialmente, quando você se coloca no mesmo espaço em que a outra pessoa vive e fala de si com base nesse espaço, você será ouvido.

Às vezes, há tanta raiva acumulada entre as pessoas – aquilo que os analistas transacionais chamam de "coleção de selos" – que, mesmo ensinando-lhes um jeito de conversar, não conseguem falar umas com as outras. Existe um monte de injustiças empilhadas, num processo que já se arrasta há muito tempo, e de repente uma pessoa se sente tão completamente cheia de raiva que simplesmente vai embora e nunca mais retorna. O súbito desaparecimento de um cônjuge ou alguém da família é um exemplo desse fenômeno. A fantasia da pessoa que parte pode ser: se eu soltar toda minha raiva, fico louco ou vai ser uma desgraça. Posso acabar matando as crianças. Destruindo tudo.

Tenho um cliente que ficou com tanta raiva da namorada que atirou a mobília pela janela. Esse casal é brilhante, adorável, mas desconfio que as pessoas caladas e adoráveis são as mais habituais "colecionadoras de selos". De acordo com os analistas transacionais, quando seu álbum de selos está lotado, completo, você pode trocá-lo por uma separação, um divórcio ou uma tentativa de suicídio (outra forma de punir alguém) ou, ainda, tornar-se catatônico e não dizer mais uma só palavra a ninguém. Uma de minhas clientes chegou outro dia dizendo: "Fugi de casa". Ela é adulta, com dois filhos, e já estava fora de casa havia uma semana. Essa foi sua maneira de trocar seu álbum de selos de ressentimentos. Todos nós temos esse tipo de sentimento às vezes, o anseio por um Shangri-lá, por nos livrar de uma montanha de dificuldades.

Se a raiva acumulada é bem grande, gosto de oferecer à pessoa uma oportunidade para dar vazão a esse sentimento, num ambiente seguro como o consultório. Mary e Jack estão discutindo fortemente. Jack está furioso com ela porque ela teve um romance. Ele é o sujeito puro e virtuoso. (Devo acrescentar que se pode suspeitar do marido virtuoso ou da esposa pura e corretíssima: se um deles está com tanta raiva do que o outro fez, costuma ser porque participou do "complô" que levou o cônjuge a se comportar daquele modo.) Peço que Jack berre com a mulher e soque um pouco os almofadões.

Às vezes, é preciso que eles gritem bastante um com o outro antes de poderem se mostrar razoáveis o suficiente para alcançar um nível mais avançado de discussão, como quando Jack disse: "Como sempre fui alguém que quis viver uma aventura, realmente acho que você teve muita coragem! Nunca consegui ser tão audacioso!" Não estou dizendo que essa seja sempre a razão da raiva em casos assim, mas é uma possibilidade muito boa. Cônjuges que se sentem ignorados geralmente "armam" um romance para seu par porque são eles quem gostariam de viver isso, mas não têm coragem para tanto. Quando o outro enfim atua, então eles podem se mostrar justificadamente humilhados e ofendidos com o comportamento terrível e inaceitável daquele pecador, em vez de examinar corajosa e criteriosamente o que teria levado os dois a viver aquele tipo de situação.

Há alguns anos, trabalhei com um exemplo dramático da atuação de um complô desses. Uma menina de 13 anos havia tido uma relação sexual com o pai. A família foi encaminhada para tratamento comigo pelo juiz da Vara da Infância. Robin, a garota, veio ao consultório acompanhada pela mãe. Eu podia ouvir as duas batendo boca na sala de espera, como se fossem duas amantes competindo uma com a outra. As informações que colhi de cada um dos membros daquela família compuseram a seguinte situação: a mãe se recusava a ter relações sexuais com o marido havia três meses e, um dia, quando Robin e o pai estavam sozinhos em casa, a mãe resolveu deixar a filha precoce sozinha com o marido frustrado e saiu. Ao voltar, encontrou os dois no quarto. Enquanto Robin chorava pedindo ajuda, a mãe, no quarto ao lado, fingia-se de surda. Para colaborar com a complexidade do quadro, o pai tinha um QI abaixo do normal. Essa é uma situação em que a mãe, com problemas sexuais, fez a filha assumir a responsabilidade sexual perante seu marido. Robin carregou a culpa pela situação, e o Juizado puniu o pai como uma pessoa abominável. Não obstante, havia uma clara cumplicidade para a constituição desse conflito. Se os pais tivessem assumido a autoria de seus problemas sexuais, assim como de seu sentimento de inadequação, o incesto poderia ter sido evitado. Quando existe abertura para que a pessoa assuma a autoria de seus problemas, há menos chance de entrar em grandes conflitos com outras pessoas.

Depois de dar vazão à raiva acumulada, o casal pode começar a construir um processo mais ou menos organizado para investigar uma situação delicada, sob a orientação do terapeuta. Eis um esboço desse processo, seguido por uma demonstração de como funciona. Eu e Florence, minha esposa, somos o casal.

1. Cada um prepara uma lista dos vários atributos do outro que são incômodos; por exemplo: "Você é mão-de-vaca" ou "Você é insensível".
2. Um enfrenta o outro usando um item só; por exemplo: "Sua falta de sensibilidade tem realmente me aborrecido demais".
3. O acusado comenta sua reação corporal ao que ouviu e diz algo como: "Meus punhos e queixo estão apertados; meus músculos ficaram duros".
4. Aceitando a acusação, o acusado faz o esforço de assumir a autoria da acusação – dizendo, por exemplo: "Sou insensível quando sua mãe vem nos visitar" – e dá tantos exemplos quanto possível desse comportamento insensível para com o outro.
5. O acusador expressa o que ouviu, com algo como: "Ouvi você dizer que..." Esse ponto é crucial porque raramente os casais se ouvem durante uma briga.

6. O acusado relata de que maneira se expressa na polaridade oposta à acusação. Nesse caso, exemplifica de que maneiras se mostra sensível.
7. O acusador repete o que ouviu da outra pessoa sobre as exceções à regra (e ainda pode lembrar o acusado de outros exemplos esquecidos).
8. O acusador assume a autoria da projeção. Por exemplo: "Como especialista em falta de sensibilidade, sou insensível com você quando exagera na bebida e quando fico tempo demais com as crianças".
9. O acusado repete o que ouviu.
10. Cada um dos dois comenta como se sentiu durante o processo.

A dificuldade de Florence com a grandiosidade de Joseph

F: Uma das coisas que me causa dificuldade é sua grandiosidade, em particular quando você menciona o que já fez ou quando fala de algumas experiências.

J: Quando você disse isso, senti no peito. Senti meu peito apertar. Eu não estava respirando. Segurei o fôlego enquanto ouvia você falar. Ouvi você dizer que não gosta de minha grandiosidade. Você não gosta quando eu exagero ou fico exibindo as coisas que faço ou já fiz. É isso mesmo?

F: Coisas que você experienciou, não necessariamente que fez.

J: Que eu experienciei; é isso mesmo?

F: É.

J: Certo, foi o que eu ouvi. O que eu quero agora é ver se consigo lembrar de algum exemplo para corroborar o que você disse de mim. Acho que exagerei o sucesso do meu pai como dentista. Exagerei ou dramatizei excessivamente algumas coisas que aconteceram comigo enquanto vivi na Europa. Acho que dramatizei excessivamente algumas coisas que realizei, como o número de trabalhos que escrevi, por exemplo. Exagero quando comento com os amigos alguma coisa que está acontecendo na família, como uma discussão ou algo com as crianças. Dramatizo exageradamente com as crianças quando falo do quanto eu ganho. Acho que no passado – mas não recentemente – exagerei sobre minhas experiências e proezas sexuais.

F: Deixe-me ver se eu te ouvi direito. Ouvi você dizer que exagerou ao falar de suas experiências de vida na Europa. Exagerou sobre o sucesso do seu pai dentista. E ouvi você falar que, no passado, mas não recentemente, exagerou sobre suas proezas sexuais. E ouvi você falar que exagerou quando conversou com as crianças sobre quanto você ganha. Ouvi você dizer que exagerou ou superdramatizou o número de trabalhos que escreveu. Não acho que isso seja verdade. Isso é uma coisa com a qual eu não concordo.

J: Não estou falando de mentir. Estou falando de exagerar. Não sou mentiroso.

F: Não, não estou falando de mentir. Você não exagerou ao falar do quanto já escreveu ou do que escreveu. Não acho que se encaixa.

J: Agora, vou falar de que maneira não dramatizo minhas experiências nem exagero sobre mim. Vejamos, neste exato momento sinto que não estou muito dramático; neste momento, agora, falando com você, acho que estou "maneirando". Na maior parte do tempo, quando atendo meus pacientes em terapia, não exagero. Há momentos em que acontecem alguns "picos" e posso usar uma ou outra expressão que pareça mais dramática, mas na maior parte do tempo sou bastante calado e tranquilo. Não exagero para os outros quando falo do quanto amo você e as crianças. Isso é importante. Não exagero para os outros quando falo do quanto eu trabalho e de todas as coisas variadas que acontecem em minha vida. Esse é um conceito novo, um jeito novo de pensar sobre mim, por isso não é que eu já tenha respostas prontas, na ponta da língua, para te dar. Ah, eu não exagero com nossos amigos sobre aquilo que realizo, sobre meus sentimentos nem sobre minhas necessidades. Consigo apenas ficar presente e ser natural, ser eu mesmo. Embora isso não queira dizer que não uso de minha influência nem que não tenho noção de meu poder.

F: O que mexe comigo não é seu poder ou sua influência.

J: É o tom teatral disso. Bom, acho que, conforme vou ficando mais maduro e mais consciente de mim mesmo, me sinto mais consistente por dentro e tenho menos necessidade de fazer algo teatral para me sentir poderoso. De modo que, no fim das contas, acho que nos últimos dez anos consegui me tornar mais consistente. Também estou mais consciente de minha tristeza. Quanto menos estou ciente de meu exibicionismo, mais estou ciente de minha tristeza. Quero saber se você me ouviu.

F: Ok. Ouvi você dizer que, aqui e agora, você não está sendo grandioso. Está sendo muito natural. Que você não é grandioso em sua maneira de me amar e amar as crianças. Ouvi você dizer que não exagera nem é dramático quando está com seus amigos, que usa seu poder e sua influência, mas de um jeito apropriado e não exagerado. Você não é grandioso quanto à variedade de coisas que faz nem quanto ao modo como vive. O que mais você disse?

J: Que me sinto mais consistente; realmente acho que você me ouviu. É bom falar sobre esse problema de um jeito saudável. Agora quero te falar de que maneira minha grandiosidade ou meus exageros me ajudam e de que maneira não funcionam. Acho que, quando estou em outra cidade, fazendo um *workshop*, existe uma parte de mim, minha grandiosidade, que funciona. Sinto que posso fazer qualquer coisa. E, nessas horas, quando sinto essa grandeza, ou essa parte dramática, faço algumas coisas muito criativas e até incomuns. Consigo criar uma atmosfera de vitalidade e empolgação para as pessoas nos *workshops*. Outra coisa excitante de minha capacidade de exagerar é a facilidade com que uso a dramatização para trabalhar. Criei algumas maneiras de trabalhar com sonhos como experiências dramáticas. Gosto de usar música e movimentos espontâneos com improvisação, entre outras formas. Minha dramaticidade não funciona para mim quando não uso a dramatização direito, de um jeito adequado, e isso afasta você de mim, e, como você é importante para mim, não quero te afastar. Desconfio que também faço isso com os amigos; às vezes, exagero na dose da dramatização e afasto as pessoas e sua criatividade e capacidade de serem inovadoras, porque encho o espaço todo com minha empolgação e meus exageros. Então aí não dá certo para mim, pois não me deixa interagir de maneira plena, clara, com os outros. É isso.

F: Certo. Agora é minha vez de assumir de que maneira sou grandiosa, exagerada ou excessivamente dramática.

J: Ou você pode assumir de que maneira não é grandiosa o bastante e assumir toda a questão da grandiosidade.

F: Uma coisa sobre a qual posso pensar que exagero é a maneira como falo da escola, por exemplo, quando fico dramática para contar o que estou fazendo lá. Faço um grande discurso de como estou cansada e ocupada, de quanto trabalho existe para ser feito e de toda aquela horrorosa montanha de papéis quando, na realidade, estou no controle disso tudo e posso fazer alguma coisa a respeito, em vez de só um grande barulho, toda dramática em relação a essa história. Outro jeito de eu ser grandiosa é achando que poderia lidar muito melhor com dinheiro, por exemplo, do que você. Não sei se poderia me sair melhor do que você com a questão do dinheiro.

J: Na realidade, você não sabe o que eu faria pior do que você.

F: Certo.

J: E de que maneiras você não é grandiosa o suficiente?

F: Costumo "maneirar" em quase tudo que faço. Por exemplo, tive algumas clientes no ano passado com quem obtive muito sucesso e fui capaz de pensar numas dez formas diferentes de explicar meu sucesso com elas, mas não falei que foi realmente o que eu fiz que fez a diferença. Mas poderia ter dito "Bom, as circunstancias daquelas pessoas mudaram", ou "Caiu algum anjo do céu", ou alguma coisa assim que mudou todo o encaminhamento da terapia, em vez de dizer que foi minha influência. Assim, eu poderia ter recebido um pouco mais de crédito por isso. Outro jeito de não ser grandiosa o bastante é o fato de que nem eu me dou crédito suficiente, por exemplo, pelos artigos que escrevo e que ficam bem-feitos.

J: É, você se diminui muito.

F: De certa forma, fico me desculpando pelas coisas que escrevo. Mesmo depois de ter recebido várias demonstrações de reforço das pessoas, dizendo que realmente eram bons artigos, bem escritos, informativos, e de eu saber que aprendi com eles, ainda assim tendo a diminuir o valor desses trabalhos. Costumo não ser grandiosa o suficiente não sendo audaciosa o suficiente; não confiando em minha audácia para escolher roupas ou decorar o ambiente. Costumo não ser grandiosa quando falo de coisas que fiz. Por exemplo, no Workshop para Casais, não falei nada do que já fiz e nem do tipo de experiência que tenho.

J: No *workshop*, você não comentou as experiências que já teve e que foram importantes.

F: Nem o tipo de experiência que tenho com esse tipo de trabalho. E tenho certa experiência, que me permite realizar o trabalho de forma bastante competente. Olha só, até o jeito como digo "de forma bastante competente" – acho que fui competente no que fiz. Eu estava aprendendo, mas fui competente no que fiz. Até mesmo meu modo de pensar sobre isso, de falar disso, é um exemplo de minha falta de grandiosidade. Não sou grandiosa quando considero o quanto serei competente. Tenho muitas dúvidas sobre minha futura competência, em vez de pensar de modo positivo que, com as experiências que terei e as habilidades que vou aprender, serei uma terapeuta competente. Mas não penso desse jeito e acho que preciso ser mais grandiosa a esse respeito. Para mim, é muito mais fácil pensar que não sou grandiosa do que pensar que sim ou pensar que sou exageradamente dramática.

J: Ok, quero ter certeza de que ouvi você assumir sua grandiosidade. Não lembro da primeira coisa que você falou. Você lembra?

F: De minha grandiosidade?

J: Vou falar do que lembro. Lembro que você disse que é grandiosa a respeito de como lida bem com dinheiro, em comparação comigo. Disse que é grandiosa a respeito da escola, que faz um escarcéu e dramatiza as coisas que precisam ser feitas, que você precisa fazer na escola. Por outro lado, você diminui e "dá uma maneirada" nas coisas que faz na escola e que saem bem-feitas, como escrever os artigos. E você também abusa de ser discreta com as roupas que escolhe. Você diminui o valor de praticamente tudo que faz, para dizer a verdade. Você disse que diminui quase tudo que faz. No outro dia, no *workshop*, você não exagerou o quanto é competente e o que sabe de fato, nem o quanto já realizou.

F: Na primeira fase, quando nos pediram para dizer há quanto tempo fazíamos aquilo e o que já tínhamos feito antes, eu não disse nada. Quer dizer, fiz minha parte no *workshop*, mas não disse nada na fase de apresentações.

J: Fiquei curioso. Você acha que quanto mais puder ser dramática sobre si mesma e sobre o que faz, mais se sentirá confortável com meus exageros? Você acha que isso vai influir?

F: Bom, vejo o equilíbrio mudando, mas não necessariamente que eu vá me sentir diferente a respeito de sua grandiosidade.

J: O que você quer dizer com equilíbrio?

F: Bom, vejo que você está se tornando mais consistente e assentado e não tem mais de fazer tanto isso. Não é tanto a grandiosidade que me incomoda, é o exagero. E não vejo você precisando tanto disso mais. E conforme me sinto melhor a meu próprio respeito, a respeito do que posso fazer e realmente faço, acho que posso ser mais audaciosa sobre minhas experiências e formas de me expressar.

J: E, às vezes, você até pode exagerar!

F: É, posso inclusive exagerar.

J: Bom, então como estamos agora?

F: Sinto-me muito bem. Acho até que gostaria de fazer isso a respeito de mais um monte de questões. De repente, percebo que fizemos isso com três coisas que me incomodam em você, e você não teve chance de fazer isso com coisas em mim que podem te incomodar.

J: Pode esperar, vou ter minha chance!

F: O que te incomoda em mim? Como você está se sentindo agora?

J: Bom, acho que nós desarmamos essa idéia toda de ser acusado por você, ou de ouvir que se você não gosta de alguma coisa em mim vou ficar arrasado, ou nós vamos ficar arrasados. Gosto do que aconteceu, sinto-me aliviado.

F: Você tem razão. Para mim, enfrentar problemas em outros momentos foi muito útil e agora também. Sinto que não saio magoada nem você. Sinto que você realmente me ouviu e consegui ser honesta consigo a respeito de uma questão delicada que poderia ter sido explosiva. Realmente gosto desse modo de lidar com as coisas que nos incomodam.

J: Quero enxergar esta situação claramente antes de seguirmos em frente. Você não gosta de minha grandiosidade. Em parte, você não gosta porque em sua opinião é de mau gosto e porque com isso eu afasto você e outras pessoas.

F: Ao mesmo tempo, não gosto porque não me dou permissão para me exibir e nem mesmo para comentar minhas próprias realizações. Acho que, se eu pudesse usar um pouco de seu drama, terminaria me sentindo mais satisfeita comigo mesma e menos ressentida com você.

J: Gostei disso. Em troca, estou disposto a prestar mais atenção em meus exageros. Se eu não encher a sala com minha baboseira, talvez possa começar a me expressar de modo mais aberto e livre.

F: Fala sério!

J: Pronto! Olha eu exagerando de novo!

Bem no início do relacionamento, os casais precisam aprender modelos de como enfrentar aqueles momentos em que "empacam". Se pudermos ensinar a eles algumas técnicas de como brigar criativamente, talvez possamos salvar relacionamentos promissores, que estão começando a deteriorar. O modelo anterior é um veículo para lidar com acusações e aborrecimentos entre casais. Suas vantagens são evidentes:

- Cada um dos dois aprende como expressar seu ressentimento.
- Cada um aprende a ouvir o outro, em vez de só ensaiar modos de se vingar.
- Os dois aprendem a assumir a autoria de suas projeções.
- Os dois aprendem a respeitar a experiência e autovalidação um do outro, sem perder sua auto-estima.

- O resultado dessa espécie de discussão não aumenta a animosidade entre os dois; o casal sente que existe mais integração entre suas diferenças.

A fraqueza desse modelo reside no fato de que, em geral, o casal não consegue colocá-lo em prática com independência, quer dizer, sem um "professor", um intermediário. Normalmente, a pessoa se comporta como se sua vida estivesse em jogo e tende a revidar de forma desleal ou, eventualmente, desmoronar, sentir-se magoada e recuar. O intermediário também pode incentivar a manifestação de sentimentos sem o risco de atuações destrutivas por parte de qualquer um dos dois. O terapeuta ou professor pode dizer: "Ok, basta. Agora que vocês já ventilaram parte da raiva e ficaram girando em círculos sem chegar a lugar nenhum, estão prontos para experimentar outra coisa? Vai ser preciso um pouco de disciplina, mas vocês vão aproveitar muito".

Quero dar um exemplo de um casal empacado. Joel faz alguma coisa e Martha fica magoada. A única coisa que ela aprendeu para se sentir melhor foi retrair-se. Martha vai para o quarto. É a hora do jantar e a comida está no forno. Joel se sente culpado e serve a comida num prato, que leva até a esposa. Ele pede desculpas, mas Martha continua emburrada. Joel permanece em pé ali, com o "presente" nas mãos. Como não consegue que Martha se abra de novo, Joel atira o jantar na parede e sai de casa, deprimido. O casal acaba sem se falar por vários dias.

Ao entrar em conflito, as pessoas parecem abrir mão de quase todo seu talento e criatividade. Não pensam claramente, dão golpes baixos, perdem a imaginação. Certamente não usam seu senso de humor. Se uma delas enxergasse um ponto engraçado no meio da briga, o ímpeto combativo poderia ser quase todo dissolvido. Os conflitos costumam girar em círculos; os padrões se repetem vezes e vezes seguidas. O casal entra numa roda-gigante e não sabe mais como descer. Na grande maioria das vezes, não chega a uma solução, só a uma trégua. A idéia de algumas das técnicas é ir além da trégua e alcançar um ponto novo e criativo de resolução para o conflito. Outra característica do conflito não criativo é que, nele, um perde e o outro ganha. Quando um dos parceiros perde e o outro ganha, a parceria perde. Na resolução criativa de conflitos, todo mundo ganha.

O humor pode ser aprendido retomando-se um conflito já resolvido e falando de como o casal *poderia* ter brincado com ele, divertindo-se um pouco com a coisa toda, sem peso, aborrecimento ou excessiva seriedade. Por exemplo, Florence poderia começar a se gabar de mim com mentiras deslavadas para as crianças, na hora do jantar. Se eu estiver no ponto certo, posso entrar na cena e acrescentar mais algumas. Como resultado desse cenário, todos nós poderemos rir de meus exageros, e eu terei aprendido uma lição a meu respeito. No caso de Joel e Martha, imagino que ele está em pé, segurando o prato com a comida; de repente, começa a cantar sua ária favorita de *La bohème* ou a declamar um poema para Martha. Ela explode numa risada. O gelo se rompe e eles começam a falar sobre o problema.

Sempre é importante, porém, não encobrir os sentimentos e expressar abertamente a raiva ou a tristeza que se está sentindo. A constante supressão da raiva resulta em sintomas somáticos: problemas cardíacos, asma, problemas de estômago, colite, enxaquecas. O truque é levar uma vida equilibrada, com autocontrole, por um lado, e com expressão, por outro. Precisamos respeitar nosso ritmo interno.

Alguns dos problemas acima citados são ilustrados numa parte de uma sessão que Florence e eu conduzimos com um jovem casal. Nina, que recentemente deu à luz seu segundo filho, está ressentida com John, seu marido, por sua insistência sexual. Eles têm um acordo de fazer amor pela manhã, quando ambos se sentem revigorados e descansados. Ele leva esse acordo ao pé da letra, enquanto, para ela, o período da manhã é entendido de maneira mais ampla, inclusive levando em consideração se John se mostra carinhoso e atencioso.

>*John*: Sinto-me como se não tivesse o direito de ficar zangado com uma esposa tão linda e uma mãe tão maravilhosa, e isso me deixa ainda mais louco de raiva e faz que eu me retraia imediatamente; só quero então me virar de lado e voltar a dormir.

Joseph: Numa outra briga, tivemos um exemplo muito bom de como não está claro o que quer dizer "de manhã". Grande parte do tempo vocês funcionam com informações muito inadequadas sobre o que o outro está pensando ou sentindo.

John: Manhã tem querido dizer "mais cedo".

Nina: Houve vezes em que nós dois acordamos, estávamos descansados e foi bom.

Joseph: A outra coisa, acho, que vocês não "sacaram", porque em geral a gente não pensa nesse tipo de coisa, é: só porque disseram que preferiam fazer amor pela manhã, isso não significa na manhã seguinte ou todos os dias de manhã, nem é como um contrato em que vocês dois concordaram que fariam amor todo dia de manhã.

John: (Para Nina) Eu realmente não achei que você estava resistindo ou nada disso. Não senti nada declarado, do tipo "Cai fora". Se é que você disse "Cai fora".

Nina: Eu realmente não estava, porque queria que tudo acabasse o mais depressa possível.

Joseph: Essa é uma terceira dificuldade que vocês têm, essa atitude passivo-agressiva: "Vou fazer o que agrada a ele e acabar logo com isso, mas vou ficar magoada porque ele me invadiu". Virou uma armadilha.

Nina: É, eu sabia que estava fazendo isso e foi o que me deixou louca de raiva.

Joseph: De você mesma.

Nina: É, de mim mesma. É assim que entro no modelo "estou sendo má".

John: Assim que você disse "Olha só como você não me leva em consideração, não percebe o pouquíssimo que posso dormir e ainda fica me forçando", eu fiquei realmente louco de raiva de mim por ser tão insensível e forçar você, quando você dorme tão pouco. Por isso, é a hora perfeita pra eu cair fora de casa antes de começar de fato a me sentir muito mal como pessoa.

Joseph: Esses são os parâmetros gerais para brigar. Outra coisa que discutimos é sua capacidade de retração, para se cuidar, como num número duplo: número um, você está "lambendo as próprias feridas" e cuidando de si mesma; número dois, você a está castigando por ser essa bruxa com você.

John: É, *você* se preocupa com isso. É *seu* problema. *Você* pode ficar esquentando a cabeça com isso.

Joseph: Mas se fosse tão simples quanto só conseguir castigar Nina, não seria tão ruim. O problema é que você também acaba se sentindo muito mal. Não tem jeito de você evitar se sentir tão mal.

Florence: É isso. Vocês entram no mesmo tipo de duplo vínculo, mas de um modo diferente. Você recua e acaba se sentindo mal, e você faz aquilo que não quer fazer e acaba se sentindo mal, do mesmo jeito.

Nina: Eu me retraio antes que a briga comece, e ele se retrai depois.

Florence: Assim me parece que vocês não brigam; isso não é uma briga.

Nina: Ontem mesmo, você encostou em mim sem querer, e eu achei que foi ridículo; então a gente adiou a história, e depois eu esbarrei em você e...

John: Eu me virei de lado. Depois, enfim, você se aproximou e disse: "Você está com pena de si mesmo".

Joseph: E aí você pulou fora.

Florence: E ela disse que tudo bem, mas você não conseguiu realmente dar conta da pressão.

John: Uma coisa que me bateu, uma hora antes do trabalho, é que prestamos atenção naquilo que me deixa com raiva, mas nem sempre estou consciente daquilo que me deu raiva até que a situação toda tenha terminado.

Florence: A impressão é que algo desencadeia tudo; não é tanto que você comece se sentindo mal por alguma coisa.

John: É isso, só depois que estou virado de lado por algum tempo é que percebo como estou me sentindo mal como pessoa.

Nina: Parece que parte de meu problema tem que ver com reclamar de coisas que estão me aborrecendo porque isso apenas serviria para reforçar a idéia dele de que ser dona-de-casa é uma coisa horrível e de que ter dois filhos é medonho.

Florence: Para ele, ter dois filhos é muito, de todo jeito.

Nina: É mesmo.

Joseph: Fale de novo a primeira parte.

Nina: (Para John) Se estou com pena de mim, não mostro isso para você; se estou realmente cansada ou até se estou mesmo arrumando uma encrenca, não sinto que você me dá o menor suporte. (Para Joseph e Florence) Fico armazenando um monte de porcaria; aí, quando ele me pede alguma coisa, acho que é demais, então transborda. De todo modo, o que faço é inútil aos olhos dele.

Joseph: Em sua cena, só tem espaço para uma única pessoa sentir pena de si própria, certo?

Nina: É, como se eu devesse ser superfeliz porque, afinal de contas, queria ser dona-de-casa, ter dois filhos e uma casa grande, então como é que posso ter coragem de chiar por causa disso? Então me sinto culpada de fazer assim. Agora, provavelmente grande parte disso não foi mesmo culpa de John, e sim influência de minha mãe.

Joseph: Por que você tem de arcar com todo o peso de vender essa história para o John, além de todos os problemas reais que vocês têm de enfrentar como casal?

Nina: Acho que é porque estou tentando convencer John da idéia de que é muito legal ter dois filhos, o que é mesmo, de vez em quando, mas não é um piquenique o tempo todo.

Joseph: Então, se pudesse desistir de tentar convencer John de como tudo é lindo, talvez você pudesse dizer: "Sabe, às vezes esta família é uma barra muito pesada. Concordo com você".

Florence: Mas você fica o tempo todo repetindo para si mesma: "Preciso valorizar aquilo que tenho. Eu queria isto e agora tenho tudo que queria e devo me sentir ótima o tempo todo".

John: É mesmo, porque eu não escuto você reclamar nunca.

Nina: Eu sei.

Joseph: Você gostaria de começar a treinar umas reclamações?

Nina: Acho que quase tudo... como doenças, isso é uma coisa que realmente me enlouquece, e acho que estou começando a sofrer com todo esse estresse.

Florence: Tente não dizer "Acho". Apenas diga "Sofro com o estresse".

Nina: Sim, sofro por não conseguir dormir o suficiente. Sofro com a pressão para ter uma aparência sempre deslumbrante. Sofro com a preocupação de ter leite suficiente para amamentar porque fico controlando o que como. Sofro com a pressão para levar uma vida social normal e sair de casa quando, na realidade, não quero sair de casa, ou não posso sair quando fico com vontade. Muitas e muitas vezes, depois de termos feito nossos planos, estou cansada quando chega a hora de sair. Sofro por não ser capaz de "curtir" tudo de bom de ter filhos, quando estou me divertindo com eles, ou porque John não está ou porque ele não quer participar de nada com eles. Sofro porque, mais adiante, ele não vai participar da vida das crianças e vai largar tudo em minhas costas.

Joseph: Você sofre com fantasias do que acontecerá no futuro.

Nina: É. Sofro até com isso porque então me sinto culpada.

Florence: Você falou de uma lista e tanto, e também parece que sente raiva.

Nina: Acho que culpei John por algumas dessas situações, como não dormir o suficiente.

Joseph: Que tal culpar John um pouco? "Eu te considero responsável por isto, isso e aquilo."

(Nina é muito amável. Agüenta um monte de raiva sem demonstrar. Estou dando a ela permissão para demonstrar sua raiva, de maneira aberta, livre e direta para John. Estou garantindo para Nina que ela não continue atirando culpa mas que, em vez disso, permita-se ser abertamente negativa antes que consiga expressar seu amor por John e o quanto gosta sinceramente dele.)

Nina: Eu te culpo por me fazer sentir feia e te culpo por me fazer sentir que é minha obrigação passar todo o tempo que posso com você, perdendo o sono por causa disso. E te culpo por me obrigar a fazer tantas coisas. Eu te culpo por não se oferecer para cuidar das crianças, ser responsável por elas, ficar com elas algum tempo e não me dar qualquer valor por fazer isso sozinha. Eu te culpo por ficar doente nas três últimas semanas. Eu te culpo por me fazer achar que o futuro com essas duas crianças vai ser horrível. (Para Florence e Joseph) Parece que ele ainda não desmoronou e isso me faz sentir bem.

Joseph: Acabou? Não tem mais nada? Se não consegue lembrar de mais nada, invente.

(Quanto mais radical a polarização negativa, mais plenamente ela pode vir a enxergar coisas positivas depois, amando o marido.)

Nina: Eu te culpo por não valorizar o quanto as crianças são legais. Acho que te culpo por não me valorizar também, por não valorizar como sou legal e linda.

Joseph: (Para John) Tente repetir para Nina o que ouviu. Quero ter certeza de que ela sabe que você pode ouvi-la.

John: Você me culpa por exigir de você coisas que te impedem de dormir. Você me culpa por não ficar com as crianças. Você me culpa pelas fantasias que tem de como o futuro vai ser um problema com as crianças. Você me culpa por não valorizar como as crianças são legais. Você me culpa por não ficar com elas e por não valorizar como você é linda e legal... (A lista dele até que saiu bem completa...)

Joseph: Isso ficou bom. Você gostaria de dar mais um passo, pegar cada uma das reclamações e aceitá-la, aceitar as acusações que ela te fez? "Você me culpa por isto e, baseado nestas e nestas experiências, posso compreender como você se sente." Pense em todas as coisas que possam dar razão à raiva que ela sente de você. Essa é a parte das brigas entre vocês que sempre escapa: os dois aceitarem a experiência um do outro.

John: O que é "aceitar"?

Florence: Reconhecer.

John: Minha primeira reação foi dizer: "Sim, mas..." Aí, eu pensei: "O que estou fazendo?" Quero dar a ela a oportunidade de me dizer que está com raiva de mim. Posso aprender com isso. Posso entender por que você está com raiva de eu ter ficado doente nos dois últimos meses (porque basicamente foi estupidez minha eu ter ficado assim). Essa é uma reclamação legítima. Posso entender por que você me culpa por te fazer se sentir feia e gorda, pois faço comentários críticos. Posso entender por que você reclama que eu não vejo como as crianças são realmente uma graça, e um monte de vezes eu não reconheço isso, mesmo quando vejo que são, e nem digo o quanto eu gosto das coisas boas – quando Lenny sorri para mim e quando Joanna e eu estamos brincando.

Eu não falo nada nessas horas. E posso entender por que você me culpa por não te fazer se sentir linda e legal. Então, depois, quando eu acabo te dizendo alguma coisa agradável, você provavelmente nem ouve mais porque eu já fiz comentários críticos. Realmente faço várias exigências a você em termos de tempo. E forço você a fazer várias coisas.

Florence: (Para John) Como você se sente agora, reconhecendo as queixas de Nina?

John: Estranho. Acabei não me sentindo mal. (Para Nina) Foi como se eu pudesse entender seu ponto de vista, não me senti como se estivesse me desculpando pelo que fiz; era meu jeito.

Joseph: Então não virou uma situação do tipo um ganha, o outro perde, nem uma situação em que os dois perdem. Vocês dois sentem que a experiência pessoal de cada um é válida. Como você se sente sendo ouvida por John e sabendo que alguns de seus sentimentos são reconhecidos?

Nina: É realmente diferente e bom. Mas também me torna muito impaciente, quero fazer alguma coisa sobre isso. Deixa-me bastante objetiva, algo como: "Bom, então se você sabe o que está acontecendo comigo, vamos corrigir a situação".

John: Aqui é onde eu começo a me sentir um merda. Bem aqui.

Nina: Com minha impaciência para corrigir a situação?

John: Quando você diz: "Bom, se você sabe, por que não faz alguma coisa a respeito?"

Florence: É como se ele reconhecesse o que as exigências dele impõem a você, mas você, em troca, não reconhecesse que, embora ele saiba disso tudo, para ele é complicado mudar alguma coisa.

Joseph: Um tango sempre pede dois. A correção dessas coisas exige mais um passo, com a participação de vocês dois. (Para Nina) Algo como: "Bom, agora que me sinto ouvida por você, vejamos se posso ficar com uma coisa dessas por vez e achar um jeito de responder melhor na situação". Ou: "Como a gente poderia planejar para você cuidar das crianças um dia por semana, sem ficar com raiva disso?"

Nina: Bom, aqui também é onde eu fico com medo. Porque, mesmo que tenha sido ouvida e ele entenda meus problemas, tenho medo de pedir qualquer coisa para ele.

Florence: E o que te impede?

Joseph: Toda vez que você se impede de pedir, também está dificultando ainda mais para ele pedir algo de você, no futuro.

Florence: (Para Nina) Mas o que te impede de dar esse passo? O que te impede de dizer: "Tá, pra mim é melhor, mais confortável, se fizermos amor de manhã". O que te impede de dizer, de estabelecer alguma forma mais específica de dar informações?

Nina: Nesta altura, com a informação que já temos e ele entendendo o porquê, parece que deveria ser muito fácil, mas ainda é difícil porque de algum modo existe esse padrão em minha cabeça que diz: se você sabe alguma coisa, então é uma decorrência natural você não ter de pedir. Se ele sabe o que vai me fazer sentir melhor, por que não faz isso? Meu pai não precisava ser solicitado assim. Ele teria cuidado de mim e feito qualquer coisa para me fazer sentir melhor!

Joseph: O velho Édipo de volta! Porque ninguém ama Nina do mesmo jeito que o papai. Ninguém!

John: Não quero ser obrigado a me comparar com a adoração do papai nem com suas performances.

Florence: Acho que agora o que importa é esta situação: "Ele sabe – ora, por que não se comporta com base nisso?"

Nina: É. Tudo que era bom para mim era proporcionado sem que eu jamais tivesse precisado dizer "Faça" ou "Quero que você faça". Assim que eu conseguia expressar a necessidade e percebia que ela era vista pela outra pessoa, pronto, estava resolvido.

Joseph: E, sem dúvida, é muito bom quando isso acontece. Conheço casais que têm o problema inverso: tudo precisa ser negociado e cada uma das necessidades tem de ser discutida. Tudo é uma espécie de minicontrato, uma negociação.

Florence: Sim. Você quer espinafre para o jantar ou couve-flor? A coisa chega inclusive a ponto de não haver decisão, por mais que gastem energia.

Joseph: Provavelmente vocês passam por cima de muitas coisas, entre vocês, como se não precisassem mais ser conversadas. Por exemplo, o fato de que ele realmente reconhece as pequenas coisas que te propiciam alegria e prazer. No entanto, há outras coisas que terão de ser explicitadas para que você consiga o que quer. Não dá para ler o que o outro está pensando.

Florence: Você não pode ser só uma reclamona e ele não pode ser só um cara legal. Mas também acho que essa é realmente uma habilidade.

Nina: De algum jeito, quando faço alguma exigência, ele em geral se desmorona todo.

Joseph: Desmoronar é um reflexo condicionado. Ele pode aprender a não desmoronar. Essa é a única habilidade do repertório dele que ele usa para levar a melhor em relação a você. Mas ele vai aprender outros recursos, como simplesmente responder e levar a melhor em relação a você apenas por ser capaz de reagir: "Ei, você me ouviu! Venha até aqui e eu vou te dar um tremendo abraço". Levar a melhor em relação a você nesse nível de ego é mais elevado do que se retrair. Você pode conseguir muitas outras coisas boas para si mesmo desse jeito, John.

Nina: Acho que agora eu queria ouvir John. Quero que você me diga que me apóia e apóia minha tentativa de fazer isso, de tentar ser honesta e explícita com você.

John: O que você quer dizer com isso?

Florence: Você não vai dar uma paulada na cabeça dela...

Joseph: ... se ela falar da sua aproximação sexual como: "Eu não quis dizer 4:30 da manhã, mas 8".

John: Ou mesmo "Agora, não". Sim, estou disposto a apoiar o esforço dela para ser honesta e explícita comigo.

Nina: Você não vai transformar minha vida num inferno o resto do dia. Você não vai simplesmente me ignorar como se eu fosse uma TV desligada. Sinto-me tremendamente carente de apoio.

John: Estou um pouco magoado; estou te dando todo o apoio que posso.

Joseph: Tenho dois exercícios como lição de casa para vocês. John, gostaria que você fizesse com Nina o que ela fez com você, em algum momento da semana – estou falando de sua lista pessoal de ressentimentos –, e depois veja se dessa vez ela conseguiu te escutar. Além disso, faça que ela aceite seus sentimentos e reconheça a validade deles. A outra lição de casa é a seguinte: Nina, quero que você volte a assumir a posição de quem está incumbida da questão sexual. Quero ver Nina assumindo uma postura mais agressiva e indo atrás de conseguir o que realmente quer, quando quer.

Em minha opinião, muitos bons relacionamentos – casamentos, amizades, relações entre patrões e funcionários, parcerias comerciais, qualquer sistema envolvendo duas pessoas – podem ser salvos ensinando-se às pessoas como criar confusão criativamente. Na maior parte do tempo, as pessoas investem tão pesado na defesa de sua auto-estima e de sua necessidade de ter razão que sacrificam relacionamentos importantes para elas por uma questão de "orgulho".

Muitos casais que moram juntos nunca aprenderam a utilidade de discordar. Vieram de lares em que seus pais os protegeram de "sentimentos difíceis", discutindo em vozes abafadas, à noite por trás de portas fechadas, depois que os filhos estavam dormindo. (Brigar tem sido um dos principais tabus da classe média) Esses filhos crescem sem modelo de como reagir; até mesmo modelos de baixa qualidade são úteis porque servem como algo a ser evitado, trabalhado, modificado.

Uma incapacidade semelhante acontece em escala maior. Assim como os casais "brincam de casinha" e se comportam educadissimamente entre si, advogados corporativos fazem seus joguinhos com representantes sindicais; os debates no Congresso são lotados de retórica formal enquanto, nas ruas, continuam sem solução aqueles problemas que afligem toda a comunidade. Numa escala ainda maior, nações aparentam entabular negociações civilizadas ao passo que, nos bastidores, planejam se aniquilar mutuamente. São tão numerosos – e óbvios – os exemplos disso na história mundial que nem precisam ser citados.

Se pudermos desenvolver um modelo abrangente e, ao mesmo tempo, simples para a resolução criativa de conflitos, poderemos ensinar às crianças, quando ainda pequenas, como brigar na escola. Poderemos instruir alunos de colegial a usar métodos construtivos de discordar de seus professores, amigos e pais. Posso imaginar cada recém-eleito deputado, senador, presidente e diplomata fazendo um *workshop* sobre conflitos criativos antes de assumir o cargo e encher a agenda diária com toda aquela tradicional porcariada inútil, protocolar, de faz-de-conta. Quem sabe? Até poderíamos ter um mundo melhor onde viver...

Capítulo 9

Arte em Gestalt-terapia

A intenção criativa é um anseio do corpo,
Um desejo de preencher o continente da vida.
Esse anseio se expressa em energia, movimento, ritmo.
A atividade de criação, sua expressão, é uma amorosa afirmação de vida.
A criação é um ato de gratidão ou um ato de maldição.
É o privilégio de saborear, ver, tocar a vida, uma celebração de ser –
ou a súplica por uma saída significativa.

J. Z.
1º de janeiro, 1976

A razão pela qual desenhar ou pintar pode ser "terapêutico" é o fato de que, quando são experienciadas como processos, essas atividades permitem ao artista se conhecer como uma pessoa inteira, dentro de um intervalo de tempo relativamente breve. Ele não só se torna consciente de um movimento interno direcionado à totalidade experiencial, como também recebe uma confirmação visual desse movimento nos desenhos que executa.

Este capítulo começa com um relato pessoal, em que falo de minha experiência artística para criar uma pintura. A segunda parte, intitulada "Toda pessoa é um artista"[1], apresenta a maneira como comuniquei a outros, em *workshops* de arte, minhas experiências e meu crescimento como artista. A seção final esboça três níveis do processo criativo, experienciados por participantes de um *workshop*.

Movimento, ritmo e *grounding*

Toda atividade criativa começa com movimento. O corpo é propenso a atravessar o espaço, a interagir continuamente com o ambiente. É difícil fazer arte enquanto se está plantado atrás da mesa de trabalho. Preciso ficar em cima dos pés, sentir minha energia.

Ligeiramente flexionadas nos joelhos, minhas pernas começam a fazer o movimento de andar. Sinto a energia acumulando na pelve conforme vou deixando o peso do corpo cair totalmente sobre uma perna e depois sobre a outra. Os quadris giram de um lado para o outro, permitindo que o corpo experimente a própria graça e flexibilidade.

Agora estou consciente da respiração. Quando inspiro, a barriga cresce e o diafragma desce dentro do abdome. Quando o ar entra nos pulmões, meu peito se alarga e sinto vontade de me alongar; meus braços se estendem no ar, minha respiração é lenta e ampla.

Imagens mentais brotam dessa vitalidade física. Começo a me movimentar em câmera lenta, imaginando que meu corpo é uma escultura fluorescente girando num espaço escuro e denso. Meus braços rompem a escuridão com linhas brilhantes, grossas, como as fortes pinceladas das telas de Franz Kline. Meus dedos varrem o espaço traçando linhas finas, cinco por vez, que se penduram horizontalmente no espaço, como fios curvos de platina.

Meu corpo é uma escultura e, em minha imaginação, cria impressões no espaço à medida que se move. Sua massa se desloca pelo ar,

---

[1] A palavra "artista" é utilizada aqui para significar qualquer pessoa que se envolva com um processo criativo.

ocupa partes do espaço e segue em frente. Meu corpo é uma escultura que respira – inspirando o mundo externo e depois o exalando, continuamente rompendo e refazendo o espaço.

A música intensifica esse processo. Seu ritmo confirma meu fluxo interno e incentiva minha energia a aumentar, a crescer.

Depois de sulcar o espaço com as pontas dos dedos, pego um lápis de carvão e transfiro as linhas para uma superfície plana, uma folha grande de papel-jornal. Meu ritmo interno diz: "Entregue tudo, entregue tudo... deixe as linhas romperem as bordas do papel. Deixe a força de seu corpo marcar o papel; não receie rasgá-lo. Apenas movimente o lápis e faça marcas. Participe da dança primal da criação. Una-se ao primeiro caçador que criou imagens de caça nas paredes das cavernas..."

O papel se enche de linhas pretas grossas, algumas inteiras, outras quebradas, de uma ponta a outra. O papel se tornou presa de minha energia.

Agora uso as duas mãos ao mesmo tempo. Fecho os olhos para abolir as críticas de meus pais interiores. As linhas se traçam por si, sou o instrumento. Teve início a experiência primal da "arte". A experiência é orgânica, às vezes orgiástica. Nesse processo, meu cérebro adulto se desdobra para recuperar a criança interior: o ritmo original, a ausência de preocupação, a sensação de abandono, a confiança total de apenas ser. Sou um corpo causando impacto no espaço.

Enquanto permaneço em meu processo, começo a mudar formas, acrescentar cores, desenvolver massas que se relacionam umas com as outras no espaço. De olhos abertos, a imagem se desdobra à medida que minha mão se movimenta pelo papel. Em certo momento, permito-me participar intelectualmente desse desenhar: "Esse é o formato do corpo de uma mulher... bem, não muito... não tem braços... ela só tem seios e nádegas... tudo bem... vou desenhar os braços fazendo algum movimento no espaço. Rosa, amarelo e laranja. Como o sol num final de tarde de verão. A mulher-deusa, geradora de bebês, a mãe-terra voluptuosa, nutriz da vida..."

Esse processo de pensamento modula a mudança das formas em relação ao fundo. As primeiras linhas eram fragmentadas, flutuavam no centro do papel, rabiscos de uma criança perdida. Agora, expandem-se audaciosamente em ricas e sólidas massas de cor, invadindo o espaço sem piedade. Um ato de afirmação. Aqui estou, com toda minha energia. Sem desculpas. Exatamente assim. Minha energia é transformada numa rica e delicada tapeçaria com tons outonais.

A princípio, a cor aguarda, simplesmente, sem um propósito, entre as linhas. Depois, as cores começam a sobrepor-se, mesclar-se e mudar as estruturas lineares simples. A pintura brota de linhas simples, linhas que surgiram de uma energia bruta, indiferenciada. Conforme meu processo segue, as cores são novamente misturadas e a imagem se transforma. Mais uma vez, é uma forma humana. Ela me faz lembrar as figuras femininas nas paredes laterais dos antigos templos indianos. Seus seios são fartos, levemente inclinados num movimento que responde ao giro dos quadris. Uma perna está dobrada e firmemente apoiada no chão; a outra perna e os braços estão estendidos no ar. Uma figura festiva. Cores festivas. Surpreende-me quando surge lentamente no desenho.

Novamente, lembro-me de que não se trata de um resultado precioso, do produto acabado de um esforço "profissional". É só um estágio. Um aprendizado. Um sinal ao longo da estrada. Um prazer para ser experienciado. Posso achar que é valioso ou não. Amanhã, olhando para ele com mais frieza, posso me dar conta de que algumas mudanças precisam ser feitas. Mas, agora, é amor à primeira vista.

Essa pintura é uma projeção de mim mesmo, uma parte de minha vida interior sobreposta a uma superfície. Imagino que sou a pintura. Deixo que ela fale por mim: "Sou sua mãe, Joseph. Sou todas as mães do universo combinadas numa só. Sou a mãe arquetípica que ama seu filho. Sou o calor da vida, o prazer de viver plenamente. Confirmo tudo em você. Não cobro nada para te amar. Apenas seja quem você é, isso já é o bastante..."

Dessa maneira, assumo plenamente a posse de meu trabalho. É um objeto externo a mim e, também, um pedaço de minha vida interior. Assumo a autoria dessa figura no papel, e o próprio processo de realizá-la me enriquece e fortalece. Sinto-me completo.

Ao fazer uma coisa inteira, descubro minha inteireza. A inteireza é uma forma de se movimentar no mundo, um modo de eu me experienciar. A inteireza advém de trechos fragmentados e sobressaltados. Como o bebê que entra na vida com movimentos desengonçados, a inteireza se desenvolve como um ato orgânico de fé. Os pais não olham para o bebê e dizem: "Este é um ser imperfeito". Presumem que ali existe um ser inteiro, no processo de vir à tona, alimentado por atos de boa vontade. Assim, a inteireza surge em mim, como artista adulto. Decorre de uma suposição implícita de que eu e meu trabalho passaremos por uma metamorfose, da fragmentação à integração, da contradição à união, da hesitação ao enraizamento, das qualidades superficiais à riqueza, da falta de *awareness* à substância, da fugacidade à presença.

Arte. Fé em minha respiração e movimentos. Fé em meus braços e quadris, na energia que emerge várias vezes seguidas. Fé nos olhos que apreciam linhas simples e pigmentos misturados. Arte. Um processo natural de manter viva a inocência da infância.

Toda pessoa é um artista: *workshop* de arte em Gestalt

Ao longo dos últimos dez anos, venho desenvolvendo maneiras de usar produções artísticas nos grupos de Gestalt-terapia. Meus métodos se baseiam em gerar nos participantes a *awareness* de sua energia e capacidade para apreciar o ritmo e o movimento. Tento ensinar às pessoas que o suporte e a base que fornecem a si mesmas são ingredientes fundamentais para entrar em contato com sua capacidade artística.

Qualquer produção pode ser experienciada como uma dança, por isso uso música para estimular aquele processo do qual a pessoa pode assumir a autoria não só no nível visual, mas também em camadas mais profundas da sensação.

Meus *workshops* duram um fim de semana, em torno de quinze horas de trabalho, e incluem muitos recursos. Aqui, vou me limitar a criações com giz e argila. O restante desta seção é uma transcrição das instruções que dou aos participantes de um *workshop*, bem como suas reações ao processo em que estão envolvidos. Às vezes, o diálogo é interrompido para esclarecer o referencial conceitual e a intenção de certas partes do trabalho.

Criações primais: desenhos com giz

Há várias áreas nas quais eu gostaria de trabalhar com vocês esta noite. Uma delas tem que ver com energia, com o fato de que vocês precisam entrar em contato com suas partes que estão doloridas. Elas não são de fácil acesso; vocês podem sentir determinada área como "fechada", em vez de dolorida. Funcionalmente, trata-se do mesmo ponto. Se vocês conseguirem manter contato com essa parte fechada e entrar nela, serão capazes de recuperar a energia. Para poder fazer alguma coisa, entrar em contato consigo, crescer, pintar, vocês precisam se tornar conscientes (*aware*) de onde sua energia está presa e do que podem fazer para liberá-la.

Outra área muito importante para uma experiência criativa é o processo. Permitam-se ter fé na ampla gama de suas experiências enquanto estiverem trabalhando, sem se fixar em alguma meta preciosa que, se não for alcançada, os deixará aborrecidos e zangados consigo. Neste fim de semana, a ênfase estará no processo. O processo será facilitado pela música que uso, pelo contato que vocês têm comigo, pelo contato que têm consigo e entre si. Tenham respeito por seu processo. Sejam pacientes consigo enquanto trabalham. Permitam-se amar o que estão fazendo, mesmo que estejam fazendo uma coisa maravilhosamente feia. Se ficarem obcecados com a idéia de fazer uma coisa linda, concentrem-se na feiúra. Entrem em suas polaridades. Mas, acima de tudo, tenham fé no processo, porque ele os levará aonde vocês precisam ir.

A terceira área tem que ver com o tema. Se vocês já participaram de *workshops*, provavelmente vão se perguntar: "Que tipo de tema quero desenvolver?" Pode ser que respondam "Quero lidar com minhas complexidades" ou "Quero lidar com minha sexualidade". Então, independentemente do que vocês fizerem, poderão se aprofundar nesse tema e desenvolvê-lo do jeito que bem quiserem. Se trabalharem juntos, poderão trabalhar com as polaridades um do outro. Bom, agora podemos começar.

* * * * *

Depois de orientar os participantes sobre o propósito e o processo do *workshop*, passo um tempo considerável ajudando-os a firmar seu corpo no chão e localizar sua energia corporal. Cada trecho de três horas do *workshop* começa assim. É uma espécie de ritual de meditação antes de começar o trabalho. O ritual diz: "Tenho de estar inteiramente aqui, tenho de estar fisicamente enraizado antes de poder estar presente nesta experiência".

* * * * *

Quero que vocês encontrem um lugar confortável no chão e se acomodem. Trabalhem numa posição que lhes ofereça o máximo de suporte. O corpo de vocês deve receber totalmente o suporte do chão, para que não gastem energia com o próprio peso. Essa energia pode ser usada para facilitar o surgimento de seus sentimentos e, na seqüência, movimentar seu processo criativo. Para alguns, isso pode ser um pouco difícil, se não estiverem acostumados com essa espécie de exercício. Mas tentem, mesmo assim. Fechem os olhos e se concentrem na respiração. O que estou tentando fazer agora é abastecê-los de energia, sabendo onde ela está estagnada. Se perceberem alguma tensão em especial – no pescoço, nos ombros ou nas costas –, tentem movimentar um pouco essa parte. Fiquem atentos para perceber se o corpo quer distrair sua atenção. Enquanto isso, prestem atenção em sua respiração, porque ela é seu sistema básico de suporte. Tomem consciência do ar que entra em seu corpo; quando expirarem, prestem atenção naquelas partes do corpo que participam disso e acompanhem a expiração o tempo todo, até o ar acabar. Agora pesquisem seu corpo, perguntando: "Onde está minha energia? Onde estou gerando meu mais alto nível de energia?" Se não conseguirem localizar essa energia, perguntem-se: "Onde estou paralisado? Onde estou duro?"

Se estiverem paralisados em algum ponto específico, pensem em alguma ação, em algum jeito de exercitar esses músculos onde a tensão está instalada. Em outras palavras, usem esses músculos de alguma maneira. Em termos gerais, a imobilidade é músculo-esquelética; sendo assim, apenas pensem num movimento. Talvez sintam vontade de se alongar, chutar, saltar, mexer os quadris, girar a cabeça, abrir a boca e soltar alguns sons.

* * * * *

Convido os participantes a expressar sua mobilidade, concentrando a energia em movimentos que brotem do centro de seu corpo rumo ao espaço. A música facilita esse processo. Eles são incentivados a se movimentar cada qual em seu ritmo, de sua maneira. Todo movimento é bom. Toda atividade espontânea é acolhida e apoiada.

Nessa fase, os participantes estão começando a se experimentar de variadas maneiras.

* * * * *

Bom. Muito bom. Talvez vocês queiram mudar de posição. Se estiverem sentados sobre as pernas ou nádegas, sentindo-se duros, levantem-se, andem ou façam qualquer outra coisa que torne possível uma movimentação. Aprofundem essa exploração. Seja o que for que estiverem fazendo, não tenham pressa. Demorem o suficiente para dar à sua *awareness* tempo para acompanhar os movimentos.

Tenho essa noção de que toda arte é uma forma de dança. Se você está paralisado por dentro, se não está se permitindo entrar em sua energia e movimento, é muito difícil fazer arte. Apenas exercite seus sintomas no espaço em vez de ficar fazendo isso dentro do corpo. Imagine que você está se movimentando em câmera lenta. Preste atenção nos músculos e tendões. (Começa a música.) Depois de localizar a energia, deixe que ela se irradie para outras partes de seu corpo. Imagine a energia se espalhando por seu corpo enquanto você respira. Seja o que for que você faça, tem de aprender a fazer com o máximo suporte possível.

Sylvia: Essa música me deixa muito triste...

Fique com sua tristeza. Movimente o corpo, sentindo-se triste. Permita-se vibrar com os sons. Imagine que eles estão entrando por sua pele, suas mãos, sua barriga. Imagine os sons vibrando em todas as partes de você. Se estiver cansada de ficar em pé, deite-se de costas e trabalhe as pernas... mova os braços e as pernas. Agora, imagine-se traçando linhas com qualquer parte do corpo que estiver em movimento no espaço. Seu corpo é luminoso e se movimenta num espaço escuro, denso e aberto. Com os braços, as nádegas, os dedos dos pés, a barriga, você está traçando as linhas de uma escultura nesse espaço denso e líquido. Imagine que você o está colorindo. Por onde estiver movimentando seu corpo, você está criando superfícies e linhas, massas espaciais lindas, coloridas e elegantes. Todos vocês me parecem muito elegantes. Simplesmente se permitam dançar com as mãos. Usem todos os movimentos que puderem. Tentem não permanecer localizados demais.

* * * * *

Aos poucos, as pessoas começam a experimentar pequenos gestos. Não são convidadas a se movimentar de nenhum jeito específico. Com isso, cada pessoa pode respeitar a energia que emergir em seu próprio corpo. Em geral, o movimento brota da ponta das mãos e dos pés ou da cabeça e dos ombros. Depois, as pessoas ficam em pé, ampliam os movimentos e usam as partes mais centrais do corpo. Incentivo cada uma delas a atentar para a dosagem e o método de movimentação que lhe for mais confortável. Ninguém faz nada parecido com ninguém, mas o grupo todo parece elegante, como se executasse um antigo ritual.

A energia gerada pela atividade do corpo pode então ser direcionada para a atividade mais específica de fazer algo com as mãos. A pessoa se sente com suporte para dar um passo adiante, usando o corpo como instrumento para a criação de algo visual – visual no sentido de que pode olhar para sua criação constantemente.

Convido os participantes a "desenhar" primeiro movimentando o giz no ar, acima do papel, enquanto permanecem com sua energia. Com as folhas de papel-jornal e os pedaços de giz à sua frente, começam a fazer movimentos expressivos com mãos e braços acima do papel. São estimulados a se soltar e se permitir "alucinar" ou visualizar formas e linhas. Depois, são instruídos a pegar um giz preto e fazer marcas no papel, usando a música como propulsor, como veículo de ritmo. A música muda constantemente – cantos gregorianos, Bach, Beatles, peças experimentais, peças para violão clássico. Os participantes trabalham de olhos fechados, usando as duas mãos. Eu incentivo e apoio continuamente seu trabalho.

* * * * *

Ouçam a música. Entrem em contato com ela antes de começarem a desenhar. Quando sentirem a música, quando se experienciarem dentro dela, comecem a colocar essa experiência no papel. Façam marcas que representem sua experiência. Não levem em conta o trabalho dos outros; ele é totalmente irrelevante. Experimentem formas, cores, linhas. Não se preocupem em traduzir literalmente a música. Entreguem-se. Não há desenhos certos ou errados. O importante é cada qual ficar com sua energia e respiração. Permitam-se experimentar livremente. Fechem os olhos e brinquem com os movimentos das mãos. Vocês não precisam se sentar. Podem ficar em pé sobre o desenho e se movimentar à vontade.

* * * * *

Depois de algum tempo, os participantes recebem mais pedaços de giz coloridos e podem usá-los, se quiserem, para produzir seus trabalhos. Nesse momento, a ênfase está na continuidade da expressão e no preenchimento do espaço com formas inter-relacionadas, não só com as linhas.

* * * * *

Tentem usar as duas mãos para segurar o giz e, de olhos fechados, façam marcas grandes no papel. Cubram o papel com as marcas. Mudem de papel a cada nova música e continuem com esse processo, concentrando-se nas sensações cinestésicas em lugar de na "beleza" das formas visuais. Fiquem atentos ao processo.

(Meia hora depois) Agora, abram os olhos e criem formas para encher o espaço todo do papel, consciente e deliberadamente. Evitem tratar sua produção como algo precioso. Continuem soltos, permitam-se usar cores "feias". Não tenham medo de "estragar" o trabalho. A imagem sempre pode ser "consertada" ou, do contrário, vocês podem começar uma nova.

George: Você tem certeza de que não preciso fazer um preenchimento certinho entre as linhas? Foi isso que a professora do primeiro ano primário me obrigou a fazer. (Algumas pessoas do grupo riem) Uma vez me pediram para desenhar um cachorro. Depois que terminei (a classe toda esperou porque eu era "lento"), a professora olhou para o papel, caiu na risada e disse que parecia um pato. Fiquei muito triste... É um alívio poder me soltar e colocar cores no papel. Só ser eu e não me preocupar...

Marc: Eu gosto de borrar e esfregar com o giz...

* * * * *

Agora, eles já estão desenhando há varias horas com giz.

* * * * *

Até aqui, vocês só fizeram um aquecimento e se soltaram, trabalharam de olhos fechados, com as duas mãos simultaneamente. Talvez agora possam começar a pensar num tema. Podem inventar um tema "arbitrário" ou trabalhar no aqui e agora, como Sylvia, desenhando sua tristeza. Pense no que está sentindo agora. Imagine as formas, cores, configurações e texturas que esse sentimento contém e comece a fazer um trabalho que reflita esse sentimento.

Tente não ser muito autocrítico nem voltar para o primeiro ano e dizer "Preciso fazer isso do jeito que a professora quer" ou "Isso precisa sair bem-feito". Não faça bem, faça com liberdade, faça mal-feito. Permita-se esse tipo de liberdade. Mas pergunte a si mesmo: "Com que cor estou desenhando? Que tipo de linha estou fazendo: interrompida ou contínua? Sou mesmo como um quadrado, como um bloco? Sou cinza, amarelo, ou azul? Ou talvez eu não tenha cor?" Apenas se deixe explorar. Escolha as cores, linhas e superfícies que precisa, aqui e agora, para experienciar seu tema. Vou colocar mais um pouco de música para estimular o trabalho de vocês.

* * * * *

Passado algum tempo, cada um dos participantes exibe seu desenho e o descreve na primeira pessoa. Assim, não tratam seu desenho com excessiva objetividade e, ao mesmo tempo, são encorajados a assumir a autoria do que estão sentindo.

* * * * *

Martha: Sou negra e condensada. Estou tensa. Estou sofrendo. Toda a dor do mundo está em mim. Não tenho cor nem dinamismo. Eu queria estar morta.

Fred: Sou cheio de coisas. Muitas cores e excitação. Não sei o que minha estrutura quer dizer nem para onde vai.

Joseph: Ou para onde *quem* está indo?

Fred: Não sei para onde *eu* estou indo. Sei que há muita atividade em mim, mas não tenho direção. Ainda estou em processo.

Joseph: Isso é bom. Você tem tempo de sobra para explorar suas metas enquanto passa de um pedaço para outro. Seja amoroso com seu processo. Está ótimo.

Dorothy: Neste exato momento sou feia. Estou explorando minha feiúra. Sou uma mistura de púrpura, marrom e vômito verde.

Joseph: Você quer vomitar?

Dorothy: Não sinto essa vontade no estômago.

Joseph: Quando começar a sentir isso na barriga, me diga. Enquanto isso, por favor, continue.

Dorothy: Sou feita de cores feias, mas há grande riqueza em mim... Lembra a terra. Sou a terra. Tenho muitas coisas... que fazem as coisas crescer. (Em paralelo: Pode ser que eu esteja grávida) Também sou linda porque, embaixo das camadas lamacentas, existe muita claridade e suavidade. Estou feliz por Dorothy ter me criado.

A experiência da massa: escultura

Gostaria que vocês se concentrassem na respiração, agora. Fechem os olhos. Busquem sua sensação de energia mais presente neste momento. Entrem em contato com essa parte onde a energia está instalada ou paralisada. Tentem coordenar a respiração com esse ponto em vocês que se sente quente, energizado, vibrante, radiante. Respirem com essa parte. E agora vejam se é possível irradiar essa energia até os braços.

Mais uma vez, imaginem que a atmosfera à sua volta é densa, cheia de cores, pode ser tocada, apalpada. Vou colocar algumas músicas. Desta vez, comecem o movimento pelos braços e imaginem que estão moldando o ambiente. Imaginem que é denso e moldável. Comecem a mexer o corpo, mantendo contato com a energia o tempo todo. Imaginem que a densidade do ambiente está aumentando, ficando mais grossa, e mais difícil de moldar; vocês realmente precisam usar força. Vocês precisam respirar e empurrar essa coisa para ela tomar a forma que vocês desejam.

Enquanto movimentam as mãos, usem-nas também em si. Vocês fazem parte dessa densidade. Tratem-se como outro tipo de densidade, outra peça de escultura – uma escultura viva, quente, que respira – e comecem a explorar e moldar seu corpo: a cabeça, o rosto, o peito, os braços, as pernas e os pés. Explorem como é intrincado esse corpo: onde é macio, duro, flexível. Com algumas partes vocês podem ser rudes, apertar com força, usar praticamente toda sua energia. Em outras, deverão ser muito suaves e delicados.

Enquanto isso, concentrem-se naquelas partes que vocês acham mais típicas de vocês. Tentem começar a correlacionar como se sentem como pessoa no mundo com as sensações em seu corpo. O que, em seu corpo, faz você ser quem é? Seu rosto? O formato de seu rosto? A dureza, a aspereza, a força? Ou a delicadeza, a suavidade, a fragilidade? Qualquer que seja essa qualidade típica em você, localize-a no corpo. Elabore uma "imagem" de si mesmo. Este tipo de exercício pede que você integre a sensação de massa e volume com a sensação de quem você é. Não se apresse, deixe que essas percepções se construam em você. Comece a formular algumas idéias sobre formas que poderiam representar quem você é. Com quais tipos de formas, de massa, você se identifica? Que tipo de forma você é?

Quando estiverem prontos, quero que abram os olhos apenas pelo tempo necessário para pegar um pouco de argila. Depois, fechem os olhos de novo e comecem a explorar essa superfície específica. Descubram o que esse material permite: esticar, torcer, furar, partir em pedaços. Compreendam sua natureza... Agora, comecem a se converter nessa forma, comecem a moldar a forma com a qual podem se identificar.

Se você prefere pintar e a argila parece incômoda, você pode explorar essa questão na pintura. Não desanime apenas porque é argila. Você pode tratar o mesmo tema em sua pintura. Você pode escolher.

Os que quiserem tentar a argila, por favor, fechem os olhos. Entrem nessa sensação de explorar outra espécie de densidade, de forma, de parte do ambiente sólido. Vocês podem acrescentar mais material e chegar ao tamanho que quiserem.

Comecem a relacionar a argila com partes de um corpo. Levantem a camiseta e encostem a argila na barriga, ou no rosto. Voltem ao corpo o tempo todo, com as mãos, de modo a ir e vir constantemente entre a peça que estão moldando e seu corpo. São apenas densidades diferentes. Permitam-se parar por um momento e "conferir" o que estão fazendo com o corpo. Toquem o rosto ou alguma outra parte do corpo antes de voltar à escultura, a fim de relacionar constantemente seu corpo com a escultura que estão fazendo.

Se você ainda não quis espiar a peça que está criando, abra os olhos e estude-a visualmente para ver o que quer fazer com ela. Qual é sua atitude com respeito a ela? Espero que não seja um julgamento, porque o que você está fazendo é o que você é.

Les: Para mim, foi uma experiência realmente legal apenas tocar algumas partes do corpo, colocar os dedos na boca, dobrar para a frente e sentir as costas; constatar onde é mole e onde é duro; tocar de levinho e depois com força, para sentir até os ossos lá dentro; flexionar um músculo e depois soltar para sentir a diferença. Passei muito tempo sentindo meu corpo. Quando fiquei saturado de me tocar, senti a argila e a frieza foi uma experiência chocante. Tive de descobrir a argila. Era um bolo todo encaroçado, com buracos e bordas... e a umidade. Uma experiência totalmente diferente da de tocar meu corpo. Depois comecei a manipular a argila e trabalhar com ela.

Joseph: Tocar a argila com o mesmo respeito e amorosidade que você tocou seu corpo pode ser uma experiência importante. Há muitas coisas em comum aqui... de onde viemos, o que estamos fazendo...

Les: Enquanto eu moldava a argila, percebi que caíam uns pedacinhos e, numa atitude bastante conservadora, ia pegando e colocando de volta no monte. Depois, me dei permissão para deixar que caíssem. Estava tentando deixar a argila emergir de minha experiência. Tomei consciência de que ela estava se desmanchando, então comecei a moldar um pedaço que tinha se soltado. Enquanto fazia isso, reparei que Greg estava moldando um corpo.

Quando olhei para meu trabalho, percebi que estava moldando um tronco masculino. Eu estava intensamente em contato com meu corpo e comecei a esculpi-lo. Quando cheguei aqui, nunca tinha achado que poderia moldar um homem. Achava que estava além de meu potencial. Comecei a me arriscar e a pôr detalhes no homem; coloquei até um pênis, o saco e os músculos. Fiquei muito satisfeito com minha criação.

Joseph: Você fez uma coisa incrivelmente significativa do ponto de vista existencial. Começou a moldar sua vida. Tente descrever o que fez, na primeira pessoa.

Les: Sou um homem. Meus pés são grandes. Estão bem plantados no chão. Eu estou bem plantado no chão. Posso ficar em pé e não é fácil me derrubar. Tenho ombros largos. Embora tenha um pênis pequeno, ele me atende bem. Assumo a autoria de moldar minha vida. Estou fazendo minha vida. Sou responsável por minha vida.

Joseph: Você parece muito potente.

Marilyn: (Para Les) A parte que realmente me impressionou foi como um acidente acabou sendo usado. Quando você colocou seu homem de lado, alguém pisou nele e partiu-o em três pedaços. O sujeito que pisou nele disse: "Eu estava me sentindo realmente mal por ter estragado aquilo, até ver como você estava reunindo as partes outra vez, com tanto cuidado e carinho". E você disse: "Eu o tinha feito muito frágil".

Les: Estava com dificuldade para conseguir que o tronco ficasse grudado com a parte pélvica e as pernas com o conjunto.

Marilyn: Mas então, quando você assumiu a autoria dele – que você o tinha feito tão frágil –, foi lindo, porque você não é frágil.

Les: Eu também estava pronto para receber ajuda e reunir minhas partes de novo, ajuda de alguém que sabia como trabalhar com a argila. E para mim isso foi importante.

* * * * *

Ao final do *workshop*, as pinturas e esculturas são exibidas. Cada pessoa leva o grupo até onde estão suas peças, como numa visita a um museu, e conta quais foram suas experiências. Depois, falamos com o grupo todo sobre a dor e o prazer cinestésico e visual. Lidamos com questões como a coragem de fazer alguma coisa e o que aprendemos sobre nós mesmos, bem como o prazer de ter vivido o fluir da experiência, o processo criativo.

Processo: estágios de desenvolvimento

Com o passar dos anos, notei que, não importa qual seja a música ou o que seja dito para os participantes, eles atravessam sempre três estágios de desenvolvimento enquanto trabalham. Esses estágios relacionam a experiência interior que a pessoa tem de si mesma com a aparência de sua obra em andamento. O indivíduo que produz uma peça visualmente desconjuntada e espalhada sente-se assim por dentro. A pessoa espalhada também tem dificuldades para expressar verbalmente o que sente; sua fala tende a ser tão desconjuntada quanto seu trabalho. Quem cria algo inteiro e completo tem a sensação interior de plenitude e integração. A pessoa integrada também exprime verbalmente seus sentimentos de modo mais suave e poético.

Embora eu acredite que esses estágios se aplicam a qualquer processo criativo, concentrei-me no processo de desenhar.

Primeiro estágio

Nesse ponto, a tendência é acompanhar o ritmo da música, como meio de romper as resistências para "desenhar". As produções são relativamente toscas e primitivas, embora em geral haja um senso de ordem, especialmente se o material é trabalhado com as duas mãos. Os desenhos apresentam simetria rítmica. As marcas costumam flutuar no centro do papel, parecem hesitantes e não se ancoram nas bordas do papel. A pessoa está se testando em relação a esse meio e se certificando de que aquilo que está fazendo não será criticado nem menosprezado. Ela olha bastante à sua volta para verificar o que os outros estão fazendo. Há um alto nível de empolgação na sala, alimentado pela energia amplificada de cada pessoa.

John: Estou tentado a ver se os outros são tão bobos quanto eu. Sinto-me um pouco competitivo. Não me importo se *todos* nós nos fizermos de bobos.

(Mais tarde) Estou acompanhando o ritmo da música com meu próprio ritmo.

Segundo estágio

As produções se tornam audaciosas e ocupam mais espaço. As pessoas ainda preferem traçar linhas, mas enchem o papel de borda a borda. Expressam mais confiança no processo. Estão "perdidas" em seu trabalho, completamente absortas em sua experiência. A sala pode estar fria ou quente demais, as pessoas podem sentir sede: não importa. O trabalho segue em frente.

Nos desenhos propriamente ditos, emerge um relacionamento figura/fundo: as formas começam a se destacar em relação a um fundo até então homogêneo. Algumas áreas se tornam mais sólidas. O processo interior das pessoas se reflete em sua produção. Ele vem de um estado em que a energia se encontrava predominantemente indiferenciada para entrar numa condição de clareza de consciência.

Greg: Eu fiz isto!

Ursula: É maravilhoso!

Joseph: Tente dizer isso na primeira pessoa, Ursula.

Ursula: *Eu* sou maravilhosa!

Bev: Sinto que estou começando a curtir minha substância. Estou deixando o desenho se tornar mais substancial.

Susan: Não estou com tanto medo do espaço, neste aqui. Eu tinha me controlado, mas depois não fiquei nervosa com todo aquele espaço extra ali. Fiquei empolgada com ele. Estou empolgada com meu espaço. E não parece de jeito nenhum linear. Na noite passada, eu tinha feito uma linha pequena – lembra daquela linha magrela e esquisita que ficava dando voltas em torno de si mesma? Era muito magrelinha. Nesta pintura, eu alarguei minha linha e ela se transformou numa onda que flui para dentro e para fora. Nesta, eu coloquei a cabeça em ordem e fiquei mais assentada. Também me permiti ser mais espaçosa, e esse tipo de contraste é muito mais excitante. É muito mais excitante se eu me deixar ser tanto meus homens quanto minhas mulheres... E então, só com uns poucos movimentos para cima, eu explodi, de alguma forma. A coisa se cobriu de cores fortes e aí eu me tornei, em parte, quem sou no campo. Nas duas últimas semanas, estou morando no campo, literalmente atravessando o mato toda manhã, no orvalho. Sempre tive essa sensação de querer retratar algo que fosse tão inteiro e pleno. Mas toda vez que eu tentava, era impossível. Agora, quando olho para esse campo, sinto esse esplendor. Sou essa riqueza, esse desabrochar, esse florescimento. Há linhas e espaços em mim. Estou transbordando de mim.

Terceiro estágio

A pessoa está começando a experienciar a sensação de completude. Sua energia está mais controlada e modulada; ela parece mais pensativa. Afasta-se um ou dois passos de seu trabalho, estuda-o com atenção, a cabeça levemente inclinada para o lado. Ela se examina com respeito, analisa; o processo cognitivo se tornou mais ativo.

As obras produzidas expressam temas mais elaborados. Os espaços são preenchidos com riqueza de detalhes. As partes estão integradas de tal maneira que a peça toda apresenta uma unidade. O trabalho de arte se encaminha para uma estrutura complexa, como um contraponto.

A pessoa se experiencia de forma semelhante. Discrimina melhor a variedade de sentimentos, forças e polaridades interiores. Sente mais desejo de refletir e tem mais respeito por sua riqueza interior. Em geral, prova um misto de renovação e exaustão – e deslumbramento por ter produzido algo tão completo, inteiro, integrado, lindo e novo.

Dick: Sou um pássaro saindo de um céu borrado. Estou voando alto. Minhas asas são fortes; meu corpo desliza suavemente pelo espaço. Sinto clareza e força.

Margaret: Há muitas partes de mim emergindo. Algumas são semiformadas. Outras, apenas indícios do que está por vir. Outras, como meu tumulto, meu *pathos*, são totais, completas, presentes.

Sonia: Estou fascinada com quanto sou compreensiva e completa, com o modo como preencho todo o espaço da vida, minha humanidade. Sempre achei que eu fosse só uma bobinha, até começar estes desenhos. Estou descobrindo o quanto sou complexa e entremeada.

Ed: Sinto-me completamente preenchido por dentro quando olho para este desenho...

Cynthia: A diversidade total da vida submarina... ou todos os magníficos microorganismos que existem numa gota d'água... sinto toda minha amplitude, meu detalhamento interior.

Bruce: Eu realmente consigo sentir a Gestalt emergindo. Estou me vendo com a sensação dos detalhes e uma sensação de respeito.

Miriam, uma artista, descreveu o processo todo nos seguintes termos:

No começo, me senti desconfortável, sem saber direito o que queria fazer. Fiquei olhando para o papel, me perguntando que cor gostaria de usar. Será que eu queria "violar" este papel branco com algo que dentro de mim ainda não estava totalmente formado? Não sentia a menor intimidade com os materiais à minha volta e não percebia nenhuma relação entre eles. Todas as coisas ali pareciam estar separadas, eu me sentia quase obrigada a fazer alguma coisa com elas. Me sentia incomodada. Percebi minha resistência.

Quando as imagens começaram a se formar e minha excitação aumentou, me permiti um primeiro comprometimento, colocando cores no papel. Percebi que não estava satisfeita com o desenho, mas também comecei a me sentir mais confortável apenas com o processo de criar alguma coisa, de colocar as cores, de mexer a mão com a cor sobre o papel, de executar um desenho. Desenvolvi um ritmo, um acordo comigo mesma, com o giz e o papel, uma sensação de união, de amizade, de modo que os movimentos de colorir se tornaram mais fluidos, mais confortáveis e congruentes com o que eu sentia.

Quando estava a todo vapor, analisando a complementaridade das cores, a disposição dos espaços, a cor no papel, até mesmo lavar as mãos, essas ações todas se tornaram mais fluidas, confortáveis, quase automáticas e não exigiam mais uma atenção deliberada, não me forçavam mais. Experienciei a fluidez dos sentimentos, sensações e movimentos, um ritmo em mim. Eu e meu trabalho nos tornamos um só.

Se, no início da série, eu sentia dúvida, conflitos, uma distância entre mim e o meio de expressão, uma sensação geral de estranheza e desconforto, ao final, me senti mais completa. Embora eu talvez ainda critique minha produção final, tenho a sensação de estar completa, inteira, uma sensação de conforto, de estar satisfeita.

* * * * *

A criação é um processo, não um ato ou uma experiência única. O processo parece ter algumas características ordenadoras que tanto se aplicam aos sentimentos particulares do artista como à natureza intrínseca do trabalho que realiza.

A "beleza" estética de um desenho ou escultura é facilitada pelo processo total em vez de promovida pelo esforço de se alcançar um resultado específico. A resistência inicial de um artista ao trabalho, assim como sua insistência em tornar boas já as primeiras tentativas, desempenha papel significativo nesse processo, atrapalhando-o seriamente.

No processo de desenhar, a pessoa se permite exprimir totalmente sua excitação, até se sentir internamente satisfeita e completa. Seus desenhos mostram as mesmas características de seus sentimentos variáveis: da fragmentação à fluidez, da fluidez à totalidade. Com isso, a formação figura–fundo da *awareness* na pessoa é congruente com a formação figura–fundo visual de seus desenhos. Os desenhos acabados, com exceção de seu valor estético, tornam-se uma confirmação concreta de sua capacidade de se tornar um ser humano integrado.

Capítulo 10

A visão de Castañeda

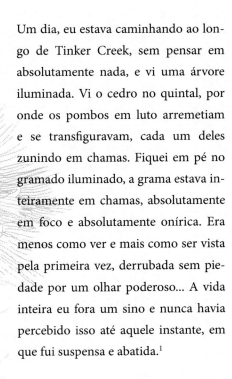

Um dia, eu estava caminhando ao longo de Tinker Creek, sem pensar em absolutamente nada, e vi uma árvore iluminada. Vi o cedro no quintal, por onde os pombos em luto arremetiam e se transfiguravam, cada um deles zunindo em chamas. Fiquei em pé no gramado iluminado, a grama estava inteiramente em chamas, absolutamente em foco e absolutamente onírica. Era menos como ver e mais como ser vista pela primeira vez, derrubada sem piedade por um olhar poderoso... A vida inteira eu fora um sino e nunca havia percebido isso até aquele instante, em que fui suspensa e abatida.[1]

Com o passar dos anos, constatei que a maioria das pessoas sofre de cegueira funcional.

---

[1] Dillard, Annie. *Pilgrim at Tinker Creek*. Nova York: Harper's Magazine Press, 1974.

Não só deixamos de notar os aspectos visuais mais sutis de nosso mundo, como costumamos ignorar o óbvio. Em meu trabalho, uso muito os olhos; às vezes, eles me ajudam a buscar aquilo que a fala da pessoa não diz. Este capítulo pretende sensibilizar você para o mundo visual. Mas se propõe a mais do que isso. Ele lhe pede que considere seu possível poder para enxergar o que em geral não se encontra disponível à maioria das pessoas, deixando o mago que há em seu interior olhar através de seus olhos.

Na Gestalt-terapia, começamos o encontro vendo o cliente claramente em sua superfície. Apenas essa superfície já pode nos dizer muito. Ali estão contidas muitas indicações da vida interior da pessoa. Uma visão como a de Castañeda nos convida a dar um salto criativo mais além desse primeiro encontro visual. Uma visão que atravesse a superfície do indivíduo e chegue até seu centro, sua essência. É como se meu centro se tornasse um farol potente cuja claridade mira o cerne da outra pessoa.

Em *Relatos de poder*, de Carlos Castañeda, o bruxo Don Juan diz para Carlos: "Tenho a impressão de que você está confundindo as coisas. A autoconfiança do guerreiro não é a autoconfiança do homem comum. O homem comum busca a certeza nos olhos do outro e chama isso de autoconfiança. O guerreiro busca a impecabilidade aos próprios olhos e chama isso de humildade. O homem comum depende de seus iguais, ao passo que o guerreiro só depende de si mesmo. Talvez você esteja indo atrás de um arco-íris. Está buscando a autoconfiança do homem comum quando deveria buscar a humildade do guerreiro. A diferença entre eles é enorme. A autoconfiança implica saber alguma coisa com certeza; a humildade implica ser impecável em suas ações e sentimentos".[2]

A visão de Castañeda está assentada na impecabilidade, na mais cabal atenção à visão de nosso "guerreiro" interior. O encontro, nos moldes de Castañeda, é "centro a centro". Nos raros momentos em que estamos tão centrados e assentados que conseguimos enxergar o outro com a nitidez de um raio *laser*, podemos romper algumas regras protocolares de preparação e gradação e rapidamente estabelecer um diálogo com a experiência interior do outro. A intuição não é guiada por princípios

---

[2] Castañeda, Carlos. *Tales of power*. Nova York: Simon and Schuster, 1974.

fixos e imutáveis; ao contrário, brota de uma nascente interior de sabedoria arquetípica. A visão que vem dessa nascente é exata, arrebatadora e incorruptível. Os experimentos que decorrem desse processo são poderosos, eletrizantes e pegam de surpresa tanto o cliente quanto eu.

Refiro-me a essa espécie de visão movido pela esperança de inspirar experiências mais elevadas na psicoterapia, e não tanto como uma apresentação de experiências testadas e aferidas ou idéias meticulosamente formuladas.

TUDO É PROJEÇÃO, NADA É PROJEÇÃO

Quando olho intensamente para o carpete vermelho malhado de meu consultório, ele começa a brilhar nas beiradas. No reino físico, o carpete vermelho pode ou não estar brilhando nas bordas. Algumas pessoas acreditam que se pode medir esse fenômeno. Se não estiver brilhando de acordo com alguma medida objetiva, então elas dirão que estou "projetando". Só posso processar visualmente as coisas no nível em que o meu organismo é capaz de processar tais coisas. Por isso, sou uma pessoa brilhante em algum ponto entre a retina e o córtex occipital ou entre os dedos dos pés e o hipotálamo. Se o sujeito não tem algo brilhando em seu interior, seu tapete ficará fosco nas bordas.

Em certo sentido, tudo é projeção. Você só pode assimilar aquilo que você tem. Seu rádio AM não vai tocar estações de FM. Vai permanecer fiel somente às estações de AM.

A cultura não existiria sem as mais elevadas projeções humanas. Assim como também não correria o risco de desaparecer se não existissem as projeções destrutivas. Sou profundamente grato às projeções de Copérnico, Leonardo da Vinci, Shakespeare, Colombo, Michelangelo, Mozart, Leoncavallo, dos irmãos Wright, de Jesus de Nazaré, Einstein, Alexander Graham Bell, Vincent van Gogh, Bach e tantos outros de meus semelhantes que acolheram suas projeções. O mundo é mais rico graças a suas elevadas imagens interiores.

Há uma diferença entre as projeções patológicas e as criativas. A pessoa psicótica não tem noção de que as coisas que enxerga fora de si guardam relação com a natureza e a qualidade de seu equipamento interior, a saber, sua "natureza" como ser humano. Suas projeções são tão "reais" quanto as de outrem; infelizmente, ela não consegue assumir a autoria do milagre de sua raiva, homossexualidade ou discrição.

"Se uma pessoa é colocada numa situação em que emite uma resposta, mas não tem como assumir a responsabilidade por ela – como integrá-la –, essa pessoa, em alguma medida, aumenta sua patologia. Por exemplo, os testes projetivos, da forma como são aplicados atualmente, aumentam de fato a patologia porque, neles, a pessoa é solicitada a emitir respostas sem que lhe seja dada a oportunidade de integrá-las".[3] A opinião de Sagan é notavelmente semelhante à minha, embora não tenhamos tido contato. A pessoa psicologicamente perturbada dá respostas que não é capaz de integrar, de assumir como suas. Elas ficam suspensas, sem ancorar em sua vida psicológica.

O indivíduo que faz projeções criativas sabe que sua produção brotou de um diálogo interior. Esse diálogo então é concretizado. Como conhece as raízes de suas imagens, a pessoa que faz projeções criativas tem menos chance de se sentir à mercê do ambiente, pois experiencia nele seu próprio poder. Pode modificar suas produções, contando com sua integridade intelectual, e aprender com suas experiências. Pode desenvolver e aguçar sua arte a cada produção.

Somente depois que essa noção de controle se desenvolve é que ela pode se dar ao luxo de "desistir do controle" e permitir que a pintura se pinte por si. Ela conhece então um poderoso estado de respeitosa receptividade. É essa capacidade passiva e poderosa de absorção, essa reverência e esse diálogo intenso que Carlos Castañeda conhece em sua *Viagem a Ixtlán*:

> Don Juan falou comigo quase sussurrando. Disse-me para prestar atenção em cada detalhe do ambiente, por mais diminuto que fosse, ou aparentemente trivial. Especialmente os detalhes da cena que mais se destacassem do lado oeste. Disse que eu devia olhar para o sol sem focalizá-lo, até que sumisse no horizonte.

---

[3] Sagan, E. "Creative behavior". *Explorations*, nov. 1965.

Os últimos dez minutos de luz, um pouco antes de o sol encontrar um manto de nuvens baixas ou a neblina, foram de certo modo magníficos. Era como se o sol estivesse inflamando a terra, aquecendo-a como uma fogueira. Senti o meu rosto em brasas.

Assim como Annie Dillard, Castañeda incendiou o ambiente com sua visão interior. Entretanto, suas experiências interiores foram desencadeadas por seu meio ambiente, pois nada é completamente projetado. Tudo que vejo é, em certa medida, determinado pelo que existe fora de mim. Como alguém me disse há pouco tempo: "Se você está se sentindo um pouco paranóico, provavelmente tem alguém querendo te pegar".

Lembro-me de um residente de psiquiatria que era descendente de índios e passou por um episódio de esquizofrenia paranóica. Naquela época, eu estudava medicina num grande hospital psiquiátrico. Lembro-me claramente de como a psicóloga-chefe zombava constantemente do índio pelas costas, por suas dificuldades para falar inglês, meses antes de seu surto psicótico. E lembro como o maldoso e destrutivo chefe de psiquiatria se juntava à minha chefe, na hora do almoço, para fofocar sobre o comportamento daquele residente. Assim, se aquele índio tinha alguma sensação de estar sozinho e não contar com apoio, de estarem armando contra ele, essa sensação era plenamente alimentada. Eles estavam a fim de pegar aquele índio e conseguiram. Sua doença em particular, como, aliás, a maioria das outras, revelou-se um verdadeiro trabalho de equipe, envolvendo, nesse caso, o residente e seus superiores.

Muitas vezes, há inclusive criatividade na loucura. Se o residente viu minha chefe como uma bruxa montada numa vassoura, foi porque conseguiu destilar e condensar visualmente a parte mais importante do comportamento daquela mulher em relação a ele. Se ele tivesse sido capaz de assumir a autoria de sua raiva e acusá-la cara a cara, "magoando-a", provavelmente teria se poupado de causar tantos danos a si próprio.

O Gestalt-terapeuta deve estar constantemente em contato com suas projeções e as das pessoas com quem trabalha. As mudanças ocorrem quando as projeções patológicas são convertidas em projeções criativas. Por exemplo, um obsessivo se queixava de seus temores "homossexuais".

Ficava intensamente ansioso ao olhar para a área genital de outros homens. Com isso, ele achava que o mundo inteiro sabia que ele era um sujeito perverso, doente, repugnante. Trabalhei com ele visando levá-lo a assumir a autoria de suas projeções, pedindo-lhe que olhasse para todos os objetos do consultório a fim de torná-los imagens "sexualmente perversas e doentes". Eu lhe disse: "Você tem minha aprovação para criar tantas imagens 'homossexuais' quanto quiser. Divirta-se". O homem se empanturrou de "perversões visuais". Ao olhar para uma foto com duas crianças saltando ele comentou: "Esses dois meninos são homossexuais e vão se chupar daqui a pouco". Depois, virando-se para a janela, disse: "Está vendo aquele inocente velhinho caminhando pela rua lá embaixo? Bom, ele tem um pinto de 35 cm". E durante mais algum tempo ele transformou tudo, inclusive os cinzeiros, esculturas e mobília, em imagens carregadas de sexualidade.

Ao final de sua orgia pornográfica, pedi que me dissesse como se sentia: "Não estou ansioso", ele respondeu. "É como se a ansiedade tivesse se desmanchado. Sou um homem. Um homem com imaginação... Assim como em outras áreas da vida, também sou imaginativo em termos sexuais. Como um mágico, posso mudar as coisas com os olhos e o cérebro. Sou brilhante." Fiquei comovido com sua resposta. Ao aceitar completamente suas imagens sexuais, sentiu-se menos vitimizado pelo que havia "lá fora". Então, começou um diálogo com sua sexualidade e pôde assumi-la.

DUAS FORMAS DE VER

Mirar[4]

Na atitude de mirar, a pessoa está calma, mas não distraída. Sente-se suportada pelo próprio corpo e pela superfície em que se apóia. Seus olhos serenos não estão focados em nada. Apenas se deslocam deva-

---

[4] Não foi encontrada uma palavra adequada para traduzir o termo "gatering", utilizado aqui pelo autor com um significado específico. Trata-se de um olhar que se deixa capturar por um objeto, em lugar de buscar intencionalmente um objeto para olhar. (N. do R. T.)

gar, de um objeto para outro, num movimento casual, nem estudado, nem forçado. Os olhos pousam em algo, ou talvez no intervalo entre as coisas, sem metas a considerar ou suposições a fazer. É mais como escanear, deixar os objetos e padrões se evidenciarem por si. A pessoa se sente clara e atenta, contudo sem a necessidade de se apegar a algum pensamento em particular.

Mirar requer um tipo de respiração que chamo de "respiração pela retina". Imagino que inspiro e expiro pela superfície das retinas, pelos cones e bastonetes dos olhos. Concentro-me especialmente na inspiração, em trazer para dentro o campo visual "externo", através das pupilas. Acredito que essa espécie de concentração na respiração enche o aparelho visual com uma dose a mais de sangue oxigenado. Ao mesmo tempo, as pupilas se dilatam e, por isso, as imagens se tornam ligeiramente indistintas. Essa discreta perda da acuidade visual me permite apreender o todo sem me distrair com detalhes irrelevantes. É uma espécie de amar, visualmente.

Estou com um cliente, Marc. Estou olhando para ele, mas sem vê-lo, escutando suas palavras sem ouvi-las, apenas registrando a melodia de sua voz. Quando fico cansado, minhas pálpebras lentamente descem sobre os olhos, como um lagarto. Ainda ouço a voz dele. De olhos fechados, visualizo um homenzinho, um homúnculo. Ele tem uma cabeça enorme, praticamente toda ocupada por uma boca imensa. Vejo essa boca cuspindo milhões de bolhas de esferas cristalinas. Cada bolha vem preenchida com várias palavras preciosas. As bolhas estão enchendo o consultório, ocupando o lugar do ar e o homenzinho está começando a ficar asfixiado. Percebo um aperto no peito. Agora abro os olhos. Meu cliente continua falando de seus medos, praticamente com o restinho de fôlego que ainda tem, e sua voz está fraca. Seu peito quase não se mexe. Seu corpo parece inerte.

"Marc", digo para ele, "acabei de ter uma alucinação a seu respeito. Você estava enchendo a sala com palavras e ficando sem ar. Acho que agora precisamos trabalhar com essa falta de vida em você. O que você acha?"

Marc responde: "Estou com dor no peito".

Quando começamos a trabalhar com seu peito e sua respiração, a sessão terapêutica ganhou vida. Às vezes, não me interesso pelo conteúdo das palavras que a pessoa diz de momento a momento. Freqüentemente, percebo-me um terapeuta menos criativo ao ser tragado pela verborragia e por uma avalanche semântica de arrepiar os cabelos. Pouca energia é despertada em mim, então, e a perspectiva do cliente não muda quase nada.

Quando passo a mirar, os limites do meu ego se destacam nitidamente do mundo da outra pessoa. Não há cumplicidade entre nós. Sou um agente independente. Tenho completa liberdade em relação às categorias limitadas e especializadas em que ela situa suas experiências. Se não sou seduzido pelo significado literal do que ela está dizendo, posso inventar novas metáforas para seu mundo. Ou posso ver suas metáforas como sementes para novas visões, se ela está cega para a dimensão artística de sua fala. Don Juan diz a Carlos que se coloque numa posição em que ele, Carlos, não precise dar explicações aos outros. Dessa maneira, "ninguém fica zangado ou desiludido com suas atitudes. E, acima de tudo, ninguém encurrala você com idéias".[5]

Ao mesmo tempo, mirar me proporciona uma noção da beleza, da feiúra ou do valor do mundo à minha volta. Posso homogeneizar tudo e, então, deixar que alguma coisa salte para o primeiro plano como figura, destacando-se de um fundo indiferenciado. A outra pessoa pode ser "o mundo todo", e eu posso permitir que diferentes partes se tornem a figura, numa seqüência aleatória. Estou fascinado, focado e desinteressado, tudo ao mesmo tempo. Começo num estado dialético, num ritmo homogeneizador, depois focalizo algo. Se, simultaneamente, eu me importo com ele, se valorizo suas experiências e me compadeço de seu sofrimento, então minha atitude de mirar me traz poder.

Retomo minha alucinação de Marc ("... e as bolhas enchem o espaço à sua volta...") e percebo que ele perde sua vitalidade não só segurando a respiração, mas também diluindo suas experiências na abundância transbordante das palavras. Quando lhe peço para ficar em silêncio e se concentrar na respiração, seu rosto ganha cor e fica quase tão vermelho quanto o tapete carmim que cobre o chão. Em poucos minutos, seu cor-

---

[5] Castañeda, C. *Journey to Ixtlán*. Nova York: Simon and Schuster, 1972.

po parece ter mais vida; seus músculos, mais tônus. Não posso ver seus músculos diretamente, mas posso sentir o aumento do tônus em meus braços e pernas. Confio em minha receptividade sensorial.

A atitude de mirar não se reveste de avaliações ou julgamentos. Não é uma atitude de sondagem visual ou análise. Deixo que a outra pessoa flutue em seu próprio espaço experiencial e me permito o mesmo privilégio.

Quando deixo de mirar e passo a adotar uma atitude mais focada, a acuidade visual ganha clareza e firmeza. O ritmo do olhar sai da postura da equalização homogeneizadora para se tornar analítico e penetrante e, depois, retornar a uma equalização ainda mais radical. Uma atitude fortalece a outra.

Há alguns anos, eu observava outro psicólogo entrevistar um homem. Assim que este entrou e se sentou, o terapeuta lhe perguntou quantos anos tinha na época em que tivera pólio. O homem ficou surpreso por ele haver notado. A momentânea mirada do terapeuta fora seguida por uma clara imagem de uma sutil fraqueza no lado esquerdo do corpo do sujeito; seu braço esquerdo estava ligeiramente dobrado para a frente, na altura do cotovelo. A Gestalt de uma pólio aos 5 anos foi comprovada em seguida.

Numa outra situação, um homem que chamarei de Sean chegou para sua segunda sessão de terapia. No mesmo instante, senti que estava diante de uma pessoa com algum problema de hiperatividade. Sean parecia um astronauta, sentindo no corpo o impacto de uma forte força G, numa situação de estresse. Os filmes que costumamos ver mostram os astronautas com o rosto distorcido, inchado e deformado devido à pressão do ambiente. Essa imagem me ocorreu enquanto mirava o rosto de Sean. Seu lábio superior e a região em torno da boca pareciam tensas e intumescidas, como se o sangue estivesse sendo forçado contra a pele. Seu rosto dava a impressão de que ele acabara de passar por exercícios desgastantes, sem liberar a tensão. Estava muito corado e muscularmente imobilizado, em especial em volta do queixo.

Em suma, Sean parecia estar criando pressão contra si mesmo, como se forçasse contra seus esforços, sem alívio. Perguntei a ele: "Você tem pressão alta?" Ele respondeu que fora diagnosticado recentemente como um caso leve de pressão alta e quis saber como eu tinha notado. Comentei o que havia percebido e começamos a trabalhar com seu alto nível de tensão e ansiedade.

Meu clínico geral diz que não existe meio de se identificar o distúrbio da hipertensão apenas olhando para a pessoa; para ele, eu tive uma boa chance de adivinhar o problema do meu cliente, já que 20% da população sofre de pressão alta. O que me interessa é que esse problema se impôs à minha atenção, sem que Sean e eu tivéssemos falado qualquer coisa sobre sua condição de saúde.

Focalização a *laser*: uma experiência nos moldes de Castañeda

Estou sentado diante de uma mulher, focando com ela um ponto entre os olhos um do outro. Nesse caso, não estou absolutamente na atitude de mirar; meus olhos não se movimentam à vontade e minhas pálpebras não deslizam sobre meus olhos. Olho fixamente, sem fechar os olhos. Depois de algum tempo, meus olhos começam a arder e me concentro na queimação, mas sem piscar. Quando sinto que as lágrimas estão se acumulando, permito-me "chorar". Esse choro não vem acompanhado de qualquer tristeza ou dor, embora haja toda uma intensidade de sentimentos em meu peito.

A mulher à minha frente tem um rosto redondo, com grandes olhos castanhos que mudam de expressão quando olho fixamente para o ponto entre eles. Primeiro, parecem frios e lerdos. Visualizo uma assassina e penso comigo mesmo que ela poderia matar sem um momento de hesitação. Experimento essa idéia comigo: "Joseph, você seria capaz de matar sem hesitar um só instante". Sinto que isso não se aplica muito bem a mim, agora, só um tiquinho. No ano passado, senti-me capaz disso por vários dias seguidos. Sentindo um certo conforto e de um modo um tanto realista, eu disse a ela: "Como especialista em assassinatos a sangue frio, o que vejo agora é uma assassina desalmada". Ela começa a chorar. E me conta suas fantasias destrutivas com o marido: nelas, usa uma faca de açougueiro para amputar os genitais dele.

O terapeuta consegue sintonizar sentimentos e imagens dentro dos outros que já estão lá, mesmo que apenas num nível indistinto, indiferenciado ou arquetípico. Jung salientou que, quanto mais assustadora é a visão, menos assimilada ela se encontra dentro da pessoa. Se a visão vem como uma surpresa total, sabe-se que deve ter raízes não diretamente relacionadas com a história particular daquela pessoa. Essas visões podem ser imaginadas como registros genéticos transpessoais nas células do cérebro. Não se trata de "milagres" visuais. Compõem todo um leque de experiências visuais humanas. Eu as chamo de visões "ao modo de Castañeda". Para mim, basta ignorar os pensamentos causais e me soltar, entregar-me ao momento. Os olhos têm uma sabedoria própria.

Continuo focando o ponto entre os olhos dela. Desta vez, seu rosto todo perde a nitidez e a imagem pulsa. Seus olhos mudam várias vezes: suaves–duros, duros–suaves; depois, duros–calmos, duros–assassinos; e, novamente, duros–calmos e duros–assassinos. De repente, o rosto dela se transforma na cabeça de um grande gato – um primo em segundo grau dos olhos frios da assassina, porém um pouco mais calmos e com uma elegância natural, na alucinação da cabeça do gato. Converso com meus botões: "Muitas vezes, sinto-me como um gato – toco de leve a vida das pessoas e sigo em frente, sem muita hesitação". Comento essa visão com a mulher, certificando-me de que ela sabe que estou assumindo a autoria dessa alucinação: "Como um especialista em tocar de leve a vida das pessoas e seguir em frente, eu te vejo como um gato". Então, falamos de nossa natureza felina. Essa interação é repleta de sentimentos.

Peço a ela que seja um gato comigo. A noção de ser um gato a excita visivelmente, como se o botão de uma verdade tivesse sido acionado em seu íntimo. Ela fica de quatro, no chão, deslocando-se pelo espaço com graça e agilidade. Parece à vontade e natural, ao roçar de leve em mim. Então solta um grunhido de tigre dirigido a mim. Digo que me sinto ligeiramente provocado. Continuando a trabalhar, ela se lembra de como, aos 7 anos, seu pai costumava brincar com ela no chão. Depois, quando começou a evidenciar sinais de puberdade, ele parou de brincar com ela. Não houve mais toques. Enquanto falava, seus olhos novamente se tornaram os olhos da assassina.

"Imagine que seu pai está aqui", eu disse, "e diga a ele o quanto você sente raiva dele." Ela começou a falar. As palavras se tornaram gritos e os gritos se tornaram socos numa pilha de almofadas. Ela socou ali por muito tempo, suando em bicas na testa, as gotas caindo-lhe sobre os olhos. Quando começou a diminuir o ritmo, observou que sua mão direita acariciava uma das almofadas. Ela começou a chorar baixinho. "Pai", disse num sussurro, "eu te amo muito. Queria que você me abraçasse e acariciasse e brincasse comigo, como costumava fazer".

"Alguma vez você já pediu a seu marido que a abraçasse e acariciasse?", perguntei. Sem virar o rosto para mim, ela disse baixinho: "É mais fácil para mim confortá-lo; desse modo, posso manter o controle e ficar distante. Mas acho que posso começar a pedir a John que me dê colo. Acho que estou pronta para isso, agora, Joseph. Joseph, você poderia me abraçar e consolar?" Fiquei com ela "no colo" durante muito tempo.

Vários meses mais tarde, ela me disse: "Minhas fantasias com a faca do açougueiro não aparecem mais quando faço amor. É como se algo dentro de mim tivesse se soltado. Parece que me entrego mais inteiramente à experiência toda. Parece que estou mais decidida e agressiva no jeito de fazer amor". Os experimentos gerados por minhas visualizações espontâneas, ou pelas de outras pessoas, proporcionam poderosas experiências emocionais para todos. Muitas vezes, essas experiências criam mudanças significativas na vida dos envolvidos.

É da máxima importância que a pessoa se permita ser surpreendida em sua vida diária. Que não seja determinada apenas por seus hábitos, engaiolada por suas rotinas. Que sempre tenha a sensação do deslumbramento perante sua vida e a vida, a fala, os gestos e imagens dos outros. Devemos estar sempre prontos para surpresas. Como disse o velho Don Juan: "Quando nada é seguro, permanecemos despertos, para sempre atentos e vigilantes... É mais excitante não saber embaixo de qual arbusto o coelho está escondido do que nos comportar como se soubéssemos de tudo".[6]

---

[6] Castañeda, C. *Journey to Ixtlán*. Nova York: Simon and Schuster, 1972, p. 35.

Apêndice

GESTALT-TERAPIA

Princípio fenomenológico-existencial	Método da Gestalt
O mundo fenomenológico que se desenrola agora no organismo é sua "realidade". Patologia: discrepâncias entre esse *self* fenomênico e o restante do organismo (visceral-sensorial etc.). (Rogers)	Ficar no presente, com a pessoa experienciando. Principio da não-interpretação. Prestando atenção nas discrepâncias entre as palavras (conteúdo) e a aparência (forma) ou as ações, entre o pensamento e o sentimento ou a sensação (cognitivo e visceral), entre a auto-imagem e o organismo total.
O ciclo de satisfação de necessidades do organismo ocorre num ritmo fluido, como no relacionamento figura–fundo. (Köhler) Patologia: o organismo compromete seu ritmo de satisfação de necessidades. (Perls)	Facilitar a sensação, a *awareness*, a excitação e o contato, em relação às necessidades. Repetida exposição a uma percepção mais nítida das necessidades e sua satisfação.

Princípio fenomenológico-existencial	Método da Gestalt
Todas as partes do organismo estão dinamicamente inter-relacionadas, e cada uma pode ser entendida somente em relação às outras. Patologia: o organismo depende intensamente de poucas modalidades, no esforço de preservar o *self* fenomênico. (Goldstein)	Atenção ao corpo e aos sistemas de suporte físico: respiração, postura, movimento, estase muscular da couraça. Atenção aos concomitantes físicos dos processos funcionais (ajudar o cliente a dar essa atenção)
A aprendizagem (ou reaprendizagem) eficiente acontece no organismo total (tanto no *self* fenomênico como no *self* visceral-sensório-motor). Patologia: ruptura no eixo cognitivo-motor: a pessoa não consegue "agir com base em suas idéias".	Foco nos bloqueios sensório-cognitivo-motores específicos. Uso de experimentos para a integração sensório-motora. (Polster: "experiências sinápticas" ou *insights*)
Todas as pessoas existem num mundo de experiências em contínua mudança. O organismo está em processo. Patologia: fixação em situações inacabadas; fixação no mundo experiencial diário (para preservar a auto-imagem). (Rogers)	Permanecer com o que está acontecendo, com o processo. Uso de fantasia, diálogo (com a cadeira vazia), dramatização, experimentos para completar assuntos em aberto. Desfazer introjeções.

Princípio fenomenológico-existencial	Método da Gestalt
A urgência existencial da pessoa, seu ser-no-mundo, é experienciada no aqui e agora. Patologia: no esforço de "se agüentar", a pessoa cria estase e não consegue fluir experiencialmente de um momento para o outro.	Ênfase no que é experienciado no momento. Localizar, descrever e enriquecer tudo que suporta a pessoa durante o fluxo da sessão terapêutica. *Insights* são provocados começando-se o trabalho na "superfície" da experiência (o óbvio) e permitindo que a pessoa faça suas inferências.
O sistema de formação de hábitos do organismo lhe oferece uma estabilidade experiencial. Apego à auto-imagem. Patologia: a pessoa fica imobilizada num sistema rígido de auto-imagem (teoria da aprendizagem).	Explorar e localizar as polaridades (forças opostas) na personalidade. Uso de experimentos na integração das polaridades. "Ampliação" da auto-imagem. (Zinker)
A auto-imagem rígida é apoiada por uma couraça músculo-postural. A couraça desenvolve uma autonomia funcional. A mudança de auto-imagem deve ser acompanhada por modificações na couraça. (Reich, Rolf)	Localização e dissolução da couraça. Reaprendizagem das funções musculares, em direções mais fluidas, de auto-suporte. A expressão da "resistência" solta a couraça no mesmo sistema motor que permite a satisfação das necessidades bloqueadas. Uso de sistemas tensionais para resolução e integração.

Referências Bibliográficas

ALLPORT, Gordon. *Becoming*. New Haven, Conn.: Yale University Press, 1955.

BACH, George; WYDEN, Peter. *The intimate enemy*. Nova York: William Morrow, 1969.

BARRON, Frank. *Creative person and creative process*. Nova York: Holt, Rinehart & Winston, 1969.

BERG, J. H. Van Den. *The phenomenological approach to psychiatry*. Springfield, Ill.: Charles C. Thomas, 1955. [O paciente psiquiátrico. São Paulo: Editora Mestre Jou, 1981.]

BERDYAEV, Nicolas. "Master, slave and free man". In: *Four existential theologians*. Nova York: Doubleday, 1958.

BION, Wilfred R. *Experiences in groups*. Nova York: Basic Books, 1961.

BRYSON, Rebecca B. et. al. "The professional pair". *American Psychologist*, Washington, vol. 1, n. 31, 1976.

BROCKMAN, J.; ROSENFELD, E. (orgs.). *Real time I*. Nova York: Anchor Press/Doubleday, 1973.

BUBER, Martin. *Ten rungs: Hasidic sayings*. Nova York: Schoken Books, 1962.

CASTAÑEDA, Carlos. *The teachings of Don Juan – a Yaqui way of knowledge*. Berkeley: University of California Press, 1968.

_____. *A separate reality*. Nova York: Simon and Schuster, 1970.

_____. *Journey to Ixtlán*. Nova York: Simon and Schuster, 1972.

_____. *Tales of power*. Nova York: Simon and Schuster, 1974.

CUMMINGS, E. E. *I six nonlectures*. Nova York: Antheneum, 1971.

DASS, Ram. *The only dance there is – talks given at the Menninger Foundation, Topeka, Kansas, 1970, and at Spring Grove Hospital, Spring Grove, Maryland, 1972*. Nova York: Anchor Press, 1974.

DILLARD, Annie. *Pilgrim at Tinker Creek*. Nova York: Harper's Magazine Press, 1974.

FAGAN, Joen; SHEPHERD, Irma L. *Gestalt therapy now: theory, techniques, applications*. Palo Alto, CA: Science and Behavior Books, 1970.

FANTZ, Rainette. "Polarities: differentiation and integration". Gestalt Institute of Cleveland, Ohio, 1973.

FRANCK, Frederick. *The Zen of seeing: seeing, drawing as meditation*. Nova York: Vintage Books, 1973.

FROMM, Erich. *The art of loving*. Nova York: Harper & Brothers, 1956.

GALLANT, Leonard. "The role of anger in hypertension". *Mind and Medicine*, 1975, vol. 4, n. 2.

GENDLIN, Eugene. "The process of experiencing in psychotherapy, client-centered therapy with schizophrenic persons". Convenção da APA, 1962.

GHISELIN, Brewster. *The creative process, a symposium*. Berkeley: University of California Press, 1952.

GIBRAN, Khalil. *The prophet*. Nova York: Alfred Knopf, 1960.

GOLDSTEIN, Kurt. *The organism, a holistic approach to biology derived from pathological data in man*. Boston: Beacon Press, 1963.

GORDON, William. *Synectics, the development of creative capacity*. Nova York: Collier Books, 1961.

HARMAN, Robert. "Goals of Gestalt therapy". *Professional Psychology*, maio, 1974, p. 178-84.

HARTFORD, Margaret E. *Groups in social work*. Nova York: Columbia University Press, 1971.

HERRIGEL, Eugene. *Zen in the art of archery*. Nova York: Vintage Books, 1971.

HORA, Thomas. "Existential psychiatry and group psychotherapy". In: RUITENBEEK, Hendrik Marinus. *Psychoanalysis and existential philosophy*. Nova York: E. P. Dutton, 1962.

_____. "The process of existential psychotherapy". *Existential Inquiries*, 1962, v. 1, n. 1.

ISENBERG, Sheldon. "Variations of the Gestalt prayer". (Poema inédito, Chicago, 25 jul. 1975.)

KAUFMANN, Walter (org.). *Existentialism from Dostoevsky to Sartre*. Nova York: Meridian Books, 1956.

KEMPLER, W. *Principles of Gestalt family therapy*. Oslo, Noruega: A. J. Nordahls Trykerri, 1973.

KOESTLER, Arthur. *The act of creation*. Nova York: Macmillan, 1964.

KOFFKA, Kurt. *Principles of Gestalt psychology*. Nova York: Harcourt, Brace and Company, 1935.

KOHLER, Wolfgang. *Gestalt psychology, an introduction to new concepts in modern psychology*. Nova York: Liveright, 1947.

KOPP, S. B. *Metaphors from a therapist guru*. Palo Alto, CA: Science and Behavior Books, 1971.

LATNER, Joel. *The Gestalt therapy book*. Nova York: Bantam Books, 1974.

LEDERER, William; JACKSON, Don. *The mirages of marriage*. Nova York: W. W. Norton, 1968.

LOWEN, Alexander. *The betrayal of the body*. Londres: Collier Books, 1967. [*O corpo traído*. São Paulo: Summus, 1979.]

MASLOW, Abraham. *Motivation and personality*. Nova York: Harper & Bros., 1954.

_____. *Toward a psychology of being*. New Jersey: Van Nostrand, 1962. [*Introdução à psicologia do ser*. Rio de Janeiro: Livraria Eldorado Tijuca, 1970.]

_____. *The farther reaches of human nature*. Nova York: Viking Press, 1971.

MAY, Rollo (org.). *Existential psychology*. Nova York: Random House, 1961.

McKIM, Robert. *Experiences in visual thinking*. Monterey, CA: Brooks/Cole, 1972.

McMULLEN, Roy. *The world of Marc Chagall*. [Photographed by Izis Bidermanas. Text by Roy McMullen.] Nova York: Doubleday, 1968.

MORENO, Jacob Levy. *Who shall survive? Foundations of sociometry, group psychotherapy and sociodrama*. Nova York: Beacon House, 1953.

_____. *Psychodrama: foundations of psychotherapy*, vol. 2. Nova York: Beacon House, 1959.

NEVIS, Edwin; NEVIS, Sonia; DANZIG, Elliot. *Blocks to creativity: guide to program*. Cleveland: Danzig-Nevis International, 1970.

ORNSTEIN, Robert E. *The psychology of consciousness*. São Francisco: W. H. Freeman, 1972.

PERLS, Fritz. *Ego, hunger and aggression; a revision of Freud's theory and method*. São Francisco: Orbit Graphic Arts, 1966.

_____. *Gestalt therapy verbatim*. Lafayette, CA: Real People Press, 1969.

_____; HEFFERLINE, Ralf F.; GOODMAN, Paul. *Gestalt therapy, excitement and growth in the human personality*. Nova York: Julian Press, 1951. [*Gestalt-terapia*. São Paulo: Summus, 1998.]

POLSTER, Erving. "Encounter in community". In: BURTON, Arthur (org.). *Encounter*. São Francisco: Jossey-Bass, 1969.

_____; POLSTER, Miriam. *Gestalt therapy integrated – countours of theory and practice*. Nova York: Brunner/Mazel, 1973.

PURSGLOVE, Paul David. *Recognitions in Gestalt therapy*. Nova York: Funk and Wagnalls, 1968.

READ, H. E. *Art and alienation – the role of the artist in society*. Nova York: World Publishing Co., 1963. [*Arte e alienação – o papel do artista na sociedade*, 2. ed. Rio de Janeiro: Zahar, 1983.]

REICH, Wilhelm. *The function of the orgasm; sex-economic problems of biological energy*. Nova York: Orgone Institute Press, 1942.

_____. *Character analysis*. Nova York: Orgone Institute Press, 1949.

RICHARDS, M.C. *Centering in pottery, poetry, and the person*. Middletown, Conn.: Wesleyan University Press, 1962.

ROGERS, Carl. *Counseling and psychotherapy; newer concepts in practice*. Nova York: Houghton Mifflin, 1942.

_____. "A process conception of psychotherapy". *American Psychologist*, 1958, n. 13, p. 142-149.

_____. *On becoming a person; a therapist's view of psychoterapy*. Boston: Houghton Mifflin, 1961.

_____. *Carl Rogers on encounter groups*. Nova York: Harper and Row, 1970.

SAGAN, E. "Creative behavior". *Explorations*, nov. 1965.

SATIR, Virginia. *Conjoint family therapy - a guide to theory and technique*. Palo Alto, CA: Science and Behavior Books, 1967.

STEPHENSON, Douglas (org.). *Gestalt therapy primer - introductory readings in Gestalt therapy*. Springfield, Ill.: Charles C. Thomas, 1975.

STERN, Karl. "Death within life". *Review of Existential Psychology and Psychiatry*, v. 2, n. 11, 1962, p. 143.

STRAUS, Erwin W. "Symposium: existential psychology and psychotherapy". *American Psychologist*, Washington, v. 6, n. 7, 1962.

THOREAU, Henry David. *In wildness is the preservation of the world*. [Selections & photos by Eliot Porter.] São Francisco: Sierra Club, 1962.

UNGERER, Tom. *The underground sketchbook*. Nova York: Dover Publications, 1964.

WANN, T. W. (org.). *Behaviorism and phenomenology - contrasting bases for modern psychology*. Chicago: University of Chicago Press, 1964.

WERTHEIMER, M. "Gestalt theory". *Social Research*, n. 11, 1944.

ZINKER, Joseph C. "An attempt to clarify concepts of existentialism and phenomenology in personality theory". Artigo inédito, 1959.

_____. "On public knowledge and personal revelation". *Explorations*, out. 1968.

_____. "Beginning the group therapy". *Voices*, verão de 1970, 29-31.

_____. "Dreamwork as theatre", *Voices*, verão de 1971, 7: 2.

_____. "The phenomenological here and now". In: *Integrative therapie*, Neuss, Alemanha, FPI Publications, 1975.

_____. "Creative process and creative life". Manuscrito inédito, Cleveland, Ohio, 1973.

_____. "Gestalt therapy is permission to be creative". *Voices*, 1974, v. 4, n. 9.

_____. "On loving encounters: a phenomenological view". In: STEPHENSON, Douglas (org.). *Gestalt therapy primer*. Springfield, Ill.: Charles C. Thomas, 1975.

_____. "The case of June: the use of experiment in a case of frigidity". In: LOEW, Clemens A. et. al. (orgs.). *Three psychotherapies – a clinical comparison*. Nova York: Brunner/Mazel, 1975.

_____; HALLENBECK, Charles F. "Notes on loss, crisis and growth". *Journal of General Psychology*, 1965.

_____; LEON, Julian. "The Gestalt perspective: a marriage enrichment program". In: HERBERT, Otto A. (org.). *Marriage and family enrichment*. Nashville, Tenn.: Abington Press, 1976.